Schweden – verwunschen Wälder, verzauberte Seen

Pyntarna – vierzig Jahre meines Lebens in schwedischer Wildnis

Christiane E. Peters

Schweden –

verwunschene Wälder,

verzauberte Seen

Geschichten einer Auswanderin

Alle geschilderten Begebenheiten haben sich tatsächlich so zugetragen, Personennamen wurden geändert.

Die dritte Auflage des Buches wurde um die Jahre bis heute ergänzt und etliche Bilder und kleinere Episoden im bekannten Teil hinzugefügt.

Viel Spaß beim Lesen wünscht Ihnen

Ihre Christiane E. Peters

Bibliografische Information der Deutschen Nationalbibliothek:

Die Deutsche Nationalbibliothek verzeichnet diese Publikation in der Deutschen Nationalbibliografie; detaillierte bibliografische Daten sind im Internet über

< http://dnb.d-nb.de > abrufbar.

edition pyntarna
© 2017 dritte Auflage Christiane Peters
Das Werk, einschließlich seiner Teile, ist urheberrechtlich geschützt. Jede Verwertung ist ohne Zustimmung des Verlages und des Autors unzulässig. Dies gilt insbesondere für die elektronische oder sonstige Vervielfältigung, Übersetzung, Verbreitung und öffentliche Zugänglichmachung.

Herstellung und Verlag: Books on Demand GmbH, Norderstedt

ISBN	
Hardcover illustriert	9 783743 109902
Paperback illustriert	9 783743 115552

Inhalt

Kapitel 1 - Wie alles begann	7
Kapitel 2 - Aufbruch zu neuen Ufern	20
Kapitel 3 - Meine erste Schwedenreise	28
Kapitel 4 - Pyntarna erwacht aus dem Dornröschenschlaf	41
Kapitel 5 - Unsere Familie	59
Kapitel 6 - Aller Anfang ist schwer	83
Kapitel 7 – Frühlingserwachen	92
Kapitel 8 - Ein ganz normaler Tag im April?	97
Kapitel 9 - Pfirsiche, Nektarinen und Aprikosen im hohen Norden	103
Kapitel 10 - Du bist, was du isst	115
Kapitel 11 - Das Leben der Kinder	123
Kapitel 12 - Hochsommer	131
Kapitel 13 - Wir leihen uns eine Kuh	139
Kapitel 14 - Pferde auf Pyntarna	151
Kapitel 15 - Landarbeit mit Pferden	162
Kapitel 16 - Rentabilität	168

Kapitel 17 - Spettungen – ein Kampf
um Leben und Freiheit   185
Kapitel 18 - »Viele Steine gab's
und wenig Brot«   195
Kapitel 19 - Die weise Frau   203
Kapitel 20 - Lachen – Weinen   226
Kapitel 21 - Herbst   248
Kapitel 22 - Winter   253
Kapitel 23 - Weihnachten   268
Kapitel 24 - Der große Umbruch   282
Kapitel 25 - Zu Spontan?   305
Kapitel 26 - Viele kleine Tode   311
Kapitel 27 - Gedanken zum Schluss   323

Kapitel 1 - Wie alles begann

Ein Leben in Schweden? Das stellte ich mir bislang nur grausig kalt, finster und lebensfeindlich vor. Es bot so gar nichts Anziehendes. Dass gerade ich mein Herz an Schweden verlieren würde, war für mich deshalb unvorstellbar. Doch es gibt Erlebnisse, die festgeformte Vorstellungen auf einen Schlag verändern. Der Besuch eines Indianers vom Stamme der Irokesen gehörte für mich dazu. Schweden und Indianer? Das passte nun wirklich zusammen wie Erdbeeren mit Senf - und empfand ich gleichermaßen fern und fremd. Meine Liebe zu diesem Land begann also unter ausgesprochen seltsamen Vorzeichen. Aber verrückte Erfahrungen prägen oft mehr als die Alltäglichen. Außerdem - was wollte ein Irokese im Jahre 1978 ausgerechnet in einer ehemaligen Windmühle in unserer einförmig platten Norddeutschen Tiefebene? Diese Frage elektrisierte mich und nur zu bereitwillig folgte ich einer Einladung zu einem kulturellen Austausch. Dass dieser Abend in der Windmühle für mich zu einem Wendepunkt in meinem Leben mit unerwarteten Folgen wurde, ahnte ich zu diesem Zeitpunkt nicht.

In den siebziger Jahren befand sich die Welt im allgemeinen Aufbruch: an vielen Orten fielen gesellschaftliche Konventionen wie Kartenhäuser in sich zusammen. Woodstock und die Hippie-Kommunen gehörten bereits zur Geschichte, als verschiedene nordamerikanische Indianerstämme sich auf ihre kulturellen Wurzeln besannen. Sie wollten endlich wieder ihre eigene Kultur leben – und nicht die des weißen Mannes. Deshalb forderten sie nachdrücklich von der amerikanischen Regierung, das ihnen ihrer Meinung nach unrechtmäßig geraubte Land zurück und erklärten kurz entschlossen ihre Unabhängigkeit. Die Irokesen warfen zudem die staatliche Indianerpolizei aus ihrem Reservat heraus. Eine bewaffnete Auseinandersetzung mit der Bundespolizei schien unausweichlich. Die Indianer appellierten an die Weltöffentlichkeit – auch nach Europa drang ihr Ruf nach politischer Unterstützung. Aber die alte Welt war zu sehr mit sich selbst beschäftigt, um zu reagieren und in der Öffentlichkeit – zumindest der esoterischen – wurden Indianer erst viele Jahre später wahrgenommen.

Einer der wenigen, die diesen Appell damals vernahmen, war unser Bekannter Erich Haye, der hochaktive Herausgeber der Zeitschrift »Anders Leben«. Erich galt in umweltbewegten Kreisen als Koryphäe. Er war nicht nur Vorreiter im biologischen Gartenbau und Helfer bei Entwicklungsprojekten in der Dritten Welt, sondern arbeitete auch auf seinem Hof, einer ehemaligen Windmühle bei Bremen, mit schwer erziehbaren Jugendlichen, was damals durchaus neu war und von verschiedenen Seiten stark angefeindet wurde.

Wo Erich seine Kontakte zu Indianern geschlossen hatte, blieb unerfindlich, war aber sicherlich Folge seiner Umtriebigkeit. Zunächst bewegte diese Indianer eine ziemlich praktische Absicht: Sie wollten von Erich biologischen Gartenbau lernen, um sich, von nichts weniger als dem wirtschaftlichen System der USA, ökonomisch unabhängig zu machen. Als Ge-

genleistung boten sie an, uns Europäern eine wichtige Mitteilung für unsere Zukunft und unser Überleben zu bringen. Einer ihrer Vertreter, der Führer »der jungen Männer der Irokesen«, mit dem wohl klingenden Namen: »Der das Gesetz bringt«, schenkte uns einen unvergesslichen Abend in Erichs alter Windmühle,

Das Eintreffen des Irokesen war schon Wochen vorher angekündigt worden und so erwarteten wir ungeduldig und mit Hochspannung seine Ankunft. Wir, das waren zum großen Teil in langjähriger Freundschaft verbundene Männer und Frauen, die ein gemeinsamer Nenner einte: die Liebe zur Natur. »Umweltquerulanten« – Mitbegründer der Grünen Partei, eingeschworene Atomkraftwerksgegner, Ernährungsreformer, Befürworter einer sanften Medizin, kurzum Menschen, die es wagten, das staatliche Systembild von der menschlichen Maschine als inhuman anzugreifen und mit dem gedanklichen Skalpell in der großen Lügenwunde einer auf Gewinnmaximierung fixierten Staats- und Wirtschaftsführung herum zu bohren. Zu ihrer Zeit ungeliebt und verunglimpft, sind sie heute vergessen, da es längst zum guten Ton gehört, sich für Umwelt und Menschlichkeit wenigstens verbal zu engagieren.

Doch damals waren dies noch brandheiße Themen. Der drohenden Vernichtung durch atomare Verseuchung und Umweltzerstörung versuchten wir uns, mit zum Teil recht aggressiven Demonstrationen, weithin erfolglos entgegenzustemmen. Unsere drängendste Frage war eine sehr einfache: Gibt es überhaupt noch eine Zukunft für uns Menschen? Und nun sollte jener Vertreter einer geheimnisumwobenen Kultur zu uns kommen und sich ausgerechnet mit diesem zentralen

Punkt unseres Denkens, unserer Zukunft und unseres Überlebens auseinandersetzen?

Zunächst jedoch gab es ganz klassisch bürokratische Schwierigkeiten bei der Passkontrolle auf dem Bremer Flughafen wegen des Ausweises, den unser Besucher bei sich trug. » ›Vereinte Nationen der Irokesen‹, liegen die in den USA?«, fragte ihn der Zollbeamte. »Nein«, antwortete unser Besucher selbstbewusst, »die USA liegen in *unserem* Land!« Kaum bei Erich angekommen, strebte unser Gast mit leuchtenden Augen auf den Gemüsegarten zu, um nach längerem andächtigen Schauen, ja – Erde zu essen! Tatsächlich: Er befühlte die Erde vor aller Augen ausgiebig, sog tief ihren Geruch ein und aß sie schließlich auf! Ein solches Kompliment hatte Erich noch von niemandem erhalten.

Abends saßen wir voller Erwartung in Erichs alter Mühle im Kreis um ein loderndes Kaminfeuer und redeten über das, was uns bewegte. Wir hatten die Einladung gut vorbereitet! Erinnerte der runde Mühlenraum mit seinen Fachwerkbalken nicht ein wenig an ein Indianer-Tipi? Ein wenig selbstzufrieden blickten wir den Irokesen an. Doch der Irokese schwieg. Wir redeten dafür umso mehr. Wir kannten die Welt ja so gut und wollten uns unserem Gast von unserer besten Seite zeigen! Bei einer ähnlichen Gelegenheit habe ich es erlebt, wie der von uns eingeladene Indianer nach etwa einer Stunde still den Raum verließ, ohne dass jemand davon überhaupt etwas bemerkte. Endlich brachte Erich uns zum Schweigen. Doch der Irokese reagierte nicht. Es entstand eine peinliche Stille. Nach einer halben Stunde war es nur noch still – und nicht mehr peinlich. Da fing »Der das Gesetz bringt« leise an zu reden, als führe er das Gespräch nur für sich. Nach fünf Minuten gab es eine kurze Unterbrechung und der Dolmetscher legte Block und Bleistift mit den Worten weg, seine Übersetzung könne die Bedeutung des Gesprochenen nicht richtig treffen.

Wovon redete er nun eigentlich? Von der guten Erde, von der Sonne, vom Mond und den Sternen, die hier doch die gleichen seien, von den vierbeinigen Brüdern, den sechsbeinigen und den geflügelten, vom Wind und den Wolken, von seinem Fluss, dem er oft zuhören würde, von Erichs Gartenerde, die ihm erzählt habe, dass hier nicht nur Freunde, sondern Brüder im »Großen Geist« lebten. Ja, eigentlich redete er von allem, nur nicht von dem, was wir erwartet hatten: Kein Wort über die Probleme der Menschheit, über Kernkraft, Umweltzerstörung, Atomkriegsgefahr, Politik, Krankheit, multinationale Konzerne, Klimaveränderung oder Grundwasserrückgang. Dabei hatten wir unzählige Fragen für ihn aufgeschrieben. Wie lange er redete? Ich weiß es nicht. Irgendwann herrschte wieder Schweigen und schließlich gingen wir ebenso schweigend auseinander: kein Kommentar, keine Frage. Alle hatten ALLES verstanden – selbst diejenigen, die nicht der englischen Sprache mächtig waren. Niemand hatte das Gefühl, überhaupt noch irgendwelche Fragen zu haben. Dieser Abend wurde für einige aus unserem alten Freundeskreis zu einem entscheidenden Wendepunkt ihres Lebens. Obwohl wir uns schon vorher mit der Natur verbunden gefühlt hatten, empfanden wir nun, dass wir Teil und Wesen eines uns umschließenden, wohlwollenden Universums waren und nicht einsam und allein einer feindseligen Welt gegenüberstanden!

Wir grübelten lange über die uns so fremd erscheinende Weltanschauung der Indianer nach. Alles: Lebendiges oder scheinbar Totes, hatte dort seinen festen Platz und war aus ihrem Bewusstsein nicht fortzudenken. Handlungen mussten stets darauf abgestimmt werden, welche Folgen für alle Mitgeschöpfe durch sie entstehen könnten. Das Land, in dem sie lebten, war ihnen heilig. Darum machten sie sich nie Sorgen um ihre Zukunft oder gar um die ihrer Kinder. Sie nahmen sich, was sie zum Leben brauchten und wenn sie Tiere und Pflanzen töteten, dann in dem Bewusstsein, dass sie selber auch einmal diesen Weg gehen würden. Alles, was sie nicht benötigten, gaben sie der Natur wieder zurück. So sorgte jeder direkt und indirekt für den anderen: die Menschen für sich und für die Natur, die Natur wiederum für alle in ihr lebenden Geschöpfe: für den Baum und das Tier, ja sogar den Stein, den Wind und das Wasser – und natürlich für den Menschen.

Doch wo blieb bei einer derartigen Lebensanschauung die von uns eifrig gehütete persönliche Freiheit? Bedeutete Freiheit nicht, nach Gefühl, Lust und Laune handeln zu dürfen? Wäre nicht alles andere schon wieder Unfreiheit, Einschränkung, sogar Zwang? Oder versuchte man uns etwas zu verkaufen, was es vielleicht gar nicht gab? War das, was wir für Freiheit hielten, in Wirklichkeit nur die Wahl zwischen verschiedenen Zwängen? Ein Indianer sieht den Begriff der Freiheit sehr eingeschränkt, eher überindividuell, denn ohne Sauerstoff, Trinkwasser, Nahrung und

Licht ist es mit ihr schnell vorbei – das ist die schlichte Grundlage indianischer Weltsicht und Religion.

Wir machten auch die grundlegende Erfahrung, dass wir mit unserem indianischen Freund fast nie über Umweltprobleme reden konnten. »Es lohnt sich nicht«, erwiderte er auf unseren entsprechenden Vorwurf. »Solange ihr nur als euch allein verantwortliche Individuen lebt, lassen sich eure Probleme nicht lösen und wenn ihr wieder in Generationen denkt, habt ihr diese nicht mehr.« Auch für unseren Einsatz im Naturschutz fanden wir wenig Verständnis: »Wer seid ihr denn, dass ihr glaubt, die Natur schützen zu müssen? Die Natur braucht euch nicht. Seid froh, wenn ihr euch selbst vor der Natur schützen könnt! Oder glaubt ihr etwa, dass Viren, Bakterien und Pilze nicht Natur sind, die euch vernichten, wenn ihr eure Lebensgrundlagen zerstört?« Mit einem Indianer konnte man noch nicht einmal »vernünftig« über ein so globales Problem, wie die Kernkraft reden. Wir haben es dennoch versucht: Es war nur zum Ärgern. Er hielt Atomkraftwerke doch tatsächlich für natürlich und meinte nur: »Es gibt nichts Unnatürliches auf dieser Erde. Ihr baut eben ganz natürlich Kernkraftwerke aus dem was Euch die Natur schenkt, weil ihr nicht, wie es sich für Menschen gehört, ganzheitlich denkt. Euch interessiert nur das Hier und Heute! Weil ihr als reine Individuen lebt, leidet ihr viel und sterbt früh. Das ist nicht unnatürlich.«

Hatte er Recht? Sein Gedankengang war leicht verständlich: Wer sich um seinen Nächsten kümmert, der kümmert sich auch um seine Nachkommen und hinterlässt ihnen keine Plutoniumberge und verwüstete Landschaften. Ohne das Reaktorunglück von Tschernobyl wären in der Ukraine neunzehn von zwanzig Kindern nie an Leukämie erkrankt.

Ebenso wenig, wie wir es je schafften, von indianischer Seite Unterstützung bei der Lösung unserer scheinbar großen Probleme mit der Gesellschaft zu erhalten, gelang es uns, sie für Detaillösungen zu erwärmen. Keiner unserer indianischen Freunde zerbrach sich damals über richtige Ernährung den Kopf. Biologischen Gartenbau wollten sie von uns nicht etwa aus Gesundheitsgründen lernen, sondern aufgrund ihres Strebens nach Autarkie. Sie hielten nur eine Ernährungsregel für wichtig: »Wir sollen das essen, was Mutter Erde auf dem Land, auf dem wir leben, hervorbringt. Ohne unser Land sind wir nichts!«

So war es fast immer. Wir bekamen nie die Antworten, die wir hören wollten oder erwarteten. Als wir uns darüber beklagten, klärte er uns auf, es sei bei ihnen nicht üblich, direkt auf eine Frage zu antworten, sie hielten dies für unhöflich. »Ja, aber wie verhaltet ihr euch dann in einer Krisensituation?«, fragten wir verwundert. »Genauso«, antwortete er, »aber ich verstehe eure Unzufriedenheit nur zu gut: Als wir die Reservats-Polizei aus unserem Gebiet hinausgeworfen hatten, unser Dorf daraufhin von der Bundespolizei belagert wurde und wir uns zuletzt mit entsicherten Waffen gegenüberlagen, gab der Chef der Nationalgarde uns noch eine Nacht Bedenkzeit, uns freiwillig wieder ihren Gesetzen zu fügen. Ich – auch damals schon Führer der jungen Männer – befand mich in großer Not und ging zum Ratsfeuer der Alten. Es war eine Qual für mich, *nicht* gegen die herrschende Sitte zu verstoßen und erst einmal eine Stunde über das Wetter und andere allgemeine Themen reden zu müssen. Endlich brach es aus mir heraus und ich fragte, wie wir uns verhalten sollten: kämpfen oder uns ergeben? Der Stammesälteste hörte mich ruhig an. Dann begann er, über die Wärme des Sommers, den Sternenhimmel, die Veränderungen des Mondes, die Wintervorbereitungen der Erdhörnchen, ja, eigentlich über alles, nur nicht über mein Problem zu reden. Nach vier Stunden (!) hielt ich es nicht mehr aus und tat etwas, was man bei uns aus Höflichkeit normalerweise niemals tut: Ich unterbrach den alten Mann und bat um Beantwortung meiner Frage. Er sah mich ganz bestürzt an und fragte, ob ich denn gar nicht zugehört hätte. Er habe nun vier Stunden lang meine Frage beantwortet und mein Problem von allen nur denkbaren Seiten beleuchtet. Nun müsse er noch einmal von vorne anfangen, ich solle dieses Mal besser zuhören. Und er redete wieder bis zum Morgengrauen.

Inzwischen war die Sonne aufgegangen und das Ultimatum abgelaufen. Eine direkte Antwort auf meine Frage hatte ich wieder nicht erhalten, aber ich hatte keine Frage mehr. Plötzlich verstand ich, dass wir uns alle nur unserer Art gemäß verhalten können.« – »Ja, aber was hast du dann gemacht?«, fragten wir ihn voller Spannung. »Ich bin ganz ruhig auf den Chef der Nationalgarde zugegangen und als dieser sich erkundigte, wozu wir uns entschlossen hätten, antwortete ich ihm nur, es verhielte sich wohl so, dass er so handeln müsse, wie er meine, dass es richtig sei und wir so, wie wir es verstünden. Wenn er also denke, es sei richtig, uns Indianer zu töten, so müsse er dies tun, es sei wohl seine Aufgabe.« Damit brach der Indianer seine Erzählung ab. »Ja, aber was passierte dann?«, drängten wir ihn, den Faden wieder aufzunehmen. Er erwiderte nur: »Wir haben bis heute keine Indianerpolizei im Reservat.«

An diesem Abend bekamen wir eingebettet in Geschichten die zentrale indianische Botschaft des Irokesen an uns zu hören: »Nur Stämme werden überleben, Stämme auf ihrem Land!« Das war eine sehr schwerwiegende Aussage und wir begannen darüber nachzudenken: Jede mittlere Krise auf Weltebene könnte unser soziales Netz schlagartig zerreißen und uns nackt im Eisregen stehen lassen. Ohne unsere hoch technisierten Hilfsmittel wäre unser Überleben auf einmal stark in Frage gestellt. Die Idee vom autarken Leben auf eigenem Land, zusammen mit einer Gruppe von Gleichgesinnten, kristallisierte sich langsam heraus und begann uns immer stärker zu faszinieren. Waren unsere dörflichen Strukturen früher nicht ähnlich gewesen? Aber das war lange her. Inzwischen sogen die Städte mit ihren bequemeren Lebensmöglichkeiten die ländliche Bevölkerung wie ein Schwamm auf. Menschen, die es vorziehen, als Singles in der anonymen Atmosphäre einer Großstadt zu leben, spiegeln die heutige Wirklichkeit am besten wider.

Eines musste man dem Indianer lassen: Er hatte eine bemerkenswerte Begabung, unbequem zu sein. Bei einem seiner späteren Besuche gaben wir ihm zu verstehen, dass seine Botschaft uns nicht viel nütze, weil es doch schon seit tausend Jahren keine Stämme mehr in Europa gäbe. Er sah uns daraufhin traurig an und wir fühlten uns recht unbehaglich. Schließlich ist man es nicht gewohnt, von einem Vertreter eines Naturvolkes bemitleidet zu werden. So beeilten wir uns, ihm zu erklären, dass hier ganz andere Voraussetzungen herrschten: Wir könnten darum vieles nicht verwirklichen. Er musterte uns einen Augenblick und schien ernsthaft zu überlegen, warum wir ihm Erklärungen abgaben über all das, was wir angeblich nicht könnten. Er jedenfalls habe noch nie gehört, dass ein Elch sich leichter erlegen ließe, wenn man ihm etwas erklärte, oder dass der Mais aus Mitleid mit hungernden Kindern ohne Wasser wüchse. Als wir daraufhin ratlos fragten, ob sich Stämme neu gründen ließen, schien er ernsthaft an unserem Verstand zu zweifeln. »Das wäre ja wie ein abgefallener Finger, der glaubt, eine Hand bilden zu können oder gleich einen ganzen Menschen!« Er begann laut zu lachen und meinte, der größenwahnsinnige Finger könne ja nicht einmal sich selbst erhalten und wäre höchstens noch als Fischköder beim Angeln zu gebrauchen. Daraufhin unterzog er sorgfältig jeden einzelnen seiner zehn Finger einer genauen Kontrolle hinsichtlich seiner Funktion und stellte anschließend beruhigt fest, sie seien *nicht* größenwahnsinnig und weiterhin damit zufrieden, ihren Dienst als Finger zu leisten. »Ihr könnt genauso wenig einen Stamm gründen, wie ein abgefallener Finger einen Menschen. Wenn sich aber ein Finger ›fingergemäß‹ verhält, dann ist er Bestandteil einer Hand. Wenn ihr euch ›stammesgemäß‹ verhaltet, *seid* ihr ein Stamm!« Wir fragten ihn, was »stammesgemäßes« Verhalten sei. »Das wisst ihr selbst. Ihr nennt es – glaube ich – ein Gewissen haben, wir nennen es dem Großen Geist folgen. Wenn ihr nur nicht eine so merkwürdige Religion hättet! Als ich zum ersten Mal in eurer Bibel las, konnte ich nicht fassen, dass dies die Religion des weißen Mannes sein sollte. Ihr benehmt euch doch genau entgegengesetzt! Liebt ihr etwa euren Nächsten? Der weiße Mann liebt nur sich selbst und vielleicht noch seinen Fernsten. Wir machen uns, ehrlich gesagt, nicht viele Gedanken über die nicht Anwesenden. In einer Stammeswelt brauchen wir das nicht, weil ja auch die Fernsten ihre Nächsten haben, die sich um sie kümmern. Fremde interessieren uns deswegen wenig – es sei denn, sie sind als Gäste bei uns. Aber unsere Leute interessieren uns sehr, die lieben wir wirklich.« Wir mussten zugeben, dass er unsere Welt richtiger sah als wir selbst und antworteten ihm, dass wir wohl viel zu materialistisch seien, um Zeit für unsere Leute zu haben. Er begann wieder laut zu lachen. »Ihr und Materialisten?! Ihr, die ihr noch die kleinsten Teile der Materie, die Atome, zertrümmert, die Luft vergiftet, die Lachse ausrottet, die Wälder vernichtet, ja sogar noch den Erdboden wegfliegen lasst? Ihr, die ihr mit euren modernen Waffen drauf und dran seid, diese ganze Erde zum Verschwinden zu bringen? Ausgerechnet ihr nennt euch Materialisten? **Wir Indianer sind Materialisten!** Wir lieben alles, was Materie ist und sind dankbar dafür. Wir mussten schon immer sehr materialistisch sein, um überleben zu können. Lässt sich etwa erfolgreich jagen, wenn man dabei träumt, Mais anbauen, Lachse fangen oder auch nur den Weg durch den Wald nach Hause finden? Der weiße Mann dagegen träumt. Er baut Häuser in seinem Kopf und dann zieht er in sie ein. Wir jedoch werden schon als Kinder dazu angehalten, nicht zu träumen, sondern sehr genau zu beobachten, damit wir keine Fehler machen. Denn wir können uns nicht viele Fehler leisten. Bei euch ist das kein Problem. Wenn ihr in einem

Land so viele Fehler gemacht habt, dass dort alles zerstört ist, zieht ihr in das nächste. Träumt ihr nicht sogar schon von einem Leben auf fernen Planeten? Der weiße Mann erlaubt sich viele Fehler. Er kommt nicht in Not. Er verbraucht einfach die Nahrungsmittel, das Holz, das Wasser, ja sogar das Wetter seiner Kinder und Enkel. Wie kann der weiße Mann seine Kinder lieben, wie kann er sich selber lieben, wenn er nicht die Erde liebt, auf die er lebt? «

Kapitel 2 - Aufbruch zu neuen Ufern

Die Gespräche mit dem Irokesen gaben uns reichlich Anstoß, unsere bisherigen Gedanken und Handlungen in einem neuen Licht zu sehen. Schon lange hatten wir feststellen müssen, dass sich all unser Einsatz im Naturschutz praktisch als vergeblich erwies. Teilsiege wurden unter enormem Kraftaufwand errungen, aber demgegenüber stand ein immer größeres Ausmaß an Zerstörung. Noch nie wurde so viel über Naturschutz gesprochen und gleichzeitig die Natur in so großem Ausmaße zerstört. Die Krönung dieser Erkenntnis machte Valdemar, ein junger Mann aus unserem Freundeskreis, der gerade sein Studium als Biologe abgeschlossen hatte, als ihm ein hoch bezahlter Forschungsauftrag in der Heide angeboten wurde. Hier sollte wissenschaftlich nachgewiesen werden, dass Panzerübungen schädlich seien für ein Naturschutzgebiet. Wozu mussten mehrere Jahre und eine beträchtliche Menge an Forschungsgeldern investiert werden, um etwas nachzuweisen, was jedem offensichtlich war?! Sollte das Leben in solchen Scheingefechten verlaufen? Dienten unsere Aktivitäten im Naturschutz etwa nur als Feigenblatt dafür, dass die Situation nicht eskalieren würde, solange es nur aktive Umweltschützer gebe?

Wir wollten in Zukunft probieren, »andere Wege zu gehen« und beschlossen, uns in eine einigermaßen gesunde Gegend zurückzuziehen. Vielleicht war es tatsächlich möglich, wieder in Harmonie mit der Natur zu leben und eine Lebensform zu finden, in der die in ihr lebenden Geschöpfe, eingeschlossen uns Menschen, wieder zu ihrem Recht kämen. Uns schwebte dabei keineswegs ein »zurück in die Steinzeit« vor, das übliche Argument, mit dem Kritiker jeden Denkansatz, der über den geistigen Rahmen der »normalen« Hightech-Fastfood-Gesellschaft hinausgeht, zu blockieren verstehen. Aber könnte ein »zurück zur Zukunft« nicht ebenso eine Lebensalternative sein? Unsere Umwelt schien ja offensichtlich nicht an neuen Erfindungen zu Grunde zu gehen, sondern eher an der völligen Gedankenlosigkeit, mit welcher der entstandene Wohlstand genutzt wurde – und an der alle Grenzen sprengenden Verschwendung des Reichtums, den die Erde uns anbot. Wie viele Kraftfahrzeuge mussten wirklich auf den Straßen fahren, wenn Güter wieder auf kürzestem Wege von ihrer Produktionsstätte zum Verbraucher transportiert würden? Wie viel Strom war wirklich notwendig, wenn es keine Überbeleuchtung der Städte mehr gäbe, welche die Nacht zum Tag machte und uns mit schillernder Leuchtreklame zum Kauf bisher nicht benötigter Konsumgüter animierte? Wie viel noch gut tragbare Kleidung würde nicht in den Müll wandern, wären wir nicht Sklaven der Mode? Wie viele Bäume könnten weiterleben, wäre Papier wieder ein kostbares Gut? Wie viel Gift und Kunstdünger könnte man in der Landwirtschaft sparen, versuchte man nicht ständig, aus immer kleineren Flächen mit immer weniger Menschen einen immer größeren Ertrag zu immer niedrigeren Preisen herauszupressen? Und dies, wo in unseren westlichen Industrieländern weithin Lebensmittelüberproduktion herrschte? Wie viele komplizierte und energieschluckende Recyclingverfahren bräuchte man wirklich, wenn wir uns statt über Recycling einmal Gedanken über die *Vermeidung* von Müll machten? War denn wenigstens das Ergebnis dieses wahnsinnigen Energieaufwandes so, dass die Menschen damit glücklicher wurden? Rheuma, Krebs, Mord und Selbstmord, tote Kinder im Straßenverkehr, Missbildungen durch Umweltvergiftung, Hochkonjunktur bei Seelenärzten aller Couleur, Hunger und Elend in großen Teilen der übrigen Welt als Konsequenz unseres Energiehungers prägten das Bild unserer Zeitungen.

Die Entwicklung einer Lebensform, die von der heute üblichen abwich, setzte für uns Bewegungsfreiheit, Ruhe und Distanz voraus – und das Fehlen von Anpassungsdruck. Deutschland mit seiner enormen Bevölkerungsdichte schien uns dafür wenig geeignet. Wir gewannen den Eindruck, dass alles, was nicht ausdrücklich erlaubt, von vornherein verboten war. Noch die kleinste Baumaßnahme musste bei den Behörden umständlich und für viel Geld beantragt werden. Beinahe jede praktische Bemühung um Naturschutz stieß auf aggressiven Widerstand. Die Kinder standen unter massivem Anpassungsdruck in der Schule, um nicht als asozial zu gelten. Die Zahl der Vorschriften stieg proportional zu den zwischenmenschlichen Aggressionen und zur Umweltzerstörung. Zu Valdemar gesellte sich mein Bruder Manfred, den ähnliche Gedanken bewegten. Die beiden Männer hatten sich in einer der zahlreichen Umweltorganisationen kennen gelernt. Beide verspürten gleich wenig Lust, sich weiterhin auf Anti-Atomkraft-Demonstrationen von der Polizei, letztlich Vertreter des Volkes, verprügeln zu lassen. War es wirklich das, was das Volk wollte? Ich glaube kaum.

Uns wurde immer bewusster, dass wir einen gewissen Freiraum um uns herum brauchten und die Gedanken wanderten ins Ausland. Damals waren Immobilien vielerorts im Gegensatz zu Deutschland noch relativ günstig zu erwerben. So beschlossen unsere beiden Männer, sich auf die Suche nach einem geeigneten neuen Wohnort zu machen. Skandinavien mit seinen unendlichen Wäldern und einer scheinbar unberührten Natur übte eine große Faszination auf sie aus. Sie hatten in Schweden bereits mehrere Urlaube verbracht. Es handelte sich bei beiden um Liebe auf den ersten Blick: Dort lebten freundliche Menschen, es gab viel Platz, wunderschöne Seen und Wälder, Elche, Biber und viele andere in Deutschland seltene oder ausgestorbene Tiere und Pflanzen. Dazu war das Land wirtschaftlich und politisch stabil. Im Mai 1978 unternahmen Valdemar und Manfred mit einigen Freunden ihre erste Reise, auf der sie bewusst nach einem geeigneten Grundstück suchten. Sie führte durch ganz Mittelschweden, bis auf die Insel Gotland.

Wie findet man nun aber seinen Hof? Wenn die Wikinger vor tausend Jahren auf Landsuche gingen, warfen sie einfach den wichtigsten Balken ihres alten Hauses ins Wasser – wo dieser an Land getrieben wurde, ließen sie sich nieder. Anstelle eines Balkens mussten sich unsere Späher allerdings mit einem Auto behelfen. Auf gut Glück wechselten sie von Norwegen aus über die schwedische Grenze in den nördlichen Teil der Provinz Värmland über. Alle Seen

Bald sah es klimatisch schon viel besser aus.

waren dick vereist – und das Mitte Mai! Also weiter Richtung Süden! Nach kilometerlanger Fahrt auf einsamen Straßen waren gleich hinter einem See einen Moment lang Dächer im Wald zu erkennen. »Wenn an der nächsten Abzweigung kein Briefkasten steht, fahren wir dorthin!« Ein Briefkasten war nicht zu entdecken, es wohnte also keiner mehr dort! Sie bogen ab, aber - oh weh! Der Weg hatte garantiert jahrzehntelang kein Fahrzeug mehr gesehen, er war völlig zugewachsen und gepflastert mit großen Felssteinen, die noch nicht einmal daran dachten, einem Auto die Durchfahrt zu gewähren. Ungeduldig lief Valdemar dem Auto zu Fuß voraus und sah bereits freudestrahlend aus einem der Fenster, als die übrigen Mitreisenden endlich am Haus ankamen. »Das ist unser Hof!!!« So einfach war das! Trotzdem glaubten beide, nachdem sie den Hof mit dem wohlklingenden Namen - Pyntarna gefunden hatten, nicht an Wunder und untersuchten noch etwa hundertfünfzig weitere Anwesen. Manche besaßen durchaus ihre Vorzüge, aber kein Hof gefiel ihnen so gut wie Pyntarna!

Später konnten wir einwandfrei feststellen, dass die Dächer des Hofes von der Landstraße aus unter keinen Umständen zu sehen gewesen sein konnten. Hatte es sich um eine Eingebung gehandelt? Ich hege deshalb den Verdacht, dass nicht wir uns für den Hof, sondern er sich für uns entschieden hatte. Neben seiner wunderschönen Lage und der geradezu magischen Atmosphäre, die er um sich wob, gab es außer zu erwartender Knochenarbeit nur wenig, was einen Menschen dazu hätte verlocken können, ausgerechnet hier sein Lebenswerk zu beginnen. Heil war auf diesem Hof buchstäblich nichts mehr; seit beinahe fünfzehn Jahren unbewohnt, war alles, was auch nur irgendwie brauchbar erschien, abtransportiert worden: Möbel, Öfen, die Holzvertäfelung der Wände und Decken, das Dachmaterial, ja zum Teil ganze Gebäude. Die Scheunen und Ställe, seit langer Zeit zerfallen, lagen manchmal nur noch in Form verrotteter Balken herum. Der Wald hatte sich sein altes Revier resolut bis auf wenige Meter ans Haus zurückerobert. So war zunächst noch nicht einmal an einen Garten zu denken.

Viele unserer Bekannten erklärten uns für verrückt, als wir ihnen eröffneten, dass wir ausgerechnet hier unsere Zelte aufzuschlagen gedächten und einer von ihnen meinte grinsend: »Mut ist manchmal auch Mangel an Fantasie!« Jedenfalls diente der Zustand des Hofes nicht gerade dazu, unseren Mut zu heben. Doch was sollten wir tun? Wir besaßen zwar nicht viel Geld, dafür aber umso mehr Träume. Der Makler, der beim Abschluss des Kaufvertrages helfen sollte, schlug nur die Hände über dem Kopf zusammen und stöhnte, ein so schlechtes Objekt habe er in seinem ganzen Leben noch nicht verkauft. Seine Reaktion verwunderte uns nicht weiter, schließlich war er zu uns gekommen wie die Kuh zum Kalb. Zu unserem alten Freundeskreis gehörte über mehrere Ecken auch ein wohlhabender Industrieller, der seit vielen Jahren geschäftliche Beziehungen nach Schweden unterhielt und sich der geringen Mühe unterzog, seinem dortigen Makler um einen kleinen privaten Gefallen zu bitten. Dass sich für diesen Mann hieraus eine langjährige Mühsal entwickeln würde, sah damals keiner voraus und in mehr als nur einer Hinsicht haben wir es diesem Makler zu verdanken, dass wir einen Teil unserer Ideen durchsetzen konnten. Immer, wenn wir ihn fragten: »Was bekommst du von uns?« Antwortete er etwas gequält: »Ihr könnt mich sowieso schon lange nicht mehr bezahlen!« Dabei ist es bis heute geblieben.

Ein Jahr später wurde dann der Kaufvertrag unterschrieben und im Herbst 1979 begannen wir mit den ersten Renovierungsarbeiten. Wir: das waren Manfred, Valdemar und ich, sowie Björn, der aus unserem alten Freundeskreis zu uns gestoßen war. Er stärkte uns in den ersten Jahren von Deutschland aus sowohl moralisch als auch materiell den Rücken wenn die Situation wieder einmal verfahren schien.

Kapitel 3 - Meine erste Schwedenreise

»Hallo Schwesterchen! Hast du Lust, mit nach Schweden zu kommen? Wir können noch gut jemanden gebrauchen, der putzt und kocht!« Mit diesen Worten platzte mein drei Jahre älterer Bruder Manfred in mein Zimmer, als ich gerade über Hausaufgaben brütete. Entrüstet drehte ich mich um. Das war doch wohl die Höhe und wieder typisch für ihn! Schon seit langer Zeit war geplant, während der Herbstferien mit der Renovierung der verfallenen Ruine Pyntarna zu beginnen. Ich stellte mir die Ferien dort total spannend vor: Ganz allein, mitten im tiefsten Wald lag ein verträumter alter Hof – wie gemacht für uns. Der nächste Nachbar wohnte sechs Kilometer weiter südlich. Es führte noch nicht einmal eine Straße hinauf, so dass man den letzten Kilometer zu Fuß laufen musste. Dafür gab es aber einen großen See. Elche kamen angeblich bis ans Haus, selbst Kraniche, Biber, Auerhähne, ja sogar Luchse, Bären und Wölfe sollten dort leben. Und nun fragte mich mein Bruder, dreist auf meine Entschlussfreudigkeit spekulierend, nur wenige Stunden vor der Abreise, ob ich mitfahren wollte!

Dabei hatte ich die Herbstferien längst für öde Schulreferate und ähnliche unabwendbare Dinge verplant. Außerdem war ein schadenfrohes Grinsen nicht zu übersehen, als er hinzufügte, ich könne ja »ein wenig« putzen. Na gut, nach mehrmaligem Schlucken und unter Überwindung meines doch recht hartnäckigen Stolzes willigte ich ein. Ich war damals erst siebzehn, aber glücklicherweise mit Eltern gesegnet, die sich noch gut an ihre eigene Jugend erinnern konnten. So bekam ich nach einigem pflichtschuldigen Gebrummel meines Vaters im nächtlichen Schlafzimmer die Einwilligung meiner Eltern relativ schnell. Vielleicht hatte mein Bruder auch schon, gerissen wie er war, Vorarbeit geleistet? Tatsache war, dass die ursprünglich eingeplante weibliche Begleitung im letzten Moment abgesagt hatte. Vielleicht war ihr die Reise doch als zu gewagt erschienen? In Windeseile stopfte ich meine wenigen Habseligkeiten in den Rucksack, denn bereits vier Stunden später, um fünf Uhr in der Früh, sollte es losgehen. Valdemar fuhr in einem alten Ford Transit vor, der bis in den äußersten Winkel mit allen nur erdenklichen Gerätschaften voll beladen worden war. Da sollten wir noch reinpassen? Doch wo ein Wille ist, ist auch ein Weg. Eingezwängt zwischen Paketen ging es schließlich los. Mit schlechtem Gewissen näherten wir uns der schwedischen Grenze. Hoffentlich gab es keinen Ärger. Und richtig: Als wir mit schuldbewussten Gesichtsausdruck mit unserer Fuhre durch die Zollabfertigung schleichen wollten, wurden wir prompt aus der Reihe herausgewinkt und von einem Zöllner, der überaus neugierig auf den Inhalt unseres Gefährtes war, erst einmal in eine große Garage gelotst. Alles, aber wirklich alles, mussten wir auspacken. Amüsiert musterten die Grenzer das sich vor ihnen auftürmende Chaos aus alten Federbetten, Tellern, Töpfen und eingekochtem Obst meiner Mutter. Mühsam versuchten wir das Durcheinander an Werkzeug, Plastikfolien, Kartoffeln, Nägeln und Stühlen zu übersichtlichen Haufen zu ordneten. Zum Schluss lag fast ein kompletter

Hausstand vor ihren Füßen. Mit diesem kunterbunten Sammelsurium ließ sich wirklich kein Staat machen. Wir durften alles wieder zusammenpacken. Das war natürlich leichter gesagt als getan. Einmal ausgepackte Dinge besitzen die unangenehme Eigenart, beim Wiedereinpacken an Volumen zuzunehmen und als wir wieder im Auto saßen, landete den Beifahrern ein Paket nach dem anderen auf dem Schoß. Ich bekam schon ernsthafte Bedenken, dass ich mich für den Rest der Fahrt mit dem Anblick auf Pappschachtel-Barrikaden begnügen müsse, doch schließlich war alles wieder verstaut.

Wir fuhren bis spät in die Nacht hinein, ehe wir rasteten, um etwas Schlaf zu bekommen. Mit maliziösem Grinsen bot mir mein Bruder an: »Du kannst gerne im Auto schlafen, damit die Kartoffeln nicht erfrieren, die sind schließlich wichtig!« Mit Schaudern sah ich mich eine schlaflose Nacht als Sardine in der Ford-Transit-Konservenbüchse verbringen. Valdemar grinste beifällig, doch dann räumte er gemeinsam mit Manfred das halbe Auto aus, sodass ich ein warmes und weiches Lager auf den vielen Federbetten erhielt. Die Männer dagegen verbrachten bei acht Grad minus eine recht unangenehme Nacht draußen im Wald. Trotz ihres rauen Gebarens waren meine beiden Begleiter doch Kavaliere! Mit steifen Gliedern zwängten sie sich morgens in das Auto hinein und bald ging es wieder endlos über holprige Schotterwege einem ungewissen Ziel entgegen. Die letzte menschliche Behausung lag schon weit hinter uns, als Manfred mitten im tiefsten Wald das Auto anhielt und freudestrahlend verkündete: »Wir sind da!« – »Was, hier?« Ungläubig starrte ich auf die dichte, schweigende Waldkulisse.

Die Männer sprangen aus dem Auto. Belustigt über meinen verblüfften Gesichtsausdruck, winkte mich mein Bruder heran: »Komm, wir haben noch ein gutes Stück Weg vor uns.« Auf was hatte ich mich nur eingelassen!? Den letzten Kilometer zum Hof trabte ich argwöhnisch hinter den Männern her. Uff! Ich holte erst einmal tief Luft, als ich die Bescherung vor mir sah. Man musste schon dreimal hinschauen, um aus dem Gewirr von Balken und in sich zusammengestürzten Gebäudeteilen ehemalige Ställe und Scheunen eines bäuerlichen Anwesens erkennen zu können. Das nannte man in Schweden also einen renovierungsbedürftigen Hof? Dass hier überhaupt so etwas wie ein Wohnhaus stand, musste einem auch erst gesagt werden. »Das Glas der Fenster ist ja völlig zerschlagen«, stellte ich deprimiert fest. »Zerschossen«, konstatierte Manfred. Allein in einem einzigen Zimmer zählte ich später über zweihundert Treffer an Wänden und Decke. Die Türen hingen zum Teil nur noch schief in den Angeln. Halb verrottete, aus dem Boden herausgerissene Dielenbretter lagen überall herum, Wandverkleidungen fehlten fast vollständig; selbst die Holzdecken waren nur in wenigen Zimmern unversehrt geblieben. In einem der Räume wuchsen sogar kleine Bäume aus der Erde. Von Möbeln oder gar dem Luxus eines Ofens war außer einem verrosteten und in seine Bestandteile zerfallenen Küchenherd keine Spur zu sehen. »Hmm, hmmm...« Ich räusperte mich vernehmlich, als mein Bruder grinsend an meiner Seite auftauchte, sich klugerweise jedoch jede Bemerkung verkniff. Zu viel der Ehre als Putzfrau! Angesichts des Chaos, das vor mir lag, musste ich doch etwas gequält auflachen.

In etwas desolaten Zustand fanden wir unser Traumhaus vor

Als ich über all das Gerümpel in die Küche stolperte, vernahm ich gerade noch den Warnruf von Valdemar: »Passt auf, dort ist ein großes Loch im Fußboden!« Aber nanu, wo war denn Manfred geblieben? Zunächst etwas besorgt, nachdem er so plötzlich verschwunden war, konnte ich dann meine Schadenfreude nicht verbergen, als ich ihn wie aus weiter Ferne unter mir ausrufen hörte: »Verdammte Sch…! Was ist denn das hier für eine Schweinesuhle?!« Tatsächlich war er in einen etwa mannshohen Küchenkeller geplumpst, dessen knietiefer Matsch aus den »Hochzeiten« verflossener Küchenkultur seinen tiefen Fall weich abgefedert hatte. Valdemar, als Mann der Tat, war inzwischen über das Gerümpel hinweg geturnt, um bis zu dem Küchenherd vorzudringen, ihn kritisch unter die Lupe zu nehmen und trocken festzustellen: »Der brennt wohl auch nicht mehr so schnell, aber irgendwie müssen wir die Bude ja warm kriegen!« Manfred und ich plagten uns da lieber mit weniger geistreichen Verrichtungen: dem Auspacken der wichtigsten Dinge, um sie zum Haus hoch zu schleppen. Wie viele Male sollte ich mich später als menschlicher Packesel den Berg hinauf plagen! Kein Wunder, dass sich Pioniere früher reich vorkamen, wenn sie erst ein Pferd besaßen.

Meine Aufgabe als Putzteufel erwies sich wider Erwarten als recht spaßig. Was war in dem gammligen Gerümpel nicht alles zu finden! Von zerfledderten Socken, dem letzten Schrei der Kleidermode von anno dazumal und einer in schwer bestimmbare Puzzleteile zerlegten Milchzentrifuge über Berge von Schnapsflaschen bis hin zu Unmengen leerer Patronenhülsen, die darauf schließen ließen, dass es sich der Vorbesitzer des Hauses mit der Jagd bequem gemacht hatte. Später erfuhren wir, dass hier zuletzt ein alter Mann, wohl ein ziemliches Original, gewohnt hatte. Pyntarna war zu seiner Zeit bis in die weitere Umgebung für seine feuchtfröhlichen Feste, seinen garantiert nicht blind machenden, selbst gebrannten Schnaps und zahllose Wilddiebereien mehr berüchtigt als berühmt. Noch heute suchen eingeweihte Nachbarn nach etwa fünfzig Flaschen gut abgelagertem Schnaps, der nach dem Brennen in aller Eile verborgen werden musste, als unvermutet die Polizei auftauchte. Leider hatten die Hersteller des Schnapses selbst zu viel von ihrer brisanten Mischung probiert, sodass sie sich beim besten Willen nicht an ihr Versteck erinnern konnten. Einige Jahre später fanden wir in einem Dickicht unweit des Hauses ein fast funktionsfähiges Gewehr, das der besagte alte Kauz dreißig Jahre zuvor ebenfalls schnell hatte loswerden müssen. Den Elch dazu wird er damals wohl wiedergefunden haben, als die Luft wieder rein war. Lange Zeit rätselten wir auch über die zahllosen Einschusslöcher im ehemaligen Schlafzimmer, bis wir erfuhren, dass es seine Art war, Jagd auf die Mäuse, in der Zwischendecke, zu machen.

Beim Saubermachen konnte ich also getrost noch geraume Zeit auf Feinwerkzeug wie Staubtücher verzichten und schüttete den anfallenden Kehricht in große Säcke, die kaum gefüllt, schon aus dem Fenster flogen, um draußen ein lustiges Feuerchen zu unterhalten. Valdemar beschäftigte sich inzwischen mit Herd und Schornstein. Doch außer zu wenigen kümmerlichen Rauchsignalen war der Ofen zu keiner vernünftigen Tätigkeit zu bewegen. Wir wurden zwar von den die Küche durchwabernden Rauchschwaden sehr gut konserviert, aber alles andere als erwärmt. Auch in der folgenden Woche stieg die Temperatur nie über acht Grad. Hatten wir es doch endlich geschafft, die Küche warm zu bekommen, drohten wir an Rauchvergiftung einzugehen und flüchteten uns lieber nach draußen in die eisige Luft. Einen großen Kampf gab es immer um das wenige warme Wasser, das wir mühsam auf dem Herd erhitzten. Ein unbewachter Moment genügte und schon wurde es, statt als Tee im Bauch zu landen, zum Auftauen klammer Hände entwendet – ein unter bedürftigen Teetrinkern als unfreundlich geltender Akt, der, selbst wenn als »Händewaschen« deklariert, sofort durchschaut wurde.

Manfred dichtete die kaputten Fenster mit Folie ab und reparierte notdürftig die Türen, so dass sie endlich wieder schlossen. Aber es half nichts, wir mussten dem mangelhaften Rauchabzug auf den Grund gehen. Die Ursache war beim besten Willen nicht zu erkennen. Das Ofenrohr des Küchenherdes mündete irgendwo oben, in der unergründlichen Schwärze des monströsen Schornsteins, der leicht ein ganzes Zimmer hätte ausfüllen können. Die Lüftungsklappe zum offenen Kamin ließ sich ebenfalls nicht öffnen. Die herabgestürzte Schornsteinkrone schien in den riesigen Rauchfang gefallen zu sein und blockierte so sämtliche Züge und Klappen. Hier war guter Rat teuer: Von oben ließen sich die Steine nicht wieder herausbekommen. Nach vergeblichem Stochern mit einer langen Latte zwängte sich Valdemar in den Schornstein hinein, um die Klappe mit Gewalt zu öffnen. Sogleich polterte eine riesige Steinlawine auf ihn herab. Als er die nächsten Tage mit schmerzverzerrtem Gesicht und schiefem Rücken herumlief, war es diesmal an Manfred, ein wenig zweifelnd und schadenfroh zugleich zu grinsen: »Was musst du dich auch als Besen für den Schornstein zweckentfremden?« Doch der Ofen zog sogleich besser und in der Küche herrschten bald »tropische« Temperaturen von zwölf Grad. Inzwischen fielen die Außentemperaturen beträchtlich, unser Feuerholz war und blieb nass und an ein Aufmauern des Schornsteines war bei Frostwetter nicht zu denken, was uns erneut in der Erkenntnis bestätigte, dass Körperwärme am besten durch Bewegung zu erzeugen ist.

Die kleinen Hauswichtel, von denen es auf Pyntarna nach Aussage unserer entfernten Nachbarn viele, doch vor allem gutartige geben sollte, schienen von unserer rastlosen Aktivität angesteckt worden zu sein. Schleppten wir schwere Lasten durch einen Raum, dann öffnete sich die Tür gewöhnlich wie von selbst, um sich hinter uns wie von Geisterhand berührt wieder zu schließen. Zunächst hielten wir dies für Zufall, später empfanden wir es als etwas unheimlich, doch jedes Mal bedankten wir uns bei den Wichteln und bald hatten wir uns an ihr geheimnisvolles Wirken gewöhnt.

Allmählich wurde es Zeit, sich Gedanken zu machen, wie wir den mitgebrachten Tischlerleim und die Lebensmittel frost- und mäusesicher lagern konnten. Auf dem Hof befanden sich zwei wohl dreihundert Jahre alte Erdkeller. Staunend betrachteten wir ihre kunstvoll aus Felssteinen aufgeschichteten, übermannshohen Gewölbe. Was für erfahrene Baumeister mussten hier am Werk gewesen sein! Auf den dick mit Erde bedeckten Gewölben wuchsen inzwischen jedoch große Bäume, deren Wurzeln sich in die lose zusammengefügten Steine krallten und bei jedem Sturm drohten, die kunstvollen Bauten auseinanderzureißen. Die Bäume wichen schnell der Axt. Manfred zimmerte neue Türen für die Eingänge und isolierte sie mit einer doppelten Schicht Korkplatten und schon verfügten wir über winterfeste Lagerräume, in denen wir Frischgemüse und Weckgläser frostgeschützt aufbewahren konnten. Die lange Lagerfähigkeit der Kartoffeln, Möhren und Äpfel grenzte fast an ein Wunder. Sie lagen bunt durcheinander in einer mäusesicheren Drahtkiste. Die letzten Kartoffeln habe ich manchmal erst im folgenden August verbraucht und sie sahen noch immer genauso frisch aus wie nach der Ernte. Rote Bete lagerte ich einmal probeweise zwei Jahre hindurch und konnte aus ihnen noch einen schmackhaften Rohkostsalat bereiten.

Rein äußerlich wirkte Pyntarna sicherlich nicht besonders anziehend. Dennoch hatte ich, jung wie ich war, gleich die Gewissheit, hier meine Lebensaufgabe gefunden zu haben. Was konnte man in diese verfallenen, alten Gebäude nicht alles an Zukunftsträume hineinweben! Hier lag das Leben nicht in überraschungslosen, vorbestimmten Gleisen vor mir. Zwar fror ich erbärmlich und die Arbeit war nicht gerade leicht, aber dafür wurde ich von der Natur überreich entschädigt. So herrliche Farben wie hier hatte ich noch nie gesehen: Sonnenauf- und untergänge, bei denen der ganze Himmel wie mit Feuer übergossen schien, silbern glänzende, vom Frost erstarrte Tautropfen, die in Gräsern und Zweigen wie Edelsteine hingen, leuchtend rote Moos- und Preiselbeeren unter

Herbstzauber an unserem See

dem satten Grün der Wacholderbüsche und zwischen dem matten Grau der Steine wie von Malerhand dahin getüpfelt, im Hintergrund der See, auf dem Nebelschwaden wie Elfen zu tanzen schienen.

Tagsüber saß ich oft lange auf einem der Findlinge, sog die klare, nach Wald und Herbst duftende Luft tief ein und ließ die machtvolle Stimmung der Natur auf mich wirken. Nach Sonnenuntergang versammelten wir uns in unserer notdürftig wohnlich gemachten Küche vor dem Kamin. Wie faszinierend war doch ein Abend am offenen Feuer, nach körperlich harter, aber erfüllender Arbeit! Inspiriert von unserer neuen Umgebung, philosophierten wir über Gott und die Welt, lasen uns aus Märchen und Erzählungen vor und fühlten, dass wir endlich in die Fülle des Lebens eintauchten.

Im November reisten Valdemar und ich wieder nach Deutschland. Mein Bruder Manfred wollte noch bleiben. Etwas ungemütlich war mir schon bei dem Gedanken, ihn allein zurückzulassen. Was würden meine Eltern dazu sagen? Der Hof besaß nicht einmal eine Verbindung zur Außenwelt. Ein Telefon war erst in sieben Kilometern Entfernung zu finden. Die Vorstellung, dass mein Bruder einmal von zufällig vorbeikommenden Jägern erfroren und mumifiziert gefunden werden könnte, fand ich nicht besonders erheiternd. Deshalb versuchte ich, ihn mit weiblichen Listen doch noch von seinem Entschluss abzubringen. So platzierte ich zum Beispiel eine Unmenge an Nudeln, von denen ich ganz genau wusste, dass mein Bruder sie nicht mochte, an vorderster Stelle in den Vorratsschrank – ein Akt weiblicher Verzweiflung, der nie zwischen uns erwähnt wurde, bis mein Bruder nach langer Zeit in einem Gespräch über seinen einsamen Aufenthalt auf Pyntarna mit einem einleitenden grimmigen Schnaufen meinte: »Jaaa, es war damals schon eine harte Zeit, vor allem mit den Nudeln...« Er ließ sich aber durch nichts umstimmen und blieb, stur wie er war, allein auf Pyntarna zurück – bis Weihnachten. Als nach fast zwei in der Einsamkeit verbrachten Monaten eines Morgens seine Bettdecke an der Wand festfror, beschloss er, dass vierzig Tage »Zivilisations-Fasten« in der Schneewüste des hohen Nordens zur momentanen Erleuchtung ausreichten und kehrte mit neuen Erkenntnissen über sich und die Welt nachhause zurück.

Abschied von Manfred, der in dieser Bruchbude fernab der Zivilisation auf unbestimmte Zeit bleiben wollte

Kapitel 4 - Pyntarna
erwacht aus dem Dornröschenschlaf

Wir nutzten die verbleibenden Wintermonate, um, für das Frühjahr 1980 einen umfangreichen Transport nach Schweden vorzubereiten. In der Werkstatt meines Vaters tischlerten Manfred und Valdemar fünfundzwanzig Fenster und sechzehn Türen. Das Holz dazu wurde aus Baumstämmen in einem Sägewerk eines Bekannten zurechtgesägt und bei uns Zuhause abgerichtet. Das Glas stammte aus einer Aquarienfabrik und wäre, weil es kleinere Fehler aufwies, sonst auf dem Müll gelandet. Doch wir lernten schnell mit einem Glasschneider umzugehen und übrig blieben brauchbare Scheiben für die kleinen Sprossenfenster. So blieb unser schmaler Geldbeutel weitestgehend geschont. Mein Bruder hatte vor kurzem seine Gesellenprüfung als Tischler bestanden und sein handwerkliches Geschick war genau das, was wir brauchten. Vom Sperrmüll suchten wir eine halbe Hauseinrichtung zusammen und unser Freund Björn half uns, die auf fast vierzehn Tonnen angewachsene Materialflut mit einem Sattelschlepper nach Schweden zu transportieren. Auch diesmal führte uns der Zoll wieder vor. Vierzehn Tonnen sperrigen Guts unter den strengen Augen des Gesetzes auszuladen war bei weitem keine Kleinigkeit. Wieder füllte sich besagte Garage mit allem möglichen und unmöglichen Gerät. Man musste schon über reichlich Fantasie verfügen, um manchem der Gegenstände seinen Verwendungszweck ansehen zu können. Dass wir etwa mit den zahlreichen Säcken an Hobelspänen, die unsere Ladung nebenbei gut gegen Stöße abpolsterten, wirklich nur Zwischendecken isolieren wollten, erschien den Zöllnern wenig glaubhaft. Aber die Säcke enthielten auch nach gründlichster Untersuchung immer nur eines: Späne. Irgendwann verloren die Beamten die Lust an der chaotischen Ladung des Sattelschleppers und die neu gebauten Fenster und Türen, das Einzige, was er an Wert enthielt, standen weiterhin unbehelligt im dunklen Bauch des Lasters. Kurz vor unserem Ziel sahen wir uns vor ein vorher nicht bedachtes Problem gestellt: Am öffentlichen und ziemlich schmalen Schotterweg konnten wir das Ungetüm von Fahrzeug nicht stehen lassen, ohne die Durchfahrt völlig zu versperren und der zugewachsene Weg zum Haus kam ebenso wenig in Betracht. Unser Gefährt war bis zur Oberkante Unterlippe beladen und schließlich kein Geländewagen! Dennoch fuhr Björn ohne Zagen und Zaudern mit der ihm eigenen Resolutheit und einer gehörigen Portion Gottvertrauen in den nur für Forstfahrzeuge bestimmten Waldweg hinein. So blieben nur noch etwa dreihundert Meter Weg- oder besser gesagt Schleppstrecke bis zum Hofplatz zu überwinden. Am nächsten Tag besuchte uns ein benachbarter schwedischer Bauer. Er brachte mit seinem Traktor mehrere hundert Quadratmeter Bretter vorbei, die er für uns in seinem altertümlichen Sägewerk zugeschnitten hatte. Die Bretter sollten dazu dienen, das Haus zu verkleiden und die ersten wichtigen Reparaturen an den übrigen Hofgebäuden auszuführen. Unser neuer Nachbar half uns bereitwillig mit seinem Traktor den mühsam zusammengeklaubten Grundstock für unser neues Leben in der Wildnis, die letzte Wegstrecke zum Hof hinaufzuschaffen.

Von unserer Abladeaktion mitten im Wald und zudem dicht an der norwegischen Grenze hatten natürlich auch schon Polizei und Zoll Wind bekommen. Unverhofft erschienen sie auf dem Hof. Zunächst mit zur Schau getragener offizieller Amtsmiene, doch bald mit unverhohlenem Schmunzeln, ließen sie sich von unserer abenteuerlichen Reise berichten, kauten dabei behaglich das mit deutscher Mettwurst belegte, selbst gebackene Schwarzbrot und schreckten auch vor einem frisch gebrauten Kräutertee nicht zurück. Die Zollpapiere fanden sich nach mehrfachem Durchwühlen unserer chaotischen Halde wider Erwarten an, nicht aber Björns Brieftasche mit seinem Pass und einer nicht unbeträchtlichen Geldmenge. Nach reiflicher Überlegung vermutete er, dass sie irgendwo beim Tanken, einige hundert Kilometer vom Hof entfernt, liegen geblieben sein könnte. Aber bei ihrem gut gefüllten Inhalt fände sie sich wohl nicht wieder an. Tage später kam einer der beiden Beamten wieder – mit Brieftasche samt vollständigem Inhalt! Er hatte sich an sämtlichen Tankstellen auf unserer Fahrtroute nach ihr erkundigt und sie tatsächlich gefunden. Dieser Mann war übrigens nicht irgendjemand, sondern der Polizeichef von Värmland höchstpersönlich.

Im Sommer 1980 setzte eine rastlose Aktivität auf Pyntarna ein. Freunde und mit ihnen eine Schar von Kindern, halfen uns in ihren Sommerferien bei den ersten Pionierarbeiten. Unser Vorhaben hatte sich wie ein Lauffeuer verbreitet, Aufbruchsstimmung lag in der Luft. Bisweilen grübele ich darüber nach, was

Menschen dazu bewegen mag, einer Idee zuliebe körperliche und materielle Entbehrungen zumindest zeitweise auf sich zu nehmen. Sollten in uns doch noch die Gene von Jägern und Sammlern stecken? Gene ansteckender Zufriedenheit bei einfacher manueller Tätigkeit in frischer Luft? Für uns gab es plötzlich nichts mehr, was vorher selbstverständlich war: ein warmes Zimmer, ein weiches Bett, saubere, ungeflickte Kleidung, abwechslungsreiche, die Augen ansprechende Nahrung oder ein Bad mit Wasserklosett und heißer Dusche. Was ich früher gedankenlos hingenommen hatte, erschien mir nun als unerreichbarer Luxus. Bei manchmal bis zu zwanzig Leuten auf dem Hof war es nicht immer möglich, einen guten Schlafplatz zu ergattern. Im günstigsten Fall reichte es für einen Schlafsack und eine alte Matratze. Mancher schnitt sich seine »Federkernmatratze« gleich im Wald maßgerecht zu. Biegsame Fichtenäste, mit ihrer natürlichen Wölbung nach oben in mehrere elastische Lagen geschichtet, ergaben zumindest für zwei, drei Nächte einen halbwegs brauchbaren Bettersatz. Zu hart konnten Unterlagen dieser Art selbstverständlich nicht sein, da wir tapfer an dem selbstquälerischen und gerade in Mode gekommenen Grundsatz festhielten, harte Matratzen seien gesund für den Rücken. Die Nadeln piekten – für unsere verwöhnte Zivilisationshaut nicht gerade bekömmlich – durch die Laken hindurch, aber ätherisches Fichtennadelöl wirkt ja angeblich entspannungsfördernd. Spätestens in der zweiten Nacht war man des Kampfes gegen die stachlige Natur derart müde, dass die entspannungsfördernden Eigenschaften tatsächlich eintraten und man endlich wie ein Stein einschlief.

Der erste verschlafene Gang galt morgens dem stillen Örtchen. In unvermeidlicher Warteschlange und eingehüllt in die Duftwolke des Plumpsklos, blieb viel Zeit zu tiefsinnigen Sprüchen und erhabenem Witz. Wir ertappten uns bei dem peinlichen Gelüst nach einem unanständigen, aber gesellschaftsfördernden Donnerbalken mit jeder Menge Löcher in Reih und Glied, wie er noch auf manchem Ödhof existierte. Hatte man das Plumpsklo hinter sich, ging es weiter an den Brunnen zur eiskalten Katzenwäsche. Vor dem Reinlichkeitsgebot unserer neuernannten Küchenfee, Christel, die sich jedoch bei passender Gelegenheit in einen feuerspeienden Drachen verwandelte, konnte sich keiner allzu leicht drücken, denn nur frisch gewaschen war die Rückkehr in ihre geheiligten häuslichen Gefilde erlaubt. Ganz Mutige bevorzugten allerdings ein Bad im See. Irgendwann gaben die Wärmesensoren des Körpers ihren verzweifelten Widerstand gegen ruppige Behandlung auf und schienen sich tatsächlich an Wassertemperaturen zwischen 10 und 15 Grad zu gewöhnen. Wie gut, dass man den Rückweg im Dauerlauf und immer fleißig bergauf überwinden durfte!

Das Haus verwandelte sich nun schlagartig in einen Ameisenhaufen. Frühstück für eine Meute von zwanzig ausgehungerten Jugendlichen zu bereiten, war mit unseren beschränkten Mitteln keine Kleinigkeit. Der Küchenherd musste angezündet, Trinkwasser für Tee aus dem Brunnen geschöpft und dabei gleich das Spülwasser für den Abwasch danach mitgebracht werden, Kräutertee wurde frisch auf der Wiese gepflückt, Getreideschrot für das Müsli auf einer altertümlichen Steinmühle gemahlen – und wenn möglich ein paar frische Beeren aus dem Wald dazu gepflückt. Der Tisch wurde gedeckt und die Nüsse mangels Nussknacker in der Küche mit einem Hammer geknackt. Letzteres gab Rabauken jedoch gute Gelegenheit, im geeigneten Moment mit einem geschickten Schlag auf deren Kante die Nuss als Geschoss durch die Küche sausen zu lassen. Alle, die vorher vielleicht noch verschlafen oder benommen vom grausamen Morgenbad waren, wurden nun in jedem Fall wach. Wer allerdings beim Tee-Einschenken den Fehler beging, etwa eine Maus zu erwähnen, von deren Artgenossen es auf dem Grundstück nur so wimmelte und die es nicht hatte lassen können, ausgerechnet in der Teekanne ihr Leben auszuhauchen – oder sich laut darüber wunderte, was denn aus dem nahrhaften weißen Raupen-Belag geworden sei, der doch noch während des Kochvorgangs auf der Waldhimbeeren-Grütze geschwommen habe, handelte sich gepfefferten Ärger mit unserer inzwischen zum »Küchenoberdrachen« avancierten Christel ein und das konnte locker eine nachmittägliche Runde Küchenboden schrubben oder Türschwellen scheuern bedeuten. Am Ende sind wohl nur wenige davon verschont geblieben. Aber dafür war Christels Küche auch das Glanzstück unseres chaotischen Siedlerdaseins.

Nach dem Frühstück waren wir gewöhnlich in ausreichend aufrührerischer Stimmung, um uns frisch vergnügt auf die fast unübersehbare Arbeitsmenge zu stürzen. Die alte Hausverschalung wurde abgerissen und das an all seinen vier Ecken abgesunkene Gebäude von Manfred und Björn mit Keilen und Wagenheber wieder angehoben. Als Björn gerade den allerletzten Fundamentstein eingefügt hatte, gab der von seinem LKW stammende Wagenheber krachend den Geist auf und dort, wo Augenblicke zuvor noch Björns Hände gewesen waren, hatte sich jetzt die alte Hausecke auf die inzwischen erhöhte Steinunterlage abgesenkt. Das ganze Haus wurde nun von außen mit Kork isoliert, mit neuen Brettern verkleidet und von einem unermüdlichen jungen Mädchen fast ganz allein auch neu gestrichen. Die in Deutschland geschreinerten Fenster und Türen wurden eingesetzt und die Ritzen zwischen den Blockbalken sorgfältig mit Moos abgedichtet. Bald sahen unsere Zimmer nicht mehr wie kurz nach einem Überfall grimmiger Vandalen aus. Wir isolierten nach und nach sämtliche Fußböden und Zwischendecken mit einem Gemisch aus getrocknetem Moos und Hobelspänen. Diese Art der Wärmedämmung hatte man hier schon seit Jahrhunderten angewandt und da wir vermuteten, dass auch unsere Vorgänger nicht gerne froren, versuchten wir es mit dem gleichen System. Es war billig und bestand zumindest nicht aus recycelten Überresten irgendwelcher Müllverbrennungsanlagen oder Rückständen aus Entschweflungsfiltern, aus denen sich so schön »gesunde« Wohnmaterialien zaubern lassen. Doch Moos war nicht gleich Moos. Das merkten wir schnell, als sich das Torfmoos, von dem wir Unmengen gesammelt hatten, nach seiner Trocknung in unbrauchbare Brösel verwandelte. »Tjaaa«, bemerkte ein Einheimischer mit weisem Lächeln, »ihr müsst eben Hausmoos nehmen« und überreichte uns mit diesen Worten ein Büschel dieses Wundergewächses. Für ihn schien der Unterschied zwischen Torf- und Hausmoos sonnenklar zu sein, für uns sah Moos immer wie Moos aus und wir brauchten eine ganze Weile, bis wir wahrnahmen, wie viele Moosarten wirklich um uns herum wuchsen: ein Moos, um Häuser zu isolieren, ein anderes zum Flechten von Fußmatten –, hier eine Sorte für die Staubwedel, dort eine mit besonderer Heilwirkung. Es gab Moos zur Bodenbedeckung im Garten und solches, das nur dort wuchs, wo man meinte, jeden Moment einen Zwerg aus dem Waldesdunkel heraustreten zu sehen. Bei wieder einem anderen konnte man sicher sein, dass man bis zu den Knien im Morast versank, wenn man drauftrat... Ich hatte nie geahnt, dass allein das Thema Moos so spannend sein könnte. Unser Hausmoos eignete sich jedenfalls hervorragend zum Isolieren und wir mussten den nächsten Winter nicht mehr fürchten.

Wir machten uns auch gleich daran, die ersten Flächen für den zukünftigen Garten zu roden. Hierfür leistete Manfred statt eines Spatens erst einmal eine Motorsäge ihren unentbehrlichen Dienst. Der Wald hatte sich auf ganzer Front sein Revier zurückerobert. Björn als neu ernannter Gartenspezialist machte sich mit seinen beiden Söhnen gleich auf die Suche nach Material, um den ersten Komposthaufen aufzusetzen. Das war jedoch nicht gerade einfach. Wie findet man in den eintönigen Fichten-Monokulturen, welche die einst fruchtbaren Wiesen und Felder einnahmen, ausreichend organisches Material? Dabei brauchten wir geradezu unerschöpfliche Mengen an Kompost, um den Boden wieder fruchtbar zu machen. Es gab deshalb auch wenig, was ihrem Sammeleifer entging. Von Elchködeln über Pilze bis zur richtigen Dosierung an Moos und etwas guter Walderde, die wir mit abgemähten Brennnesseln und morschem Holz »pikant« würzten, wurde die richtige Zusammensetzung des Kompostes bald zu einem unserer scheinbar vielen unerschöpflichen Spezialgebiete. Irgendwann begann jemand zu lästern: »Wir sind auf dem besten Wege, ein Verein zur Förderung von Rassemerkmalen bei Zwergpudeln zu werden!« Ja, das Leben konnte in seinen Details faszinierend sein. Man begann in das Wesen eines bisher gedankenlos verwendeten Begriffs einzutauchen und ein flach erscheinendes Wort öffnete einem wie ein Kaleidoskop die Tiefen seines Universums an neuen sinnlichen Eindrücken, Zusammenhängen und Erkenntnissen. Uns wurde schnell klar, wie gefährlich nahe die Grenze vom bewusst die kosmischen Zusammenhänge wahrnehmenden Menschen zum rechthaberisch denkenden Fachidioten mit Tunnelblick lag.

Jürgen, ein anderer meiner Brüder und von Haus aus Elektriker, betätigte sich mangels Strom als Klempner und brachte die alte Wasserleitung wieder in Ordnung. Nun konnten wir im Sommer wieder die alte Handpumpe im Haus benutzen. Dies erschien uns, nachdem wir bislang das Wasser mit Eimern vom Brunnen holen mussten, als ganz besonderer Luxus. Leider saß die Leitung so voller Rost und das Wasser lief so spärlich, dass wir noch jahrelang größere Wassermengen zum Baden und Wäschewaschen mit Eimern ins Haus trugen, bis wir uns einen Bagger leisten konnten, der eine neue Wasserleitung frostsicher eingrub.

Das Waschen der Kleidung war keine Kleinigkeit. Ich hätte mir nie träumen lassen, wie schmutzig man bei der Landarbeit werden kann und wie oft deshalb sauberes Zeug benötigt wird, um auch nur einen annähernd zivilisierten Anblick zu bieten. Ganz zu schweigen davon, wie körperlich anstrengend solch ein Waschtag ist. Plötzlich betrachtete ich alte Berichte und Fotos mit ganz anderen Augen. Wie schmuck und sauber sahen die Menschen früher in ihren aufwändig gearbeiteten Trachten aus! Woher nahmen sie nur die Zeit, zumindest bei festlichen Ereignissen ihre Tafel mit einem sauber gewaschenen, fleckenfreien, gestärkten und gebügelten Tischtuch zu bedecken – und das mit heute als völlig unzulänglich angesehenen Hilfsmitteln wie einfacher Seife, Waschbrett und Holzzuber! Bei mir kam noch der unvermeidliche große Waschkessel hinzu, in dem ich auf hellem Feuer Unmengen heißen Wassers und die damit verbundenen Dampfschwaden produzierte. Erst wurde die über Nacht sorgfältig eingeweichte weiße Wäsche darin aufgekocht »Nur nicht zu schnell und immer schön umrühren!«, riet mir die uralte Bauersfrau eindringlich, die mich in meiner Waschfrauentätigkeit anleitete. Heißes Wasser wurde abgeschöpft, auf Handwärme abgekühlt und die dunkle Schmutzwäsche darin vorgeschrubbt – immer schön Wasser und Seife sparen! Während ich noch schweißgebadet schrubbte, füllte meine Lehrmeisterin zu meinem Entsetzen den Waschkessel erneut mit farbiger Wäsche und kochte auch diese auf. Auf was hatte ich mich da wieder eingelassen? Doch resolut erklärte sie: »Du wirst nie wieder so saubere Wäsche bekommen. Außerdem sparst du viel Kraft.« Na, das konnte ich mir vorstellen, die so von ihr behandelte Wäsche brauchte ich, weil sicherlich verdorben, später nie wieder zu waschen. Doch wunderbarerweise behielt sie Recht und bald lernte ich, Wäsche völlig anders zu sortieren, als man es für die Waschmaschine machen würde. Kaum war ich mit dem groben Dreck in der dunklen Wäsche fertig, als bereits das Spülen der Kochwäsche angesagt war. Gab es denn nie eine Pause? Anschließend wurde das tropfnasse Zeug durch eine altertümliche Handmangel gedreht, die mit ihren Walzen das Wasser aus der Wäsche herausquetschte: wieder eine völlig neue Erfahrung für mich. Ich besaß zwar auch solch ein Gerät, hatte es aber eher für eine Art Bügelmaschine für große Wäschestücke gehalten. Wieder erschloss sich mir ein unbekanntes Universum. Als ich Jahre später einem Bekannten stolz unsere neueste Errungenschaft in Gestalt einer Geschirrspülmaschine vorführte, hörte ich ihn mit einem deutlichen Seufzer der Erleichterung in der Stimme sagen: »Wahrlich, die genialste Erfindung seit dem Fahrrad.« Doch wenn ich auf all die Wäscheberge zurückblicke, die ich viele Jahre lang mit der Hand geschrubbt, gespült und ausgewrungen habe – eine Waschmaschine hat auch etwas!

Als Nächstes sollte der Holzschuppen zumindest notdürftig repariert werden, denn wir wollten nicht noch ein Jahr mit nassem Feuerholz erleben.

Unser Holzschuppen vor seinem Wiederaufbau,
viel blieb da nicht von übrig

Die Sauna, ein wohl dreihundert Jahre altes Gebäude des Hofes, wollten wir auch gleich mit aufbauen. Denn nichts hatten wir im letzten Herbst mehr vermisst als die Möglichkeit, uns gründlich aufzuwärmen. Die Saunagänge erwiesen sich jedoch als höhere Kunst. Zumindest schafften wir es in den ersten Jahren mit erstaunlicher Regelmäßigkeit, das so schön renovierte Gebäude um Haaresbreite abzufackeln. Allwissend wie wir waren, heizten wir die Sauna natürlich auf die gewohnte Hundert-Grad-Temperatur. Man denke sich nur den Schreck, als wir, notdürftig in ein Handtuch gewickelt, die Saunatür öffneten und sich die Holzdecke durch den im Nu eindringenden Sauerstoffschwall in ein loderndes Flammenmeer verwandelte. Sehr viel später wurde uns von einem Einheimischen mit einem kaum verhohlenen Grinsen die Aufklärung zuteil, dass dieser Typ Sauna nur bis sechzig Grad aufgeheizt werden durfte, da sich ansonsten das harzreiche Holz im Handumdrehen entzündete. Wichtig sei es vielmehr, mit vielen Aufgüssen für ein feuchtes Raumklima zu sorgen: Eher Dampfbad als Sauna, mithin. Und um das Vergnügen zu vervollständigen, sei jeder Teilnehmer des Dampfbades mindestens einmal von einem seiner wohlmeinenden Schwitzgenossen kräftig mit einem zuvor in Wasser getunkten, frisch geschnittenen Bündel Birkenreisig durchzuschlagen. Wir sollten sehen, es gebe nichts Besseres! Unsere Sauna war ursprünglich im finnischen Stil erbaut worden. Das heißt, der Ofen bestand aus einem großen Steingewölbe ohne Abzug, das so lange geheizt wurde, bis die Steine durch und durch heiß waren. Anschließend wurde das Feuer ausgeräumt, der Ofeninnenraum gründlich gesäubert und die Sauna, die jetzt voller Rauch war, kurz, aber gründlich gelüftet. Übersehene Glutstücke rauchten natürlich weiter und verursachten brennende Augen – ein Übel, das gewöhnlich mit immer gleichem Genörgel kommentiert wurde, wogegen sich der Heizer mit ebensolcher Regelmäßigkeit nörgelig wehrte: Die zwei Allheilmittel der Finnen seien Sauna und Holzteer – erst wenn diese nicht mehr hülfen, sei man ernsthaft krank! Ja, so musste es sein. Unsere Sauna überlebten nur hartgesottene Naturen! Zum Abkühlen ging es dann in die Schweinesuhle, einem ein Meter tiefen Moorloch voller Moos und einer Kröte als treue Bewohnerin. Wir müssen ein urkomisches Bild abgegeben haben, wenn wir nach drei wider Erwarten überstandenen klassischen Saunagängen im langen Gänsemarsch zum See liefen. Denn »praktischerweise« lag die Sauna an dem einen Ende des großen Grundstückes und der See ganz am anderen. Dort pulten wir lange an dem Moos in den Haaren herum und schrubbten vergeblich unsere schwarzen Rußhintern, denn die Saunabänke waren durch den wabernden Rauch kohlpechrabenschwarz geworden.

Schnell musste auch die Frage der Finanzierung geklärt werden. Und so begannen wir schon im nächsten Sommer Abenteuerferien auf Pyntarna anzubieten. Abenteuerlich war der Aufenthalt dort ja wirklich. Aber es gab auch sehr viel zu entdecken für junge Menschen, die ähnliche Träume hegten wie wir. Wir lernten zusammen Brotbacken, Spinnen, Weben, Melken, Käsen, Gartenarbeit und Gebäuderenovieren. Ein Hof mit einfachsten Mitteln zum Leben erweckt, erstand wieder auf. Gebäude wuchsen aus alten Balken, die irgendwo heruntergestürzt im Gras gelegen hatten, um unserer Kuh eine wetterfeste Unterkunft zu bieten. Plötzlich lernte jeder gerne mit der Sense zu mähen, denn die verhassten Brennnesseln boten ihr die beste Grundlage für unsere Frühstücksmilch. Habgierig wurde ihr aber dafür dann auch noch der Mist geklaut, in der Hoffnung, das Gemüse und Komposthaufen davon profitierten. Bislang Unwichtiges bekam Bedeutung: »Ich habe eine Handvoll Hasenhaare gefunden, kann man die nicht spinnen, wir brauchen doch noch Garn?«–»Der Stiel meiner Axt ist gebrochen, als ich Feuerholz fürs Abendbrot machen wollte, welches Holz eignet sich für einen neuen?« Unsere Kursteilnehmer fühlten sich nicht als zahlende Gäste sondern als unentbehrlicher Teil des Hofes und der Gemeinschaft. Ohne uns alle würde der Hof nicht sein und ohne den Hof wären wir nicht.

Wir erprobten auch neugewonnene Survival-Kenntnisse auf mehrtägigen Wildnis-Wanderungen: Nur mit Zeltbahnen zum Bau einer Cotha, Äxten, Messern, einem Topf, etwas Mehl, Salz und Streichhölzern, Kompass und Karte ausgerüstet, erkundeten wir die Tiefen der Wälder dabei auch immer auf der Suche nach Essbarem für den Magen und einem malerischen Rastplatz für die Nacht. Am frühen Abend lag dann meistens auf Bestellung beinahe wie durch Zauberhand dorthin platziert ein traumschöner Ort für ein Nachtlager vor uns. Meistens weg- und steglos irgendwo mitten im Wald, malerisch am einem Seeufer gelegen, wo sicherlich schon seit Jahrzehnten niemand mehr seinen Fuß hingesetzt hatte. Erschöpft, mit schmerzenden Füssen, einem durchgescheuerten

Rücken versunken auf moosigen Steinen sitzend, ließen wir die imposante Kulisse im tiefen Licht der untergehenden Sonne intensiv auf uns einwirken - vielleicht die Ewigkeit des Lebens einen Augenblick erfassend.

Doch bald begannen rastlose Aktivitäten um die Nacht vorzubereiten. Trockenes Feuerholz musste gefunden werden, auch wenn es mal tagelang geregnet hatte, denn sonst war es schon beinahe sicher, dass wir den Mücken zum Fraße fielen. Die Cotha wurde errichtet, dazu brachten wir zwei armdicke haltbare Baumstangen für unsere Zeltbahnen um diese kegelförmig daran aufzuhängen und viele Steine um den Rand von ihnen unten herum zu beschweren. Ein paar von uns entdeckten das Raubtier in sich und wollten sich nur ungern mit der meist vegetarischen Kost zufrieden geben. Nach Hechten angelnd mit selbstgebastelten Angelruten und in schlaflos hungrigen Nächten ersonnenen Spezialködern, versuchten sie noch schnell die Speisekarte zu toppen. Die Abende verbrachten wir gutgelaunt am Lagerfeuer in unserer Cotha um die mühsam erbeuteten Schätze der Natur für uns zu einem opulenten Mahl zuzubereiten. Wurden die Scherze zu deftig wie: »Ich habe beim Pilzeputzen nur die Maden herausgeschnitten, die breiter waren als der Stiel,« konnte man sicher sein, dass zwar nicht viele Pilze gefunden wurden, dafür die Dickfelligen unter uns dennoch zu Ihrem Recht kamen. In heißer Glut gebackener Hecht verschnürt in Birkenblätter, gebratene Pilze, dazu ein Kräuter-Rindenbrot nach altem nordischen Hausrezept, wenn das Mehl knapp wurde, frisch gesammelter Kräutertee und als Nachtisch einige wilde Beeren schmeckten allen, nach einem durchwanderten Tag, ganz ausgezeichnet. Wir lasen einander vor und beschäftigten uns mit nordischer Geschichte und Naturheilkunde. Unter den aufmerksamen Blicken unserer durch Rauch die Mücken fernhaltenden Feuerwache, die alle paar Stunden wechselte, schliefen wir endlich einem neuen Tag mit seinen unentdeckten Geheimnissen entgegen: den Ausblicken auf malerische Landschaften, im Sumpf vollgelaufenen Stiefeln und vom Gepäck durchgescheuerten Schultern, die das Hochgefühl von Pionieren und Eroberern nur stärkten.

Die Kursteilnehmer waren begeistert und die Hälfte von ihnen war bereits im nächsten Jahr wieder dabei. Es bereitete allen Spaß, denn es war ein Erlebnis für alle Beteiligten zu sehen, wie aus Träumen Wirklichkeit werden kann.

Schweden – weites Land, einsame Wälder und Seen, was ließ sich hier nicht alles hineinträumen und neu beginnen?

Kapitel 5 - Unsere Familie

Meine Kindheit verbrachte ich in einem harmonischen Elternhaus. Wir lebten nicht in materiellem Überfluss, litten aber auch nicht unter nennenswerten Einschränkungen, was in der damaligen Zeit nicht unbedingt selbstverständlich war. Ich beteiligte mich aktiv an der Jugendarbeit innerhalb der evangelischen Kirche und besaß einen recht umfangreichen Freundeskreis. Die Schule fiel mir leicht und einem erfolgreichen Einstieg ins Berufsleben stand nichts entgegen. Aber lohnte es sich, dafür auf Träume zu verzichten? Konsumorientiertes Leben und festgeschriebene soziale Rollen vermochten mich nicht zu locken. Ich stellte mir ein solches Leben einfach zu monoton vor, wo ich doch schon als vierjähriges Mädchen Piratin werden wollte. Meine erste Reise nach Schweden bedeutete darum auch einen großen Einschnitt in mein bisheriges Leben. War es das, wonach ich gesucht hatte? Auch die Art von Valdemar, das Leben anzugehen, seine Selbstverständlichkeit, mit der er auch die schwersten Probleme auf dem Hof meisterte, seine abenteuerlichen und oft lebensgefährlichen Reisen, die er unternahm und sein anscheinend unerschöpfliches Wissen über alles und jedes beeindruckten mich sehr. Diesen Kontakt wollte ich auf jeden Fall aufrechterhalten! Aber wie gewinnt man das Interesse eines Abenteurers? Vielleicht mit einem Abenteuer? Kurz entschlossen bot ich Valdemar einen Ausritt auf meinem Pferd Vindur an. Vindur war ein äußerst schwieriger Geselle. Geschmeidig wie eine Katze, stieg er hoch, buckelte und biss, wenn etwas nicht in seinem Sinne war. Diejenigen, die das zweifelhafte Vergnügen besaßen, mit ihm ausreiten zu dürfen, waren gewöhnlich schon nach einer Strecke von wenigen hundert Metern vollständig bedient und traten den (un-)geordneten Rückzug an. Dabei wollte das Pferd nur seine unbändige Energie loswerden und manchmal konnte man sich des dummen Gefühls nicht erwehren, eher auf einer Kanonenkugel als auf einem Pferderücken zu sitzen.

Der Ritt verlief wie insgeheim erhofft: Valdemar stieg trunken vor Begeisterung vom Pferd. »So etwas habe ich ja noch nie erlebt!« Seit diesem Tag trafen wir uns häufiger. Wir erforschten gemeinsam die Natur und durchstreiften das ehemalige Jagdgebiet seines verstorbenen Vaters, das inzwischen zum Naturschutzgebiet erklärt worden war. Ungeahnte Schätze verbargen sich im tiefen Wald: Wiesen voller Schlüsselblumen, daneben ein paar uralte Korbweiden als Denkmal des schon fast vergessenen Handwerks der Korbflechterei, bisweilen ein Busch des mir bislang unbekannten Pfaffenhütchens mit seinen lustigen roten Früchten und – kaum vorstellbar mitten im tiefsten Wald, sogar ein Schwarzstorchennest.

Einmal Feuer gefangen, begaben wir uns mit unserem Bekannten Hein auf frühmorgendliche Vogelwanderungen in den scheinbar alltäglichen Staatsforst. Doch Hein, der in seiner freien Zeit Märchen dichtete, gelang es, eine ganz gewöhnliche Buchenschonung in einen Zauberwald zu verwandeln, wo sich im gerade beginnenden Morgenlicht mit den ersten, durch die zartgrünen flirrenden Frühlingsblätter dringenden Sonnenstrahlen, der Tau dampfend auflöste und eine Welt voll bunter Magie des Lebens entstehen ließ. Geräusche wurden zu Vögeln, Hirschen, Mäusen oder gar dem Knuspern einer kleinen Schnecke, die über ein nasses Blatt kroch, Gerüche zu Füchsen, die vor kurzem hier vorbeigestreift waren, nie beachtete Pflanzen zu Persönlichkeiten mit fast menschlichen Vorzügen und Schwächen... Zum ersten Mal wurde mir bewusst, dass man nur vermissen kann, was man kennt. Ist es sinnvoll, sich im Unterricht der Biologie, die eine Lehre vom Leben sein soll, mit kleinsten Details der Fotosynthese oder der Molekularbiologie auseinanderzusetzen? Wie schillernd und farbig kann die Welt doch sein durch den am Leben teilnehmenden Blick – und wie ernüchternd und grau unter dem analytisch zerteilenden!

Unsere Abende verbrachten Valdemar und ich romantisch am offenen Kamin in der alten Jagdhütte seines Vaters. Knarrende Blockbalken, Flammengezüngel im Kamin, der verlorene Ruft einer Schleiereule draußen im Wald, das Krachen eines abbrechenden Astes, der auf das Dach fiel, Gerüche von vergangenem und gegenwärtigem Leben... Ein wenig gruselnd kuschelten wir uns zusammen, um uns auf die verlockende Achterbahnfahrt eines neuen gemeinsamen Lebens zu begeben. Ein allzu kurzer Sommer verging in Windeseile und als wir 1981 auf einer Waldlichtung am Lagerfeuer mit unseren Freunden zusammen das Erntefest feierten, wagten wir einem gemeinsam Sprung, über die am höchsten schlagenden Flammen und verlobten uns. Nachdem wir sogar das Feuer überstanden hatten, mochte jetzt kommen, was wolle. Ein Jahr später, am 3. Oktober würden wir auf Pyntarna heiraten. Wir scherzten später darüber, ob es wirklich nötig gewesen sei, diesen Tag als deutschen Nationalfeiertag einzurichten.

Das Jahr verging wie im Fluge, der Herbst kündigte sich in Schweden bereits mit aller Macht an. Die Hochzeitsvorbereitungen auf Pyntarna drängten: In aller Eile musste nun wenigstens das Wohnzimmer für die Feier fertig gezimmert werden. Die Bäume, die dort noch im Sommer gestanden hatten, waren glücklicherweise inzwischen gerodet und statt ihrer der neue Fußboden verlegt worden. Doch durch die Wände fauchte weiterhin der Wind. Noch am Hochzeitstag schlug Valdemar die letzten Nägel ein. Freunde und Verwandte waren aus Deutschland angereist gekommen und wir machten uns in der immer noch recht chaotischen Küche mit entsprechend unzulänglichen Mitteln an ein aufwändiges Hochzeitsmahl.

Schon seit längerem standen wir mit dem Pastor unserer hiesigen Kirchengemeinde auf freundschaftlichem Fuße. Die Charakterstärke, mit der dieser Mann seiner Gemeinde souverän Gottes Wort verkündete, beeindruckte uns. Dies war etwas anderes als das, was wir sonst von zahlreichen Kirchenbesuchen her kannten. Eine kraftvolle Persönlichkeit war genau das, was wir uns für unsere Hochzeit wünschten. Mit seinem Segen sollte unser jetzt wohl wichtigster Lebensabschnitt beginnen.

Das Haus füllte sich schnell mit unseren Gästen aus Deutschland und Schweden. Der Tag schien wie in einem Traum vorüberzugleiten. Spätabends, am hellen Lagerfeuer unter dem Vollmond des beginnenden Herbstes, endete dieser herrliche Tag auf unserem Thingplatz.

Zwei Tage nach unserer Hochzeit wurde Valdemar unglücklich von einer unserer Bienen ins Augenlid gestochen. Binnen kurzem war sein Gesicht bis zur Unkenntlichkeit zugeschwollen. Als frischgebackenes Paar bekamen wir daraufhin eine Menge gutmütigen Spott zu hören: »Valdemar kann froh sein, dass er nicht vor drei Tagen so aussah wie heute, vielleicht hättest du ihn dann glatt nicht genommen.« Na, wenn die wüssten!

„Die auf Feste folgenden Tage sind bekanntlich die am schwersten zu ertragen". Uns ging es so mit den Resten unseres Hochzeitsessens. Der Hochzeitsbraten, eine von unserem Freund Björn spendierte selbst aufgezogene Heidschnucke Willy erwies sich als viel zu reichlich bemessen und so wurde lange für Willy der Ehrenplatz mitten auf dem Tisch gedeckt nach dem Motto: Gäste bereiten große Freude, wenn nicht beim Kommen, dann beim wenigstens beim Gehen! Und dem wollten wir schleunigst mit gutem Appetit nachhelfen. Pilze hatten wir auch für eine ganze Kompanie gesammelt. Doch unser Pastor probierte sie lieber erst gar nicht, denn er wollte nach eigener Aussage noch ein wenig unter den Lebenden weilen! Annemarie, eine unserer Hochzeitsgäste, mochte dem nicht so recht Glauben schenken und wärmte trotz anders lautender Empfehlungen hartnäckig die verbliebenen Reste Tag für Tag bis zu ihrem bitteren Ende (zum Glück nicht ihrem eigenen), wieder auf.

Nach Jahren traf ich sie wieder: trotz ihrer achtzig Jahre war sie völlig unverändert und allen Unkenrufen zum Trotz quicklebendig. Sie war erst vor kurzem zusammen mit Tuaregs auf Kamelrücken wochenlang durch die Wüste geschaukelt und stürzte sich, mit der ihr eigenen Energie, sogleich zum Baden in unseren eiskalten See.

1983 wurde uns unsere Tochter Svanhild geboren. Klein und süß, mit großen runden Kulleraugen, bezauberte sie alle, die sie sahen. Ich machte mir eine Art Indianerrucksack zurecht, so konnte sie den ganzen Tag bei mir sein: im Garten, beim Reiten, auf einer Kanutour…
Sie war mehr draußen in der freien Natur als im Haus. Wurde sie unruhig, brauchte sie nur große Bäume zu sehen und ihr Gesichtchen hellte sich auf. Mit drei Jahren saß sie bereits sicher zu Pferd und während einer Reise in Chile machten wir zusammen einen sechzehnstündigen Ausritt durch eine unwegsame Berglandschaft. Sie verlor dabei nie ihre gute Laune und schlief, als sie müde wurde, einfach vor mir im Sattel ein. Tags darauf musste sie nach einer langen Wanderung auch noch abschließend bei nur fünf Grad Wassertemperatur unbedingt ein Bad in einem der chilenischen Gletscherseen nehmen. Aber was war dort auch viel Tolles zu entdecken: ein riesiger Wasserfall, unter dem man duschen konnte, von der Sonne angewärmte »Badeschalen« in den Felsen, die während Jahrtausenden vom Wasser geformt worden waren und schon gleich um die Ecke wartete die nächste Überraschung.
Die körperliche Zähigkeit und Gesundheit unserer Tochter versetzte uns immer wieder in Erstaunen. Alles interessierte sie und ihr Unternehmungsgeist ließ sich kaum bremsen. Auf Pyntarna half sie viel im Garten und in der Küche mit, wenn sie nicht gerade mit

ihrem Liebling, unserem Pferd Katitzi, beschäftigt war. Katitzi hatte ihren Spaß daran und ließ sich von der Kleinen schnell zu jedem neuen Einfall überreden. Oft genug schlief sie auch einfach nur auf dem dösenden Pferd ein, wie auf einem großen Teddy. Bald kam sie ins Flegelalter. Mit fünf Jahren entdeckte sie zum Beispiel, dass es sehr spaßig war (allerdings nur für sie!), unsere Gäste auf dem damals noch vorhandenen Plumpsklo einzuschließen. Als wir einmal eine Kutschfahrt unternehmen wollten, war von Bernd keine Spur. »Wo steckt er denn nur?«, fragten wir uns. Plötzlich verschwand Svanhild klammheimlich und tauchte kurz darauf mit hochrotem Kopf und Bernd im Gefolge wieder auf. Sie hatte ihn doch glatt in seiner verzwickten Lage zwischen Duftwolken und dicken schwarzen Fliegen vergessen!

Mit ihrem Ungestüm brachte sie Leben auf den Hof und auch in der Schule fackelte sie nicht lange. Zog sie jemand an ihren sorgfältig behüteten Zöpfen, musste er schon einmal damit rechnen, den Bücherrucksack um die Ohren gefeuert zu bekommen. Tiere waren Ihre große Liebe und schnell aber sicher bevölkerte sich der Hof mit allem was da kreucht und fleucht. Ihr Tag war ausgefüllt mit dem Kämmen der Angorakaninchen, dem Wiedereinfangen entflogener Wellensittiche oder dem Retten von im „Heu-Meer" verschollener Katzenjungen. Dann mussten Pferdeställe ausgemistet und Ziegenfutter gesammelt werden... immer und überallhin begleitet von ihrem treuen Schatten, der Ziege Schneehöppli, die meiner Tochter sicherlich am liebsten in Ihr Zimmer und auch ins Bett gefolgt wäre, wenn da ihre Mutter nicht gewesen wäre,... Wen wundert es, wenn sie für so etwas Lästiges wie Hausaufgaben frühestens am späten Abend Zeit fand. Svanhild verstand es schnell, diese in überflüssig oder notwendig einzuteilen und meine Aufgabe bei den unvermeidlichen Elternsprechtagen in der Schule war es, stereotyp zu wiederholen: »Hmmm ähhh, gewisse selbstständige Entscheidungen sind sicherlich für die allgemeine Entwicklung nicht verkehrt, ähhh, hmmmm.« In Wirklichkeit war mir das Thema ziemlich egal, die Noten litten nicht unter ihren anderweitigen Aktivitäten und Kind war man schließlich nur einmal im Leben.

Einen Großteil ihrer Zeit verbrachte sie mit ihren besonderen Lieblingen, den Pferden. Als unsere Herde langsam anwuchs, machte sich Svanhild selbständig an das Einreiten und Einfahren der jüngsten Tiere. Mit zehn Jahren unternahm sie Kutschfahrten und Ausritte mit den zahlreichen Gästen und Praktikanten unseres Hofes. Pläne wie: » Meine Freundin und ich fahren heute Abend mit Katitzi zum Zelten «, gehörten zum täglichen Allerlei. Meine Aufgabe bestand dann gewöhnlich im Beruhigen der betroffenen Mütter, obwohl ich mich zugegebener weise genauso unwohl fühlte wie sie. So kam es schon mal mitten in der Nacht vor, dass sich Katitzi auf und davon, also wieder nach Hause machte. Warum sollte man sich schließlich von Mücken zerstechen lassen, wenn es im Stall doch so viel gemütlicher war. Mit meiner Nachtruhe war es endgültig vorbei, wenn zwei erschöpfte und übermüdete Mädchen auf unseren Hof getrappelt kamen, um den Ausreißer wieder zu finden. Nun war es an mir, im Pippi-Langstrumpfstil zu dritt zum Zeltplatz wieder zurück zu reiten, Pferd

Ziege Schneehöppli und die Kinder-
eine unzertrennliche Einheit

und Kinder abzugeben und dann leicht übermüdet nach Hause zu joggen.

Sorgen musste ich mir keine machen, Svanhild kannte nur ein Problem: unterfordert zu werden. Mit sechzehn Jahren suchte sie sich eigenständig ein Internat fünfhundert Kilometer von zu Hause entfernt, wo sie neben Ihrem Abitur auch im Reiten weiter ausgebildet wurde. Finanzierung, Wohnen und alles weitere war von Ihr sorgfältig geplant worden, ich brauchte nur noch zu unterschreiben. Als sie packte, forderte ich sie auf, sich wenigstens von Ihren Kaninchen zu trennen. Zehn Minuten später tauchte sie freudestrahlend wieder auf:» Ich habe sie verkauft, sie gehören jetzt meinen Geschwistern! « drückte mir grinsend das Geld in die Hand und meinte: »Falls du mal Kaninchenfutter kaufen musst.« Lag da etwa ein Missverständnis vor?!

Nach drei Jahren Internat probierte sie noch ein Jahr Großstadt in Göteborg aus. Inzwischen lebt sie wieder in der Nähe, auf einem wunderschönen kleinen Hof, der ein wenig an einen Selbstversorgerhof aus dem Bilderbuch erinnert. Eine Heerschar von Kindern, genauer gesagt: sechs, tummeln sich zwischen unzähligen Tieren, dem Gemüsegarten oder im Wald und am See herum und machen mich zur stolzen Mutter und Großmutter. Dabei ist sie noch immer die alte: je unübersichtlicher die Aufgabe, desto entspannter sie selber.

1986 wurde unsere zweite Tochter Elke geboren. Ihre Geburt war für uns zunächst ein Schock: Es hatte sich nicht nur die Nabelschnur um ihren Hals geschlungen, sondern diese war auch noch zwischen ihrem Kopf und meinem Beckenknochen eingeklemmt gewesen, sodass sie mit Sauerstoff unterversorgt wurde und einen leichten Gehirninfarkt davontrug. Rechtseitig zunächst stark gelähmt, lernte sie erst mit über drei Jahren das Laufen; das Sprechen fällt ihr bis heute schwer. Trotzdem hat sie ihren Platz im Leben gefunden, der sie ausfüllt und glücklich macht. Pferde sind ihre große Leidenschaft. Kaum war sie von der Schule zuhause angekommen, flogen die guten Sachen in die Schublade und das Stallzeug wurde hervorgekramt. Schon war sie mit Begeisterung am Ausmisten, Heu herunter werfen und Füttern. Ville, der Hengst, wurde hereingelassen und es wurde höchste Zeit, dass ich dazukam und ihr bei den acht Stuten und Fohlen half. Sie war auch eine begeisterte Reiterin und ihre Stute Lady ihr Ein und Alles. Im Galopp ging es über Stock und Stein. Wer hätte vor Jahren gedacht, dass sie mit ihrem stark gestörten Gleichgewichtssinn jemals selbstständig würde reiten können. Sie half auch gerne in Küche und Garten mit und ich war glücklich, dass sie auch in Zukunft immer eine, vor allem für sie selber, sinnvolle und freudige Aufgabe auf dem Hof finden würde. Sie fühlte sich so bestimmt nicht abgeschoben, wie manch andere Kinder in ähnlicher Verfassung.

Oft wird in Gedanken ein deutlicher Trennstrich gezogen zwischen Menschen mit einer sogenannten normalen - und anderen mit einer außergewöhnlichen Entwicklung. Manche nennen Entwicklungen wie bei Elke auch Autismus oder Behinderung. Doch wo wird der Maßstab angelegt für das, was eine Behinderung genannt wird? Menschen wie sie entsprechen ja in mehr als nur der medizinischen Diagnose nicht der üblichen Norm, da gering entwickelte Fähigkeiten auf dem einen Gebiet durch überdurchschnittliche auf einem anderen kompensiert werden und unsere eigenen Fähigkeiten bei weiten übertreffen können. Vieles, was bei uns im Leben durch Lernprozesse des Großhirns mühsam angelegt wird, war bei Elke bereits als Intuition vorhanden. So wurde zum Beispiel die Umwelt weniger über ihren Verstand als von ihrem Gespür erfasst. Ihre Sensoren, mit denen Sie Ihr Umfeld abtastete, waren ungewöhnlich stark entwickelt und auch Gefühle äußerten sich so pur, wie sie empfangen wurden – und zwar in jede Richtung. Bekommt man diese menschlich dunkle Seite zu spüren, kann sie Angst und Schrecken auslösen. Die einzige Hilfe für diese Menschen scheint oft im Ruhigstellen durch Medikamente und oder in ein Abgeben an eine professionelle Institution zu bestehen. Aber stellen diese Menschen nicht mehr als nur eine ständige Anforderung an uns dar? Denn nicht nur Wut und Enttäuschung werden offen gezeigt, sondern auch Freude und Lebensglück. Seitdem Elke Ihren Lebensweg in unsere Familie wählte, ist auch in mir eine große Veränderung vorgegangen. Nun schon seit dreißig Jahren von ihr getestet, gibt es in mir für vielerlei negative Stimmungen nur noch wenig Raum, denn Unruhe, Verdruss und schlechte Laune übertragen sich sofort auf sie, so dass sie meine Gefühle wie in einem Spiegel und dazu noch pur, ohne mäßigenden Erziehungsüberzug, reflektiert. Ebenso verhält es sich mit Empfindungen wie Gelöstheit, Freude und Lebenslust - für Elke geht die Sonne auf und der Tag verläuft für uns alle freudig und entspannt. Vielleicht ist es sogar Elke, die mir am Ende über schwer zu tragende

Schicksalsschläge hinweghilft, indem sie mir diesen Spiegel meiner Selbst vorhält. So bleibt kaum Gelegenheit, lange im Sumpf der Lähmung und der Depressionen zu verharren.

Viele, die wie ich beruflich oder privat mit Menschen mit ungewöhnlicher Entwicklung zusammenleben, können feststellen, dass diese Lebensgemeinschaft keineswegs nur auf ein einseitiges Geben beschränkt ist, sondern auch uns Betreuer auf einen nicht immer leicht zu gehenden Weg der Selbsterkenntnis zwingt.

1990 kam unser Sohn Dietrich zur Welt. Ihm mussten gleich zu Beginn Ameisen unter die Haut gekrabbelt sein. Nichts konnte seinen Unternehmungsgeist bremsen. Jede Treppe wurde im Schnellverfahren überwunden, die Schrammen in seinem Gesicht waren nicht mehr wegzudenken. Jedes Werkzeug, vom Hammer bis zur Motorsäge, musste ausprobiert werden, so wie er es bei Papa gesehen hatte. Es gab buchstäblich nichts, was er nicht erforschte, keinen Unsinn, den er nicht anstellte. Mein sechster Sinn war ständig in Alarmbereitschaft. Schule betrachtete er als Zeitverschwendung, sie unterbrach wertvolle Lebenszeit, die er beim Bau von Baumhöhlen oder dem Erforschen des Waldes besser verbringen konnte. In beengten Verhältnissen, womöglich denen einer Stadt, hätte ich bei der vielen Energie, die Dietrich aus sich herauslassen musste, sicherlich binnen kurzer Frist vor dem Wahnsinn gestanden. Man bezeichnet diese lebensfrohen Kinder gerne als hyperaktiv und entsprechend behandlungsbedürftig, weil sie ihren Mitmenschen lästig sind. Doch vielleicht gehören sie zu denen, die über ein normales Maß an

Lebensenergie verfügen, die nur ihr Ventil sucht. Durch Dietrichs intensive Beschäftigung mit allem und jedem fiel es ihm nie schwer, sich in eine neue Situation hineinzudenken. Bereits als kleiner Steppke wusste er recht gut Ratschläge anzubringen: zum Beispiel wie man einen Arbeitsablauf vereinfacht. Das hätten wir Erwachsene auch nicht besser machen können. Doch Zeit, um die Ergebnisse seiner kindlichen Forschung zu betrachten, hatte er selten. Überschüssige Energie ist in einem Leben mit viel »Luft« um sich herum das Salz in der Suppe. Dietrich ist sehr kontaktfreudig und die Kinder der Gäste lebten bald mit ihm zusammen in seiner bunten Welt. War er einmal nicht da, wussten sie oft gar nichts mit der vielen Freiheit und dem Spielparadies auf dem Hof anzufangen. Unsere Welt unterschied sich doch zu extrem von der Fernseh- und Computerwelt und vorgeschriebenen Regeln mancher Spiele.

An Tagen wie dem ersten April war bei uns Highlife. Aus allen Ecken schallte es unerwartet »April, April!« wenn wieder jemand Opfer eines Scherzes wurde. In einem Jahr schien Dietrich es dann doch zu toll getrieben zu haben, woraufhin er sich in der darauf folgenden Nacht vorsichtshalber verbarrikadierte: Teppich, Türschwelle und Türklinke wurden sorgfältig mit Heftzwecken belegt und beklebt, ins Bett kamen eine Wasserpistole, eine schreckliche Tröte und einige andere Abschreckungsmittel gegen eventuelle, rachedurstige »Feinde«. Dummerweise ahnte ich nichts davon, als ich ihn am nächsten Morgen zur Schule wecken wollte – »April, April!«

Kinderspaß am Lagerfeuer

Weil er immer meinte, das Leben in Überschallgeschwindigkeit meistern zu müssen, hatte ich selten Gelegenheit ihn Dinge wirklich zu lehren. Reiten, naja wichtig war scheinbar zu wissen, wo die verflixten »Schlackerschnallen« an Sattel und Zaumzeug Ihren Platz hatten, damit sie aufhörten zu nerven, brauchte man die überhaupt? Ansonsten hieß oben bleiben und am Ziel ankommen die Devise – eine interessante Theorie, die ich mit einer gewissen Neugierde beobachtete. Irgendwie schien der neue Reit-Stil bei unseren Pferden anzukommen, denn selbst unsere »Zickenstute« Nora kam nach einem langen Ritt im Wald, entspannt schnaubend wieder auf den Hof zurück.

Eine andere Leidenschaft galt allem, was flog. Als ihm einmal zu Ohren kam, dass unser Nachbar ein Elsternest ausheben wollte, weil deren Unwesen ihn zu sehr ärgerte, holte er sich schnell und heimlich den Vogelnestling, um ihn selber großzuziehen. Nie hätte ich gedacht, dass er dabei Hundertprozent zuverlässig sein würde, aber Karl-Kraks, die sich später als Karla-Kraks herausstellte, fehlte es an absolut nichts und folgte Dietrich bald auf Schritt und Tritt. War er draußen, beobachtete die Elster ihn genau von einem Baum aus, um ihm munter hinterher zu fliegen. Nachts schlief sie in seinem Zimmer in ihrem Käfig, damit Muschi, Dietrichs Katze, nicht an sie herankam. Aber bald hatte Muschi ausreichend Respekt vor Karl-Kraks, denn in die Schwanzspitze gezwackt zu werden, gehörte nicht zu dem, was sie als gute Katzenmanieren empfand und sie zog sich beleidigt von ihrem prolligen Zimmergenossen zurück.

Zusammen mit Karl-Kraks träumte Dietrich vom Fliegen. Manchmal zog ein Steinadler, der in der Nähe brütete, seine Kreise über unser Haus. Sehnsüchtig folgte Dietrich ihn mit seinen Blicken. Das scheinbar mühelose Schweben des Adlers war das Erhabenste was es für ihn gab. Als wir eines Tages Besuch von einem Segelfluglehrer bekamen, verging die

Zeit viel zu schnell bei Fachsimpelei, die mit einer Einladung zu einem Segelflugkurs in Deutschland endete. War der Traum vom Dahingleiten wie ein Adler etwa in greifbare Nähe gerückt? Mit Feuereifer lernte Dietrich und schon bei seinem zweiten Sommeraufenthalt in Deutschland bestand er seine Prüfung, sodass er nun alleine ein Segelflugzeug fliegen durfte. Ein paar Tage später kam einer seiner überaus seltenen Anrufe: »Mama, ich habe mich heute bis auf über 2000 Meter Höhe mit steigender Luft gearbeitet und dort gesegelt - ganz allein!« Gut, dass niemand am Telefon sieht, wenn ich blass werde. Mir blieb nur trocken zu fragen: »War es schön?« Manchmal ist es eben besser, man weiß nicht alles. Das beruhigt.

Wieder in Schweden, hatte er einen für ihn geeigneten Flugplatz ausfindig gemacht, um dort weiter zu trainieren. Irgendwann wurde ich herzlich eingeladen: »Mama, du fährst doch gerne Achterbahn, hast du nicht Lust, mein erster Fluggast zu werden?« – »Schluck,.... Ja,.... gerrrrrne doch.«

Ich hatte noch nie in einem so winzigen Ungeheuer von Segelflugzeug gesessen und entdeckte mich dabei, nach dem berühmten Haltegriff Ausschau zu halten. Doch dafür bleib wenig Zeit, denn kaum auf tausend Meter Höhe gezogen, wurden wir schon ausgeklinkt und das schaukelige Gefährt machte einen spürbaren Schlenker nach unten – mein Magen dazu. Kaum wieder zu mir gekommen fragte mich Dietrich auch schon:» Hast etwas gegen ein wenig Schnellflug einzuwenden?«–»Ich, ähh neee,... flieg nur, wie du meinst.« Worauf im nächsten Moment das Flugzeug vorn überkippte und im Sturzflug auf die Erde zuraste.

Ehe ich nur denken konnte, stand die Welt auf dem Kopf und ich machte meinen ersten Looping: »Uaah!« Dietrich berichtete mir darauf, Loopings hätte er nach dem Freifliegen heimlich schon ein paarmal geübt, so schwer seien diese gar nicht und auch nicht allzu gefährlich, weil man sich ja so weit oben in der Luft befände und man bequem Zeit zum Nachdenken und Fehler beheben fände, bis man unten zerschelle. Andere Übungen verlangten viel mehr Können. – »Aaaha«, mehr fiel mir dazu im Moment irgendwie nicht ein. Ich gab ihm dann aber doch den wohlmeinenden Rat, merkwürdige Flugmanöver vorher mit seinen Passagieren abzuklären.

Nach seinem Abitur studierte Dietrich Bauwissenschaft und nutzte während seiner Freizeit die frisch erworbenen Kenntnisse, um zusammen mit seinem jüngeren Bruder und einem befreundeten Segelfluglehrer, einen einsitzigen, flugfähigen Motorsegler zu bauen. Der Bau des Motorseglers begann im Holzmarkt, wo zunächst passende Holzbretter für den Flugzeugrumpf ausgewählt wurden, um sie dann in mühevoller Kleinarbeit langsam die Form eines Flugzeuges annehmen zu lassen. Als die kleine »Jodel« (so ihr Name), mit einer Flügelspannweite von nur sieben Metern dann von Süddeutschland bis hoch nach Schweden geflogen wurde und zum Neubetanken auf einem großen Flughafen landete, wurde der lederbehelmte Pilot schmunzelnd gefragt: »Ob die Kleine noch Milch bräuchte, oder ob es schon Flugbenzin sein dürfte?«

Nachdem Dietrich einen Teil seines Studiums abgeschlossen hatte, führte ihn sein umtriebiger Geist dazu, als Tischler auf einem Kreuzfahrtschiff zu arbeiten, von wo aus er sich ein Jahr lang, die Welt mit alle ihren bunten Facetten anschauen wollte.

1993 wurde unser zweiter Sohn, Fridtjof, geboren. Alles, was Dietrich sofort mit seinen Händen untersuchte, durchdachte Fridtjof lieber vorher sorgfältig. Lesen und Rechnen beherrschte er schon vor seiner Einschulung. Kuchenbacken war mit fünf Jahren ebenfalls kein Thema – man musste schließlich dafür sorgen, dass das Leibgericht auch auf den Tisch kam! Wie seine drei Geschwister hatte Fridtjof deren große Tierliebe geerbt. Zwei Katzen und ein Hasi gehörten ihm inzwischen und später kam noch ein Hund dazu.

Aber wie man so schön sagt: stille Wasser sind tief. Einige Jahre verband ihn eine Freundschaft mit zwei ortsansässigen Rabauken. Mittelpunkt Ihrer Spiele war alles, was Lärm macht: Hals über Kopf und Stock und Stein ging es mit dem Quad quer durch den Wald. Ärgerlich war es nur, wenn sie an einem steilen Abhang über Kopf gingen und das Gefährt den in Eile abspringenden und davon stürzenden Helden nachrollte, sich zu allem Überfluss überschlug und ausgerechnet auf der Hupe liegenblieb. Der Spott eines hinzueilenden Nachbarn blieb nicht aus: »Die Karnickel hier im Wald sind nicht so gefährlich, dass sie mit so viel Krach vertrieben werden müssen!« Kaum das Abenteuer überstanden, war möglicherweise der alte Traktor eines anderen Nachbarn zum Leben zu erwecken? Glücklicherweise gab das Gefährt schon vor dem Abgrund seinen Geist auf. Natürlich musste auch ausprobiert werden, ob man Spraydosen wirklich nicht ins offene Feuer werfen durfte. Und so fielen einige Flaschen Bauschaum aus der Werkstatt

Warum nicht selber backen, war Fridtjofs Devise, wenn sich sonst niemand um den Kuchen kümmern kann

meines Mannes dem Glanz und Gloria der Wissenschaft zum Opfer. Als nach einem gigantischen Knall die gesamte Feuerstelle sternförmig auseinanderflog und sich zerborstene Bauschaumflaschen in trauter Gemeinschaft mit verbeulten Haarspraydosen in die Umgebung verteilt hatten, stand schnell das Ergebnis fest, dass es vielleicht besser sei, von manchen Dingen ganz die Finger weg zu lassen. Die Spätblüte dieser Freundschaft bestand in der Kunst, Kartoffelkanonen mit einer garantierten Schussweite von minimal zweihundert Metern herzustellen. Uneingeweiht in diese neue Tätigkeit, blieb mir nur übrig, mich zu wundern, warum sich plötzlich ein so großer Appetit auf Kartoffeln entwickelte. Denn ihre Tätigkeit hinterließ keine Spuren, da die Pferde binnen Kürze in der Lage waren, jede abgeschossene Kartoffel zu finden und in stiller Übereinstimmung mit Fridtjof, in den Weiten ihrer Mägen verschwinden zu lassen. Fridtjof scharte in der Schule eine nicht allzu kleine Gang gleichaltriger Freunde um sich und es gab wohl nichts, was sie nicht erforscht hätten – insbesondere Verbote. Als überaus anziehend erwies sich das Dach der Schule – hier konnte man so schön in luftiger Höhe seinem freien Geist Anregungen zufliegen lassen. Dem Forscherdrang und der Neugier waren kaum Grenzen zu stecken und ich hatte ehrlich gesagt, auch wenig Interesse daran. Verletzungen außer hin- und wieder einem gebrochenen Zeh oder ein paar Brandwunden gab es kaum und irgendwie mussten schließlich aus Kindern Erwachsene heranreifen dürfen, die es gelernt hatten, Gefahren einzuschätzen und mit ihnen umzugehen. Viel mehr Sorgen bereiteten mir neu geschlossene Freundschaften, denn die traumwandlerische Sicherheit, die sich unsere Kinder schon von klein auf antrainieren durften, täuschte über manch bestehende Gefahr für nicht so wagniserprobte Kinder hinweg. So genehmigte ich am Ende nur meinen eigenen Kindern, die selbstgebastelte und vierzehn Meter hohe Seilbahn zu benutzten, wie auch den sieben Meter hohen Sprungturm am Seeufer, der nur aus zwei zusammenstellten Leitern bestand und bei jedem Sprung heftig ins Wackeln geriet. Auch wenn es mir manchmal schwer fiel, blieb ich doch bei meinem Erziehungsgrundsatz: so viel Freiheit wie möglich und so wenig Verbote wie nötig – diese aber zu akzeptieren. Vielleicht trug dies dazu bei, dass das Kräftemessen mit anderen Jugendlichen, sinnloses Betrinken oder auch einmal Härteres ausprobieren, wenig Reiz ausübte. Nach einigen Kotz-Orgien war die Devise klar: Feiern ja, aber anschließend mit einem Brummschädel herumlaufen, lohnt das Geld für den Alkohol nicht – vor allem dann nicht, wenn man schon Pläne für den nächsten Tag geschmiedet hatte. Feiereien mit hohen Promillegraden sorgfältig auf den Grund zu gehen, um anschließend Schlussfolgerungen hinsichtlich ihrer Brauchbar- oder Unbrauchbarkeit zu ziehen, war typisch für Fridtjof.

Fridtjof teilte Dietrichs große Liebe zum Fliegen und schon mit elf Jahren war klar: Ich will Pilot werden. Nach einem leichtfertig dahin gemurmelten »Jaja,« meinerseits war ich ein Jahr später doch sprachlos, als er mir mitteilte, dass er zusammen mit seinem Bruder Dietrich nach Deutschland zum Segelflugkurs wollte. So früh schon fliegen ob ich das richtig verstanden hatte? Doch mir wurde lächelnd versichert, dass es möglich sei, eine Sondergenehmigung für Fridtjof zu bekommen. So hatte ich mein Jaja gewiss nicht gemeint. Es endete damit, dass meine beiden Waldschrat-Söhne Ihren ersten Alleinflug zunächst in einem Linienflugzeug nach Deutschland unternahmen (Fluglotse wurde natürlich kategorisch abgelehnt), zum ersten Mal mit einer Bahn fuhren (konnten die Kinder überhaupt einen Fahrplan lesen?) und das erste Mal überhaupt allein im Ausland waren. Ich sah wieder einige unruhige Tage voraus, in denen ich mir mit lebhafter Fantasie vorstellte, was alles passieren könnte.

Doch Fridtjof hatte für das Fliegen ebenso Feuer gefangen wie Dietrich und schon im nächsten Jahr flog auch er bereits alleine im Segelflugzeug, um dann im dritten Jahr zusammen mit seinem Bruder den Pilotenschein für Motorsegler zu machen. Damit war er lange Schwedens, aber auch für eine Weile Deutschlands, jüngster Pilot.

Nach Fridtjofs Abitur verkündete er selbstbewusst: »Ich steige ein Jahr zur Probe in den Betrieb auf Pyntarna ein, mal sehen, wie es mir dort gefällt.« Ich war sprachlos, das war nun wirklich das Letzte, was ich von ihm erwartet hatte. Das Jahr ist inzwischen herum und der Betrieb auf Pyntarna gründlich von ihm durch reformiert. Ein wenig knirschend muss ich zugeben, dass er oft Recht behält.

Technik ist sein Steckenpferd und eiskalte Hände und Füße lassen sich im Winter kaum vermeiden, vor allem nicht bei ausgedehnten Fahrten mit dem Schneeskooter durch einsame Wälder. So entstand bald die Idee nach angenehmer Zusatzwärme in Gestalt von elektrisch beheizten Sohlen und Handschuhen. Doch die damals auf dem Markt befindlichen Ausführungen genügten Fridtjofs Ansprüchen nicht und es entstanden erste Verbindungen nach China, Kontakte mit dortigen Herstellern und bald auch eigenen Entwürfen. Bereits im nächsten Jahr entwickelte sich ein reger Internethandel von elektrisch beheizter Wärmekleidung aller Art und auf unserem engen Weg nach Pyntarna hinauf, zwängten sich bald große Lastwagen, um Palettenweise Ihre Lieferung vor das Haus zu stellen. Schon nach der dritten Saison hatte sich Fridtjof mit der Ihm eigenen Hartnäckigkeit zu Schwedens größtem Verkäufer von beheizbarer Wärmekleidung gemausert.

Kapitel 6 - Aller Anfang ist schwer

Zunächst glich das Leben auf Pyntarna mehr einem Eroberungskampf, als einem geruhsamen, alternativen Hofleben. Wir hatten uns nicht nur mit Gartenproblemen, baufälligen Häusern, viel Arbeit und Geldsorgen herumzuschlagen, sondern auch andere Widrigkeiten schossen, ungenießbaren Pilzen gleich, aus dem Boden. Bereits die Kaufverhandlungen rissen uns ziemlich unsanft aus unseren Träumen und in die harte Wirklichkeit hinein. So wurden wir uns zwar schnell mit dem Besitzer handelseinig, als wir jedoch zwei Monate später den Vertrag abschließen wollten – diesmal in Begleitung unseres schwedischen Maklers – war der Hof plötzlich nicht mehr zu erwerben! Der damalige Besitzer befürchtete, Ärger mit dem Finanzamt zu bekommen, denn das Grundstück war schon seit längerem nicht mehr als Wohnsitz geführt, sondern in einer billigeren Steuerklasse als Wald ausgewiesen worden. Der Verkäufer schlug vor, ein anderes Haus von ihm zu kaufen. Wir wollten aber kein anderes Haus! Und dasjenige, das er uns zeigte, schon gar nicht. Es wurde lange hin und her verhandelt. Wollte er wirklich nicht verkaufen oder war es eine Frage des Preises? Überdies wollten wir partout mehr Land von ihm erwerben, als er bereit war, an uns abzugeben. Damals vor Beitritt Schwedens in die Europäische Gemeinschaft erlaubte nämlich das Gesetz Ausländern, nur ein Ferienhaus mit maximal viertausend Quadratmetern Land zu erwerben. Das war einfach zu wenig, denn in diesem Falle wäre die Grundstücksgrenze regelrecht in Schlangenlinien um die Hofgebäude verlaufen. Jetzt war guter Rat teuer.

Nach etlichen Besuchen wurden wir uns endlich einig, jedoch nicht nur zu unserem Vorteil: Der Preis hatte sich deutlich erhöht! Dazu war eine Klausel in den Vertrag aufgenommen worden, die zwar im Prinzip den Erwerb von zehntausend Quadratmetern Land ermöglichte, aber es gab dafür keine gesetzliche Grundlage. Wir durften auf dem Grundstück wirtschaften. Misslang aber die schwierige Kaufabwicklung, wäre der Vertrag hinfällig und der Verkäufer für die von uns bis dahin geleistete Arbeit nicht entschädigungspflichtig. Was sollten wir tun? Nichts? Abwarten und den Hof weiter verfallen lassen bis sich alles klärte? Nein, das kam überhaupt nicht infrage. Wir begannen also mit dem Aufbau, als existierte ein Wenn und Aber nicht. Gleichzeitig führten wir einen Dauerkampf mit den Behörden um die Größe des zu erwerbenden Grundstücks. Unser Makler ahnte glücklicherweise nicht, dass er sich mit uns auf einen Jahre währenden Langzeitjob eingelassen hatte. Wir mussten unter allen Umständen mehr als die erlaubten maximal viertausend Quadratmeter Land kaufen. Wie sollten wir sonst eine Aufenthaltsgenehmigung erhalten, denn niemand konnte auf einem derart kleinen Hof existieren. Woher sollten die Einkünfte kommen, wo die Tiere weiden und wo das Holz zum Heizen geschlagen werden? Und zum Arbeiten und Geldverdienen in den nächstgrößeren Ort, fünfzig Kilometer entfernt, wollten wir unter keinen Umständen. Das hätten wir in Deutschland einfacher haben können. Darum sollte der Kauf von zehntausend Quadratmetern Land auch nur der Anfang einer wesentlich größeren Hoffläche sein. Wir zogen schließlich nicht in die schwedische Einsamkeit, um uns mit den gleichen Problemen herumzuärgern wie in Deutschland: Uns waren Kämpfe mit »lieben« Nachbarn leid, die unbedingt uns seit Jahren ans Herz gewachsenen Eichen meinten, fällen zu müssen, bloß weil diese ihre Grundstücke mit Blättern »beschmutzten«. Im schon geplanten Krötenteich sollten unsere amphibischen Freunde ebenso nach Herzenslust quaken dürfen wie unser Gockel draußen auf dem Mist aus voller Kehle krähte, ohne dass wir wegen »Biolärm« vor Gericht zitiert werden würden. Wir wollten in Schweden frei sein von engstirnigen, behördlichen Bestimmungen und zwischenmenschlichen Zwängen, die entstehen, wenn man zu dicht aufeinander hockt.

Ganze zehn Jahre dauerte unser zermürbender Kampf, währenddessen wir nie wussten, ob wir je die Nutznießer unserer Arbeit sein würden oder ob alles an der Mauer unbeugsamer Gesetzesbestimmungen zerschellen würde. Endlich gelang der Durchbruch! Unser Makler hatte den neuen Begriff »Freizeithof« erfunden und in das schwedische Grundstücksrecht eingeführt: Nun besaßen wir nicht nur ein Ferienhaus, sondern einen »Freizeithof«. Durch die Rechte, die mit diesem neuen Begriff verbunden waren, konnten wir als Ausländer nun so viel Land in Schweden erwerben, wie wir wollten. Der Sachbearbeiter von der Landwirtschaftsbehörde zeigte sich von der Lageveränderung begeistert und wünschte uns viel Glück: »Nun könnt Ihr ganz Värmland erstehen, wenn Ihr wollt!« Wir kauften dann 1988 auch sofort fünfunddreißig Hektar Waldfläche, die an den Hof angrenzte, dazu.

Das nächste Problem folgte dem ersten auf dem Fuß: Wir hatten die Frage nach unserer Aufenthaltsgenehmigung zu klären. Wir waren es leid, ständig zwischen Deutschland und Schweden hin- und herzupendeln. Wir beantragten eine Aufenthaltsgenehmigung und erhielten – eine kompromisslose Ablehnung! Schweden hatte zu jener Zeit seine Grenzen für Einwanderer, außer für Asylsuchende, völlig dichtgemacht. Der Kampf gegen die Einwanderungsbehörde war der schwerste, den wir je auf Pyntarna geführt haben. Diese beiden, unser Durchhaltevermögen bis aufs Letzte fordernden Jahre werde ich so leicht nicht wieder vergessen. Es war ein Kampf buchstäblich bis aufs Messer. In brutaler Klarheit verbot man uns, nach Schweden einzureisen, da man befürchtete, wir würden uns einfach dort niederlassen und die Zeit für uns arbeiten lassen. Pyntarna war jedoch inzwischen so weit aufgebaut, dass wir den Hof kaum noch für längere Zeit allein lassen konnten. Wir pendelten darum weiterhin zwischen Schweden und Deutschland hin und her, doch jetzt inoffiziell und mit einem sehr unbehaglichen Gefühl an der Grenze. Hätte man in uns nicht den harmlose Touristen gesehen, sondern als illegale Grenzgänger entlarvt, würden wir Schweden nie wieder betreten dürfen. Außerdem war unsere Tochter Svanhild inzwischen ins schulfähige Alter gekommen und unterlag damit der deutschen Schulpflicht. Sämtliche Behörden schienen sich gegen uns verschworen zu haben. Unser Aufenthalt in Schweden wurde nur dadurch möglich, dass uns die einheimische Bevölkerung wohlwollend unterstützte. So durfte Svanhild einen Teil ihres Schulunterrichtes im nächsten Ort absolvieren und wurde sogar kostenlos täglich mit dem Schultaxi transportiert, was für den Taxifahrer eine zusätzliche Strecke von über zwanzig Kilometern täglich bedeutete. Der Ombudsmann der Gemeinde schrieb einen ausführlichen und überaus positiven Bericht über unser Wirken an die Einwanderungsbehörde. In mehreren ganzseitigen Artikeln berichtete die Tageszeitung über unsere Probleme – und das auf der Titelseite. Den Durchbruch aber schaffte eine langjährige Abgeordnete im schwedischen Reichstag, die ich in all meiner Verzweiflung anrief. Wenige Tage später stand sie unverhofft auf unserem Hof und nahm alles in Augenschein. Sie wollte sich persönlich davon ein Bild machen, ob sie es nicht mit ein paar »grünen Spinnern« zu tun hätte, die sowieso nach ein paar Jahren scheitern und danach dem schwedischen Sozialsystem auf der Tasche liegen würden. Sie machte keine Versprechungen, setzte sich aber mit aller Macht für uns ein. Vor dem versammelten schwedischen Reichstag hielt sie eine halbstündige flammende Rede über das zwar gesetzlich korrekte, aber unmenschliche Verhalten des schwedischen Staates gegenüber einer fünfköpfigen Familie, die in einer von Schweden schon halb aufgegebener bäuerlichen Umgebung harte Aufbauarbeit leistete. Diese Rede wurde in ihrer gesamten Länge sogar im Radio übertragen.

Wir waren gerade wieder einmal in Deutschland, es war mein 29. Geburtstag, als plötzlich das Telefon klingelte. Es war das schwedische Generalkonsulat aus Hamburg. Fassungslos hörte ich die Stimme am anderen Ende der Leitung mir fröhlich zurufen: »Herzlichen Glückwunsch zum Geburtstag! Sie haben soeben Ihre Aufenthaltsgenehmigung bekommen!« Das geschah am 15. April 1991. Drei Wochen später waren wir mit Sack und Pack in Schweden. Noch bis heute werde ich immer wieder von mir unbekannten Schweden angesprochen: »Wart ihr nicht die Familie, die damals diesen Ärger mit der Einwanderungsbehörde hatte?« Die aufgewühlten Wogen, die unser persönliches Schicksal geschlagen hatte, glätteten sich nur sehr allmählich wieder. Heute ist Schweden Mitglied der Europäischen Gemeinschaft und man kann beinahe nach Belieben dorthin einwandern, aber damals lagen wir wahrlich nicht im Trend der Zeit.

Damit wir nicht aus der Übung kamen, zeichnete sich bereits das nächste Problem ab: Der Hof Pyntarna gehörte seit vielen Jahren zur hiesigen Jagdgenossenschaft. Wir waren aber schon lange nicht mehr damit einverstanden, dass irgendwelche Jäger die balzenden Auerhähne in unserem Gemüsegarten abschossen oder einen uns vertrauten, beinahe handzahmen Elch erlegten. Fremde Jäger tobten ungehemmt auf unserem Land herum, während man uns die Jagdrechte einfach »weggezaubert« hatte. Nach jahrelangen vergeblichen Einigungsversuchen zogen wir vor Gericht. Wir bekamen nicht nur in allen Punkten Recht, sondern auch eine Entschädigung von 35000 Kronen zugesprochen. Auf deren Zahlung verzichteten wir jedoch, da wir uns unsere Nachbarn nicht zu ständigen Feinden machen wollten. Außerdem wurde unser Land von der Jagdbehörde als eigenständiges Revier anerkannt – wohl das kleinste in ganz Schweden. Theoretisch dürfen wir sogar jährlich einen Elch schießen. Das ist in unserer Gegend sonst nur ab 250 Hektar Fläche möglich. Wir haben seitdem unsere Ruhe und sind wieder gut Freund mit allen. Allerdings nicht nur mit den Elchen, die wieder im Winter nach alt gewohntem Recht das Vogelhaus am Küchenfenster plündern. Ein langfristiges gutes Miteinander wiegt sicherlich schwerer als der einmalige schale Triumph, unseliges Geld in einem Prozess erstritten zu haben. Als wir unserem norwegischen Freund Jörn davon berichteten, tröstete er uns: »Das ist zwischen Jägern schon immer so gewesen. Die Jagd wird als heiliges, unantastbares Recht angesehen und es hat sich schon mehr als einmal ereignet, dass sich engste Freunde deswegen bis aufs Messer bekämpft haben.«

Nicht alle Kämpfe sollten so glücklich verlaufen. Als zweihundert Hektar Land, direkt an Pyntarna angrenzend, zum Verkauf standen, sah Valdemar, der schon seit langem Mitglied in der Arbeitsgemeinschaft für naturgemäßen Waldbau war, seine Chance gekommen. Der Waldbau in Schweden war damals eine reine Katastrophe: Ein Großteil des Waldes lag in den Händen einer großen Aktiengesellschaft, deren einziges Interesse in der Wertsteigerung ihrer Aktien auf dem Weltmarkt bestand. Die ökologischen Folgen ihres Waldbaus waren ihnen dabei ziemlich gleichgültig. Gab es nicht die Möglichkeit einer schonenderen Waldbewirtschaftung? In Deutschland existierten jahrhundertealte Betriebe, die bewiesen, dass sich wirtschaftliche Rentabilität im Waldbau mit den Interessen der Natur vereinbaren ließ. Diese alten Betriebsinhaber wussten, wovon sie sprachen. Böte sich jetzt nicht die Gelegenheit, auch in Schweden andere Wege vorzuzeigen? Wir gaben ein Gebot auf das Waldgrundstück ab und waren uns schon beinahe mit dem Besitzer handelseinig geworden, als uns die erwähnte Waldbaugesellschaft mal eben mit 500000 Kronen quasi aus der Portokasse überbot. Während wir noch verzweifelt mit Greenpeace und anderen Naturschutzorganisationen, sowohl in Deutschland als auch in Schweden verhandelten, Artikel veröffentlichten und große Zeitungsagenturen ansprachen, um den Kaufpreis zusammenzubringen, war der Kaufvertrag ohne jede Vorwarnung abgeschlossen worden und bereits am nächsten Tag begannen die Waldmaschinen in einer Nacht-und-Nebel-Aktion, den gesamten alten Wald abzuholen. Zwei Wochen später hatte sich das Thema ökologischer Waldbau, zumindest für dieses Grundstück, für die nächsten hundert Jahre erledigt. Wellenförmig breiteten sich diese Ereignisse sowohl in Deutschland, als auch in Schweden weiter aus. Man wurde aufmerksam auf Kahlschläge und Monokulturen und deren praktische Auswirkungen auf das Ökosystem des Waldes und begann, über schonendere Waldbaumethoden und die Zertifizierung von Holz nach naturgemäßen Kriterien zu diskutieren. Ein Thema, das unter den Waldbesitzern bis heute noch brandaktuell ist, denn mittlerweile fordert nicht nur die Ökologie eine Umstellung der Anbaumethoden, sondern vor allem die Ökonomie. Es kam wie von Ökologen vorhergesagt: Schädlings- und Pilzbefall, sowie Sturmbruch, hervorgerufen durch Monokulturen und brutale forstliche Eingriffe, wuchsen sich zu einem beträchtlichen Problem aus. Ganze Schonungen starben manchmal von einem Jahr zum anderen ab. Wie so oft bewirkte auch hier der Appell an den Geldbeutel weit mehr als der eigene Einsatz für die Ökologie des Waldes.

Dort wo gerade noch das volle Leben strotzte,
blieb nur Wüste übrig

Kapitel 7 – Frühlingserwachen

Die Natur gibt sich herb, bevor sie erwacht

Im Vergleich zu Deutschland lässt der Frühling in Schweden lange auf sich warten. Wenn es aber so weit ist, irgendwann in der zweiten Hälfte des Aprils, geht es schlagartig los, mit großer Intensität, wie in einem Rausch.

Schon früh am Sonntagmorgen wurden wir geweckt vom kullernden Balzgesang der Birkhähne, dem melodischen Mollklang der Rotdrosseln und dem durchdringenden Trompetenstoß der ersten Kraniche. Bereits um sechs Uhr morgens erschien die Luft lauwarm, dabei herrschte noch vor drei Tagen erheblicher Nachtfrost. An vielen Stellen lag noch Schnee und der See war weiterhin dick zugefroren. Als wir aufstanden, flogen laut rufend die Sterntaucher über den Hof. Wir warteten schon sehnsüchtig auf sie, denn sie galten als unsere sichersten Frühlingsboten. Sobald das Eis verschwand, waren auch die Taucher wieder zur Stelle. Weil sie am See brüteten, rechneten wir noch gar nicht mit ihnen, denn nur an seinem Zu- und Ausfluss gab es kleine eisfreie Flächen. Vor dem Frühstück entdeckten wir die ersten Schneeglöckchen im Garten und den zweiten Krokus. Das erste Buschwindröschen schaute neugierig sich herum und überall lugten die vorwitzigen gelben Sterne des Huflattichs hervor. Die Leberblümchen standen in voller Blüte und auch der Seidelbast konnte dem frühlingshaften Treiben nicht mehr widerstehen und öffnete mit einem Schlage fast all seine zartrosa Knospen.

Das schöne Wetter lockte zu einem Ausritt. Gleich nach dem Frühstück brachen Valdemar und unsere zehnjährige Tochter Svanhild auf. Eine Woche zuvor mussten sie sich noch in Jacken und Handschuhe dick einpacken und an einigen Stellen reichte der

Schnee den Pferden bis an die Brust. Das war nun alles vergessen und auch das Fohlen durfte endlich mit. Übermütig auskeilend, sprang es, inzwischen zwei Wochen alt, um die beiden Reiter herum und empfand sich selber als überaus kraftstrotzend für die bevorstehende Tour durch den Bergwald.

Durch die Schneeschmelze war unsere einen Kilometer lange Hofzufahrt, auf der die beiden ritten, dermaßen aufgeweicht, dass in den nächsten ein bis zwei Wochen nicht daran zu denken war, mit dem Auto den Hof zu verlassen. So wurden wir erst einmal für eine Weile von der Außenwelt abgeschnitten. Am See standen zwei Wildgänse auf dem Eis. Sie kamen beizeiten, um sich ihr Revier auf keinen Fall nehmen zu lassen. Am Ausfluss des Sees flüchtete eine Wasseramsel, im Bergwald sangen Fitisse und Buchfinken, überall flossen kleine Rinnsale und Bäche zum Darüber-hinweg-springen. Vor einer Woche fanden Valdemar und Svanhild einen von einem Luchs gerade gerissenen Rehbock, jetzt lagen nur noch seine Haare weit über das Moos verstreut. Aus einem Gestrüpp flatterte mit Getöse ein Auerhahn davon, in der Ferne hörte man das Brechen eines Elches. Auf einer hohen Bergkuppe angekommen, öffnete sich unverhofft das Dickicht. Die Fernsicht war überwältigend: Bewaldete Bergketten in verschiedenen Blautönen erstreckten sich am Horizont, im Hintergrund glitzerte ein lang gestreckter See im gleißenden Licht der Frühjahrssonne. Was für ein herrlicher Tag! Und was für eine Lust, auf den trittsicheren Pferden die kurvigen, steinigen Waldpfade im Galopp entlang zu jagen.

Auch mich konnte bei diesem herrlichen Wetter nichts im Haus halten und von Gartenlust gepackt richtete ich bereits das erste Blumenbeet her, als die Reiter auf ihren schnaubenden, verschwitzten Tieren zurückkamen. Ein frisch gebackener Kuchen wartete in der sonnenwarmen Veranda, den wir beim Duft blühender Zitronen- und Apfelsinenbäume aßen, die hier ihr Frühlingsquartier bezogen hatten, bevor sie endgültig in das Gewächshaus übersiedelten. Wir hörten ein wenig Musik: Bachs »Air« und »Toccata«, Haydns »Serenade«, Schumanns »Träumerei«, Loeillets »Largo Cantabile«. Nur Vogelstimmen unterbrachen die Stille unseres weltfernen Hofes. Sogar die Flugbewegungen der Vögel gaben sich wie innere Musik. Wie viel Harmonie mussten diese gefiederten Wesen in sich bewahren, dass sie nach Rhythmen zu fliegen schienen, die sie doch gar nicht hören konnten? Das Schönste erlebten wir am Abend: Von den letzten Sonnenstrahlen in rotes Licht getaucht, flogen fünf Schwäne tief über unseren Hof. Die Kinder hatten den ganzen Tag im Garten und im Wald verbracht, jetzt lagen sie todmüde in ihren Betten. Singende Schwanenflügel waren das Letzte, was sie an diesen Tag wahrnahmen und in ihrer Erinnerung behalten würden

Wasser, Himmel und tiefes Licht, das ist Schweden

Kapitel 8 - Ein ganz normaler Tag im April?

Im Frühling drängt die Zeit. Vieles möchte man am liebsten gleichzeitig erledigen. Aber die erste Stunde nach dem Aufwachen verbrachte mein Mann meistens mit Lesen und das war ist bei schlechtem Wetter wie heute, sogar besonders angenehm. In der Küche begann der Tag für mich mit Feuer anmachen, Frühstück zubereiten und Aufräumen. Im Stall warteten die Kühe darauf, gefüttert und gemolken zu werden, die Hühner gackerten erwartungsfroh, die Ziegen forkelten übermütig einander mit den Hörnern und die Pferde pochten mit ihren Hufen gegen die Boxentüren, um endlich ins Freie zu gelangen. Die Kinder waren schon um halb sieben von mir mit der Kutsche zur Bushaltestelle gefahren worden. Dabei gab es immer ein großes Hallo, denn unserer nun beinahe fünfundzwanzig Jahre alten Stute Katitzi machte es immer noch genauso viel Spaß, die Strecke in Rekordzeit zu laufen wie in ihren jungen Jahren. Mit Elan kam sie aus ihrer Box, um dann sogleich die drei Kilometer zur Straße und zurück im scharfen Trab oder sogar im Galopp zurückzulegen. Das Tempo durfte sie dabei grundsätzlich selbst bestimmen.

Nach dem Frühstück lockte der Garten und ich richtete in einem der Gewächshäuser ein großes Mistbeet her, denn die im Haus vorgezogenen Zucchini und Stangenbohnen mussten ausgepflanzt werden. Es war herrlich warm! Rotdrosseln, Erlenzeisige, Buchfinken, Amseln und Meisen sangen und vom

See her riefen die Möwen. Welche Überraschung: Der See war offen! Über Nacht war alles Eis verschwunden und die Sterntaucher schwammen seelenruhig auf ihm herum. Ihre eigenartigen, melodisch klagenden und jubilierenden Rufe würden uns also auch dieses Jahr über den Sommer begleiten. Für meinen Mann war noch etwas Büroarbeit zu erledigen und anschließend eine Reparatur am Düngerstreuer zu Ende zu bringen. Auch die Schneeketten vom Traktor mussten ab – der Winter war wohl zu Ende. Nachdem Valdemar noch das Blatt der Motorsense geschärft hatte, konnte er um zehn Uhr endlich aufbrechen.

Auf Rintetorp, unserem zwei Kilometer entfernten Nebenhof, schmolz der Schnee immer zuerst. Deswegen plante Valdemar, zuerst dort mit dem Pflügen zu beginnen. Der graue Himmel kam sehr ungelegen. Nachts hat es geregnet und es war zu befürchten, dass der Boden für die Bearbeitung mit schwerem Ackergerät bereits zu durchweicht war. Wir hatten diesen Hof erst vor wenigen Monaten erworben und nun sollte die ehemalige Wiese vor dem Haus nach dreißig Jahren zum ersten Mal wieder umgebrochen werden. Rintetorp war, wie so viele ehemalige Höfe unserer Gegend, seit Langem nicht mehr bewirtschaftet worden und wurde nur noch hin und wieder als Ferienhaus benutzt. Als dieses schon recht verfallene Gehöft vor einem Jahr zum Verkauf stand, entschieden wir uns, ein Angebot abzugeben.

Unsere Tochter Svanhild verliebte sich sogleich in das in seiner ursprünglichen Schönheit noch zu erkennende Wohnhaus, das mit seinem Mansardendach den verzierten weißen Sprossenfenstern und der schweden-typisch roten Farbe so sehr ihrem Traumhaus entsprach. Aber auch mir gefiel Rintetorp. Der Hof lag wunderschön eingebettet in einer idyllischen Waldwiese. Im Gegensatz zu Pyntarna waren die uralten Laubbäume, die vor Jahrzehnten das Grundstück umrahmt hatten, hier nicht gefällt worden. Die Wiese, inzwischen verwildert wirkte dadurch wie verzaubert. Bald hatte ich meinen Lieblingsplatz gefunden: am Rande eines uralten Waldes mit großen alten Birken öffnete sich plötzlich der Blick kilometerweit auf ein liebliches Tal.

Tiefe Fahrspuren zerfurchten den Waldweg nach Rintetorp. Dort musste sich am Vortag jemand festgefahren haben. Der Wildbach führte Hochwasser, es brauste nur so über die Felsen. Welche Energie man hier gewinnen könnte! Ein großer flacher Stein lag am Wegrand, wohl geeignet, auf der Rückfahrt als Pflasterstein mitgenommen zu werden. Auf Rintetorp herrschte tiefster Friede. Auch hier sangen die Vögel. Zwei blaue Krokusse blühten im Gras, sie hatten die lange Ödhofzeit überlebt. Nun galt es, erst einmal die ehemalige Wiese vor dem Haus wieder urbar zu machen. An vielen Stellen wuchsen kleine Bäume und Himbeersträucher, die mit der Motorsense entfernt werden mussten. Tausende kleine Löcher waren in die Grasnarbe gewühlt worden; dort hatten Dachse nach Regenwürmern gesucht. Ihr Bau lag direkt unter der Scheune. Nach anderthalb Stunden anstrengender Arbeit mit der Motorsense fühlte Valdemar sich wie aus dem Wasser gezogen; aber die Konturen der alten Wiese waren jetzt wieder freigelegt. Ein kurzer Kontrollgang durchs Haus – alles in Ordnung! Mit einem Trinkglas ließ sich köstliches Wasser aus dem

Brunnen im Garten schöpfen. Nach der harten Arbeit frisch und unvergleichlich im Geschmack! Nur noch eine kurze Pause, dann ging es weiter. Die gerodeten Bäume und Büsche drängten sich regelrecht auf von der zu bearbeitenden Fläche geräumt zu werden, doch aus dem Pflügen würde wohl heute nichts mehr, denn die alte, verfilzte Grasnarbe musste vorher abgebrannt werden und dazu brauchte man ganz anderes Wetter. So widmete sich Valdemar stattdessen lieber einigen größeren abgestorbenen Bäumen, die am Rande der ehemaligen Wiese standen. Er legt mit einem Stahlseil eine Schlinge um ihren Fuß und riss sie mit dem Traktor um. Dabei brach die Wurzel heraus und musste nicht zusätzlich gerodet werden.

Kurz nach eins: Höchste Zeit, es war ja schon Mittag! Beim Abschließen des Hauses fiel Valdemars Blick zufällig auf den Waldweg. Da lief doch direkt vor dem Haus tatsächlich ein – ja es dauerte einen Moment, bevor Valdemar es fassen konnte – ein Wolf! Der, ebenso überrascht wie er, blieb keine fünfzehn Meter entfernt von ihm, an der Hofeinfahrt stehen. Einen Moment lang musterten sich beide erstaunt, mit einem Gemisch aus Neugier und Vorsicht. Plötzlich warf sich der Wolf mit einem eleganten Schwung herum und trollte sich des Wegs – mein Mann hinterher, um ihn vielleicht noch einmal zu sehen, aber der Wolf blieb verschwunden. Umso größer dann die Überraschung, als Valdemar ihn wenige Minuten später auf dem Heimweg in fünfzig Metern Entfernung vor seinem Traktor sah. Sofort sprang der Wolf in den Wald, wo er stehen blieb – halb verdeckt und mit aufmerksamem Späherblick. Schließlich huschte er weiter, parallel zur Straße, durch den Wald und begleitete den fahrenden Traktor neugierig noch ein Stück, bis er schließlich den nachforschenden Blicken entschwand. Hinter der Kurve teilte sich der Weg. Würde der Wolf die Gabelung nach links nehmen? Uns gar besuchen wollen? Auf dem Hof saßen unsere Enten gemütlich im Gras, Hühner scharrten im Garten, unser sehr aufmerksamer Hofhund verhielt sich ruhig – das sah nicht nach Wolfsvisite aus. In Värmland kamen Wölfe damals nur vereinzelt vor. Zwar fanden wir manchmal ihre Fährten und hörten sie in einer Winternacht auch heulen, aber Wölfe sind scheue Tiere. Luchse waren uns dagegen öfter begegnet – ein Wolf bisher noch nie. Sein Verhalten war für uns völlig unerwartet: sehr aufmerksam, vorsichtig, neugierig, selbstbewusst und alles andere als in Panik geratend, wenn er auf Menschen traf.

Nachmittags setzte Valdemar seine Arbeit mit dem Traktor fort. Mit dem Planierschild ebnete er den nach dem Auftauen völlig zerfurchten Weg zum Hof und sammelte Steine von einem im Herbst gepflügten Acker, um mit ihnen einige tiefere Löcher zu füllen.

Nach dem Abendessen liefen die Kinder in den Wald und hängten die ersten Flaschen auf, um Birkensaft abzuzapfen. Es gab kein besseres Frühjahrsgetränk. In der Ferne riefen Kraniche. Wir brachen zu einem abendlichen Rundgang auf, die Arbeit unseres Waldarbeiters anzusehen. Der Reitplatz sollte zum Wald hin vergrößert und ein alter, völlig zugewachsener Weg wieder gangbar gemacht werden. Wir räumten Äste weg und öffneten einen verschlammten Graben. Nach einer Stunde begann es zu regnen und wir legten unser Arbeitszeug ab, um den Feierabend in der Veranda zu verbringen. Die Kinder versuchten, aus Kokons geschlüpfte Schmetterlinge zu bestimmen, die sie erstaunlicherweise als Raupen mitten auf der Eisfläche unseres Sees bei etlichen Grad minus gefunden hatten. Wir unterhielten uns über die unerwartete Begegnung mit dem Wolf. Wie faszinierend er sich bewegte, ganz anders als ein Hund! Diese unnachahmliche, geschmeidige Eleganz und der leicht schleichende Gang! Wie aufmerksam er war: lauernd, die kleinste Veränderung um ihn herum beobachtend! Und dann sein Fell! Ein Grau, das doch keins war, sondern in viele andere Töne überzugehen schien. Farbspiele, wie sie oft Raubtieren zu eigen sind. Als hätte der Wald selbst die Farbregie geführt, um ihn mit der Umgebung völlig zu verschmelzen. Wir bemerkten nicht, wie ein heftiges Frühjahrsgewitter heraufzog. Plötzlich schlugen zwei, drei Blitze in unmittelbarer Nähe ein, man hörte das Knacken ihrer Einschläge und es donnerte urgewaltig.

Kapitel 9 - Pfirsiche, Nektarinen und Aprikosen im hohen Norden

Aus gesundheitlichen Gründen ernährten wir uns vorwiegend vegetarisch, mit sehr viel frischem Gemüse und Obst. Dass es hier nicht gerade leicht mit dem Gartenbau werden würde, ahnten wir schon: Wenn in Deutschland schon lange der Frühling eingekehrt war, herrschte hier noch tiefer Winter. Außerdem hatte ein Bekannter, der sich zunächst am Erwerb von Pyntarna hatte beteiligen wollen, uns fluchtartig mit den Worten verlassen: »Hier kaufe ich nichts: Hier wird nie etwas wachsen! Erst dieses abweisende Klima und dann noch nicht einmal Humus im Boden! Seht nur, das ganze Land ist übersät von Zeigerpflanzen, die bevorzugt auf stickstoffarmen Böden wachsen!« Wir dagegen fanden den Frauenmantel und die vielen Orchideen, die unseren Bekannten so in Schrecken versetzten, wunderschön.

Wir legten also mit frischem Mut den ersten kleinen Gemüsegarten an. Die Vorbereitungen waren sehr aufwändig, denn das Land musste erst einmal urbar gemacht werden. Wir rodeten, rissen Baumstümpfe heraus und gruben den steinharten Boden um. Während wir schwitzten, sahen wir uns schon im Geiste feierlich den ersten Salat verzehren. Wir säten Radieschen, Möhren und Erbsen und steckten einige Zwiebelchen dazu. Nun brauchte nur noch alles zu wachsen. Aber wie sagt man so schön: Der Mensch denkt und Gott lenkt. Unser erstes Gartenbaujahr wurde ein völliger Reinfall! Das Gemüse wuchs im

Laufe des Jahres kaum über das Keimblattstadium hinaus. Das hatten wir uns nun doch ganz anders vorgestellt! Später erfuhren wir, dass es auch früher hier nie einen Gemüsegarten gegeben hatte. Die damaligen Bauern hielten das Klima für den Gartenbau für völlig ungeeignet. So ganz Unrecht hatten sie damit nicht: Vor dem zehnten Mai konnte man nicht mit der Aussaat zu beginnen, denn bis dahin war der Boden noch steinhart gefroren. An manchen Stellen lag sogar bis Mitte des Monats noch Schnee. Erst im Juni waren die letzten Nachtfröste zu erwarten und einmal erlebten wir, dass in diesem frühen Sommermonat noch beinahe dreißig Zentimeter Schnee fielen. Alle Birken standen bereits in vollem Laub und bogen sich unter ihrer Schneelast fast bis zur Erde nieder. So etwas hatten auch die ältesten Einheimischen noch nicht erlebt. Im September begannen in der Regel wieder die ersten Fröste und Anfang Oktober konnte die Erde bereits zu Stein gefroren sein.

Keine besonders rosigen Aussichten also! Doch so leicht gaben wir uns nicht geschlagen, denn schließlich wollten wir uns nicht wie unsere Vorgänger nur von Fleisch und nochmals Fleisch, mit einer schmalen Beilage von Kartoffeln, etwas Getreide, gesammelten Beeren und Milchprodukten ernähren. Zunächst einmal benötigten wir viel Kompost, denn es befand sich wirklich kaum Stickstoff im Boden. Unser Gartenland bestand praktisch nur aus Sand, besaß einen geringen Lehmanteil, aber überhaupt keinen Humus. Das Kompostmachen war leichter gesagt als getan. Man konnte nicht einfach eine Wiese abmähen und das Gras verkompostieren, weil es überhaupt keine Wiese *gab*. Gartenabfälle hatten wir natürlich auch nicht und einfach beim nächsten Bauern etwas altes Heu oder Stroh zu holen, war undenkbar – es lebten hier keine Bauern mehr. So wurde jede noch so kleine Grasfläche gemäht und die letzte Brennnesselecke, an der früher einmal der alte Stallmisthaufen gelegen hatte, sorgfältig behütet. Im Wald sammelten wir alles Brauchbare, vom Elchködel bis hin zu ungenießbaren Pilzen. Später, als unser Pferd Katitzi zu uns kam, galt es als eine ehrenvolle Aufgabe, täglich ihre Pferdeäpfel von ihren Weideplätzen einzusammeln. Ihr Mist war für uns nicht mit Gold aufzuwiegen.

Als Nächstes brauchten wir Wasser für unsere Pflanzen. Auf dem Hof gab es zwar einige von Hand gegrabene Brunnen, aber ihr Inhalt reichte in trockenen Sommern kaum für unseren häuslichen Bedarf. Dabei besaßen wir weder ein Klo mit Wasserspülung noch eine Waschmaschine. In den ersten Jahren schleppten wir, wenn die Brunnen ausgetrocknet waren, jede Gießkanne Gartenwasser fünfhundert Meter den Berg hoch. Etwas besser wurde es, als wir Katitzi besaßen. Wir spannten sie vor einen Wagen mit einem mehrere hundert Liter fassenden Behälter und ließen diesen an einem einundeinhalb Kilometer entfernten Bach volllaufen. Gelöst wurde unser Problem erst einige Jahre später. Auf einer Reise durch Chile entdeckten wir eine Pumpe, einen hydraulischen Widder, der nur mit Wasserkraft angetrieben, dieses über enorme Entfernungen den Berg hochpumpte. Das war genau das, was wir brauchten! Nachdem wir eine solche Widderpumpe bei uns aufgestellt hatten, flossen im Sommer täglich zweitausend Liter Wasser fast wie durch Zauberhand auf den Hof. Es kam zwar aus dem Moor, aber wir fühlten uns mit einem Schlag von vielen Sorgen befreit. Als später Geld dafür vorhanden war, ließen wir einen fünfundsiebzig Meter tiefen Brunnen auf dem Grundstück bohren, um ausreichend Trinkwasser für Mensch und Tier zu besitzen. Aber unser Widder pumpte im Sommer immer noch fleißig, bewässerte meinen Garten und versorgte mit dem Überschuss zwei Springbrunnen, die munter plätscherten und im Sommer Mittelpunkt der Spiele unserer Kinder waren.

Nun mussten wir die Probleme beseitigen, die uns das kalte Klima und die kurze Vegetationsperiode im Gartenbau bereiteten. Wir experimentierten mit Wärmefallen, verschiedenen Hügelbeet-Varianten und fertigten mit einfachsten Mitteln Gewächshäuser, gleich im ersten Jahr, als wir von der Schneelast krummgebogene Birken absägten und damit einen riesigen Pflanzentunnel bauten. Später besorgten wir uns aus einer Tischlerei ausrangierte Fenster und Türen und errichteten damit feste Gewächshäuser. Mit ein wenig handwerklichem Geschick kann man daraus sehr dekorative Gebäude entstehen lassen. Es war uns immer sehr wichtig, dass das Ergebnis unserer Arbeit nicht nur praktisch, sondern auch schön war. Wir wären am Ende schließlich selbst die Dummen, wenn wir ein Leben lang auf von uns geschaffene scheußliche Bauten starren müssten.

Mit den Gewächshäusern ließ sich jetzt unser Bedarf an Frischgemüse das ganze Jahr über decken. Im Frühling, wenn draußen noch hoher Schnee lag, bereitete ich schon die ersten Mistbeete vor. Kräuter, Radieschen, Salat, Spinat, Frühlingszwiebeln wurden darauf ausgesät, sogar ein paar Erdbeeren wuchsen hier. Bis Tomaten und Gurken den Platz benötigten, hatte ich so schon lange viel vitaminreiches Gemüse dort geerntet. Im Herbst bepflanzte ich die frei gewordenen Plätze der Sommerkulturen mit winterharten Kräutern, Salat, Chicorée und Mangold. Ich steckte Knoblauch in die Erde – der, sobald er im Frühling zu grünen begann, in den Salat geschnitten wurde und setzte auch einige Grünkohlstauden dazu. So fand ich hier im Gewächshaus immer noch Blätter, wenn alle Pflanzen draußen längst unter Schnee begraben lagen. Einmal schaute ein neugieriger Besucher ins Gewächshaus hinein. Begeistert rief er seiner Frau zu, sie solle doch auch mal die tolle Petersilie bewundern. Das war dann nun doch zu viel der Ehre – meinen halbmeterhohen Grünkohl als Petersilie zu bezeichnen!

Der Gartenbau war und blieb ein harter Brocken, den es zu bewältigen galt. Wenn man meinte, das kalte Wetter mit seinen Unbilden überstanden zu haben und das erste Grün zaghaft zu sprießen begann, kam über Nacht ein Elch, um in den Gemüsebeeten herum zustampfen und den neu gepflanzten Apfelbaum zu zerbrechen, weil Obstbaumknospen eine schmackhafte Abwechslung zum täglichen Einerlei der Birken darstellten. Oder es schlich sich mitten in der Nacht ein Dachs mit seiner Familie in den Garten, um beinahe das gesamte Zwiebelbeet umzuwühlen. Sie probierten von jeder Zwiebel ein Stückchen und stürzten am Ende zum Dank auch noch ein Bienenvolk herunter, um an den Honig zu gelangen. Kurze Zeit später gruben sie mir sämtliche Spargelpflanzen aus und verzehrten sie mitsamt den Wurzeln. Dabei hatte ich die Pflanzen drei lange Jahre gepflegt und mich gerade auf die erste Ernte gefreut.

Wenn ich mit meinem Gartenbau nicht kläglich scheitern wollte, musste ich neue Wege beschreiten. Ich glaubte nicht, dass mir die Natur feindlich gesonnen war, Dachs und Elch verhielten sich nur ihrer Art gemäß. Genauso wie die Schnecken, die wieder einmal den Salat abfraßen, oder die Vögel, die sämtliche gekeimte Erbsen vom Beet raubten. Das Klima war sicherlich auch seit ewigen Zeiten so rau. Also war es an mir, die Sprache der Natur verstehen zu lernen und mich dementsprechend zu verhalten. Die Zeichen von Wind und Wetter wusste ich bald recht gut zu deuten und Valdemar entwickelte richtiges Wetterheil: Es kam mehrfach vor, dass er auf einer Wiese am Heupressen war und, obwohl rundherum starke Schauer niedergingen, sein Heu jedoch trocken blieb. Als er unseren Stall aufmauerte, zogen sich die Arbeiten bis lange in den Herbst hinein. Normalerweise hätte zu dieser Zeit schon alles steinhart gefroren sein müssen und an Betonarbeiten draußen wäre nicht mehr zu denken gewesen. Doch gerade dieser Herbst wurde der wärmste seit Menschengedenken und der Winter setzte buchstäblich erst beim Auflegen der letzten Dachplatte ein. Diese kam dann allerdings auch etwas schief an ihren Platz.

Ich betrachtete mich schon lange nicht mehr als Krone der Schöpfung, sondern als Teil des Ganzen und lernte dadurch die Sprache der Natur und der Lebewesen um mich herum immer besser zu verstehen und danach zu handeln. In jedem Frühjahr hielten wir eine Gartenzeremonie ab, in der wir allen Lebewesen um uns herum Frieden und freundliches Zusammenleben zusichern, solange nicht unsere festgesteckten Reviergrenzen überschritten wurden. So war bei den Dachsen inzwischen nur noch ganz selten einer dabei, der den Gemüsegarten zerstörte. Dafür gruben sie sorgfältig bis an den Rand der Beete im Gras nach ihrer Nahrung, den Regenwürmern. Wespen und Hornissen konnten in einem Giebel der Scheune, im Gewächshaus oder wo es ihnen sonst beliebte, wohnen, aber unser Wohnhaus war für sie tabu. Sie sind nützliche Gartenhelfer und ausgesprochen friedlich, wenn man selber Frieden in sich hat. Sogar eine Kreuzotter wohnte einmal einen ganzen Sommer in einem der Gewächshäuser und befreite uns dort von den lästigen Mäusen. Wir störten sie nicht und die Schlange zog sich zurück, wenn wir dort arbeiteten. Die Natur ist gerne bereit, mit uns zu kommunizieren und uns nicht als lästigen Fremdkörper zu betrachten, wenn wir uns nur ihr gegenüber öffnen. Wolken, Wind und Wetter waren bald einfach für uns zu deuten, doch manche Stimmung lag spürbar in »der Luft«, ohne dass dafür Worte zu finden waren. Vielleicht Gefühle von der Art, die manch ein Gärtner wahrnimmt wenn von ihm betreute Pflanzen dursten ohne dafür einen Blick auf das Hygrometer werfen zu müssen. Hier auf Pyntarna hatten wir wenig Ablenkung von Eindrücken und Ereignissen die nicht indirekt oder direkt unser Leben berühren würden. Wir führten ein wenig ein Leben wie in einer riesigen Petrischale im Forschungslabor des Lebens - nur in diesem Fall mit umgekehrtem Versuchsablauf. Anstatt wie sonst in der Wissenschaft üblich ein Ereignis auszulösen und dann auf die Wirkung zu warten, verspürten wir eine Wirkung und brauchten nur noch das damit verbundene Ereignis richtig zu deuten. Nachdem ich erst einmal so angefangen hatte, die Zeichen der Natur zu interpretieren, begann es auch im Garten zu gedeihen. Bald produzierten wir genügend Gemüse, um unsere sechsköpfige Familie, einige Praktikanten und zahlreiche Gäste das ganze Jahr über zu versorgen. Einige Jahre verkauften wir sogar allerhand Gemüse an ein nahe gelegenes Wirtshaus.

Auch Obst war in den ersten Jahren Mangelware. Außer einigen frühen Apfelsorten gediehen nur noch Beeren. Die Vegetationszeit war für vielerlei Obst zu kurz und das Klima zu kalt. So entstanden, nach einigen Überlegungen, regelrechte Obstbaumgewächshäuser. Holz zum Bau gab es ausreichend in unserem Wald und wir mussten nur noch Plastik oder Glas für die Wände besorgen. Da wir nun einmal von der Experimentierlust gepackt waren, pflanzte ich in mein erstes festes Gewächshaus zur allgemeinen Belustigung einheimischer Besucher gleich einen Pfirsichbaum und eine Aprikose. Wie üblich, schlug auch dieses Mal der Versuch erst völlig fehl. Im Frühjahr waren beide Bäumchen bis auf den Stamm erfroren und mein betrübtes Gemüt wurde durch den unvermeidlichen Spott der anderen nicht gerade heiterer. Doch auch von den Kirsch-, Birnen- und Pflaumenbäumchen blieb kaum etwas übrig. Sie hatten die kalten Winternächte mit manchmal wochenlangen extremen Minusgraden nicht überstanden. Aber welche Freude: Im Sommer trieben an den Stämmchen ein paar neue Blättchen. Es war also doch nicht ganz hoffnungslos! Und neben zahlreichen anderen Obstsorten baute ich bald Pfirsiche, Aprikosen und Nektarinen an. Die Erträge waren meistens sehr hoch, so dass wir im Sommer so viel essen konnten, wie uns gelüstete und trotzdem noch viele Gläser voll von den Früchten für den Winter konservierten.

Wenn man erst einmal herausgefunden hat, wie er funktioniert, ist der Anbau dieser Obstsorten relativ einfach. Im ersten Jahr nach der Pflanzung wurden die Obstbäume zu Beginn des Winters gut eingepackt, damit sie Gelegenheit hatten, sich an das Klima zu gewöhnen und das Holz sich, ohne zu erfrieren, im nächsten Jahr kräftigen konnte. Außerdem wurde die Erde im Herbst tiefgründig gewässert und anschließend dick abgedeckt. Die meisten Erfrierungsschäden entstehen nicht durch Kälte, sondern durch Trockenheit. Die Wurzeln können nicht genügend Wasser aus der gefrorenen und zum Teil auch trockenen Erde in die Äste transportieren. So entstehen die meisten Schäden im Frühjahr, sobald die Sonne etwas intensiver scheint und der Wasserbedarf steigt, aber der Boden noch steinhart gefroren ist. Die dicke Bodenbedeckung verhindert ein Austrocknen, aber vor allem auch ein zu tiefes Gefrieren der Erde. (Das kann in extrem kalten Jahren hier bis zu 1,5 m tief sein). Eine dritte und äußerst wichtige Maßnahme ist dann das Beschneiden der Bäume zum richtigen Zeitpunkt. In den ersten Jahren wurden darum um den 20. August alles überschüssige Holz entfernt und alle diesjährigen Zuwüchse um ein Drittel der Länge eingekürzt. Damit war das Längenwachstum für das bestehende Jahr für den Ast beendet und das restliche Holz konnte gut ausreifen, um den Winter zu überstehen. Auf diese Weise behandelte Bäume neigen durch »Saftstau« gewöhnlich auch zu

Pfirsichanbau im hohen Norden –
das wollte uns niemand glauben

reichlichen Blütenansatz; deshalb ist diese Methode auch für gemäßigte Zonen zu empfehlen.Für uns fing das Frühjahr meistens dann richtig an, wenn Pfirsiche, Aprikosen und Nektarinen sich mit schönstem Blütenflor schmückten. Draußen lag der Schnee oft noch einen halben Meter hoch. Früher hieß es nun Bienchen spielen und einige Tage lang die Blüten in der warmen Mittagszeit von Hand mit dem Pinsel bestäuben. Diese Art der Befruchtung ist ebenso gut wie bei reichlichem Insektenflug. Doch bald hatte ich Bienen in der Nähe der Gewächshäuser angesiedelt: Beim ersten milden Wetter, trotz Schnee, übernahmen sie freudig die Bestäubung. Durch schmale Öffnungen unter dem Dach fanden sie schnell den Zugang, nachdem sie zunächst durch die offene Tür angelockt wurden. So hatten die Bienen ihre Freude an dem Nektar und ich konnte mich ein Weilchen dazusetzen und den ersten Frühling genießen.

Während der Blühperiode achtete ich darauf, dass der Nachtfrost die ganze Blütenpracht nicht wieder zerstörte, darum wurde für den Bau eines Gewächshauses sorgfältig eine geschützte und sonnige Lage aussuchen. So errichteten wir ein Gewächshaus bei uns an der Stallwand. Eine geöffnete Luke sorgte bei Frostgefahr dafür, dass ohne zusätzlichen Aufwand ständig warme Luft einströmen konnte. Im Aprikosen-Gewächshaus dagegen wurden die Bäume im Spalier an einer nach Süden gerichteten Steinmauer gezogen. Diese strahlte über Nacht, die am Tag gespeicherte Sonnenwärme, wieder ab und bewährte sich so auch bei erheblichen Minusgraden.

Pfirsiche waren im Gegensatz, zum Beispiel zu Kirschen, relativ lichte Bäume und so konnte man sein

Gewächshaus in zwei Etagen benutzen: Während die Bäume die »vornehme« sonnenbeschienene obere Etage beanspruchten, wurden im Erdgeschoss im Frühjahr schnell wachsende Gemüse wie Salat, Spinat, Radieschen, Rettiche, Kräuter, Mairüben, Zwiebeln und Knoblauch für zeitigen Rohkostsalat angebaut. Erntelücken ließen sich mit vorgezogenen Gurkenpflänzchen schließen, die zwar nicht ganz so gut trugen, aber immerhin den Platz unter den Bäumen noch sinnvoll ausfüllten. An den Glaswänden gediehen sogar lichthungrigere Pflanzen, wie z. B. Paprika, Buschtomaten oder Auberginen. Wenn im Herbst dann die frei gewordenen Flächen mit relativ frostbeständigen Gemüsen, aus dem Garten bepflanzt wurden, war sogar noch eine dritte Ernte zu erwarten und wir auch im Winter, obwohl hoher Schnee lagt, weiterhin mit Vitaminen versorgt.

Kapitel 10 - Du bist, was du isst

»Die Erdbeeren sind reif!« Einer meiner Söhne stürmte mit einer roten Beere ins Haus. Die ersten Früchte reiften in unserem Gewächshaus heran. Gespannt wurde ihre Entwicklung beobachtet und dann gerecht aufgeteilt, damit jedem etwas von ihrem Genuss zufiel. Drei Wochen später im Juli begann der eigentliche Schmaus, denn auch draußen waren die Erdbeeren inzwischen reif geworden, so dass wir zu ihrer Ernte mit großen Eimern in den Garten zogen. Auf unseren Frühstückstellern häuften sich von Tag zu Tag größere Leckereien. Neben den Erdbeeren lagen die ersten Gewächshauskirschen und bald gab es Obst in Hülle und Fülle: Johannis-, Stachel- und Brombeeren, Tai-, Josta- und Himbeeren – und als Vertreter des Waldes: Blau- und Preiselbeeren; dazu Weintrauben, Aprikosen, Nektarinen, Pfirsiche, Pflaumen, Birnen und Äpfel, manchmal auch eine Zitrone oder eine Kumquat-Frucht. All dieses Obst bauten wir auf Pyntarna neben vielen Gemüsesorten und Kräutern im Garten an. Wir kauften nur sehr wenig dazu: im Winter ein paar Apfelsinen, oder worauf wir gerade Appetit hatten. Allerdings konnte Leckermäulern, die es gewohnt waren immer sonnengereiftes Obst aus dem eigenen Garten zu naschen, zugekauftes Obst geschmacklich schon eine ziemlich herbe Überraschung bereiten – besonders, wenn es auch noch außerhalb der Saison produziert worden war. Als eine der Omas einmal im Winter eine Schale wunderschön leuchtend roter Erdbeeren vom Wochenmarkt mitbrachte, stürzten sich die Kinder begeistert auf die Früchte. Allgemeine Verwunderung: Das sollten Erdbeeren sein?! Diese rübenharten, sauren Dinger? Zum Vergleich waren solche Einkäufe sicherlich ganz sinnvoll, denn sie heilten uns schnell von dem Wunsch, den Wert unserer Gartenprodukte schnöde in Stundenlohn umzurechnen.

Ernährung war für uns auf Pyntarna ein kleines Abenteuer. Sie hatte wenig mit der heutzutage üblichen Methode der Essensbeschaffung gemeinsam. Wir brauchten nicht genervt von einem langen Arbeitstag mit voll beladenem Einkaufswagen in einer langen Schlange vor der Ladenkasse zu stehen. Dafür war das Angebot auf unserem Tisch auch nicht so vielfältig, wie nach einem Besuch im Supermarkt. Hinter jedem unserer Lebensmittel steckte ein liebevoller und manchmal schwieriger Produktionsweg. Die Mahlzeiten begannen buchstäblich schon im Garten. Gartenbau in dem Bewusstsein zu betreiben, dass man von seinen Produkten leben will – und zwar so schmackhaft wie möglich, ist etwas anderes, als vergeblich Ausschau nach einer guten und zudem noch kostengünstigen Schnellküche zu halten. Jeder auf dem Hof war direkt oder indirekt an der Lebensmittelproduktion beteiligt. Mahlzeiten aus dem Garten schmeckten natürlich völlig anders und hatten auch eine ganz andere Bedeutung für uns. Jedes Produkt wurde mit der gleichen Begeisterung erwartet: die Erbsen, Gurken und Tomaten im Sommer, genauso wie die Äpfel im Herbst und die Wildkräuter im Frühling. Es wurde immer gespannt beobachtet, was als Nächstes im Garten heranreifte. Sobald draußen der Schnee schmolz, begann die eifrige Suche nach dem ersten essbaren Grün. Wildkräutergerichte waren auf Pyntarna eine große Spezialität. Es gehörte bisweilen nur sehr wenig zu einem schmackhaften Essen, wenn es nur aufmerksam und mit Liebe zubereitet wurde und selbst ein simpler Wildkräutersalat bekehrte manchen Zweifler: Gehackt, mit einigen Tropfen Öl, einer Prise Salz und einer schmackhaften Soße aus Sahne, Pfeffer und Knoblauch angerichtet, bildete er eine gesunde Beilage zum Mittag- oder Abendbrot.

Auch Brennnessel-Spinat musste nicht nur »gesund« schmecken: Zusammen mit einer Zwiebel und einem Schuss Milch gedünstet, mit etwas Salz und einer winzigen Prise Muskatnuss gewürzt und mit Butterflöckchen serviert, griffen auch unsere Kinder mit großem Appetit zu. Dazu gab es ein Glas eiskaltes Birkenwasser, von meinem Sohn Dietrich soeben frisch vom Baum »gezapft«. Bald kam die ersehnte Zeit der Löwenzahnblüte. Die Kinder stürmten mit Körben auf die Wiese und sammelten und sammelten. Was ließ sich daraus nicht alles herstellen?! Allein dreißig Liter Blüten verbrauchte ich, um aus ihnen einen wohlschmeckenden, herzstärkenden und leberreinigenden Tafelwein zu bereiten. Die Kinder verkochten ihre »Beute« zu Sirup und einer Dose Bonbons, die im Winter so gut sind, wenn es einmal im Hals kratzt. Die Blütenstiele wurden in Salzwasser gedämpft und ergaben mit einer Kräuter-Käse-Soße ein gutes, spargelähnliches Gemüse. Mit Kräutern wurden auch Aufläufe bereitet, Piroggen gefüllt, Suppen angerichtet... Der Fantasie waren keine Grenzen gesetzt. Von überall her wurden die ersten essbaren Blüten in die Küche gebracht. Sie dienten, ganz oder zerhackt, als wunderschöne Garnierung auf allen nur denkbaren Speisen, denn die Augen aßen schließlich mit.

Der Frühling war auch die Zeit, um wieder »Enbärsdricka«, ein uraltes schwedisches Volksgetränk, zu bereiten. Wir gingen mit dem Korb in den Wald, um ein paar verborgen stehende Wacholderbüsche zu suchen. Behutsam wurden mit der Schere junge Triebspitzen, möglichst noch mit vorjährigen Beeren, geschnitten. Wacholderbüsche wuchsen bei uns in Mengen, darum fiel es niemandem auf, wenn einmal ein Korb voller Zweige geerntet wurde. Diese kamen gleich in einen großen Topf und wurden, mit Wasser bedeckt, kurz aufgekocht. Am nächsten Tag siebte ich den Wacholder heraus und schmeckte die Flüssigkeit ab mit Honig, etwas Ascorbinsäure und einer zerschnittenen Zitrone, frisch geerntet von unserem Zitronenbaum. Dazu kam ein ganz klein wenig Hefe und fertig war das Ganze. Früher verwendete man zum Säuern getrocknete Moosbeeren aus dem Wald. Die Flüssigkeit wurde am kommenden Tag in Flaschen gefüllt und die Kinder vertilgten die herausgenommenen Zitronen voller Genuss mit Stumpf und Stiel. Der Wacholdersaft wäre jetzt schon gut trinkbar, wir stellten daraus jedoch eine Art Sekt her. Dazu füllte ich den Saft in Plastikflaschen mit Schraubverschluss. Diese Flaschen hielten den Druck sehr gut und waren nicht so gefährlich wie solche aus Glas. Von letzteren nahm ich nach einem missglückten Experiment lieber etwas Abstand, als mir einmal eine ganze Batterie davon in der Küche wie bei einem Dominoeffekt explodierte und sich als klebrig-feuchter Glasscherbenregen über mich ergossen hatte. Die Flaschen blieben zunächst in der warmen Küche stehen, wo die Flüssigkeit zu gären begann. Eine Woche später wanderten die Flaschen, nachdem der sich gebildete Kohlensäuredruck durch leichtes öffnen des Schraubverschlusses weitestgehend abgelassen worden war, wieder gut verschlossen in den Keller. War man zu freizügig mit dem Hefezusatz umgegangen, war es ratsam, auch zwischendurch einmal zu »lüften«. Es bestand sonst die Gefahr, dass die Verschlüsse von den Flaschen knallten. *Enbärsdricka* wurde das Jahr über von allen gleich gerne getrunken und galt in unserer Gegend als das Stärkungs-und Regenerationsmittel überhaupt. Schon für Pfarrer Kneipp war der Wacholder eine seiner Lieblingsheilpflanzen, die er viel bei seinen Kuren einzusetzen pflegte.

Langsam reifte das Gemüse im Garten heran: Salat und Radieschen und natürlich die ersten vorgezogenen Pflanzen aus den Gewächshäusern wie Kohlrabi, Fenchel oder Gurken. Gurken gab es bei uns manchmal sogar schon am ersten April, denn die bereits im Dezember/Januar gelegten Samen waren in der Veranda zu großen Pflanzen herangewachsen. Bei nur zehn Pflanzen ließ sich beinahe jeden Tag eine Frucht ernten.

Endlich kam mit aller Macht der Spätsommer heran. Wir trafen uns mit großen Eimern zwischen den Johannis-, Stachel- und Himbeersträuchern und pflückten, bis uns der Saft die Arme herunter rann und die Hände von den unfreiwilligen Begegnungen mit den heimlich wachenden Brennnesseln brannten. Zwischendurch saßen wir im großen Kreis um eine übervolle Wanne mit Erbsen und pulten sie aus den Schoten heraus. Die Kinder lauschten Geschichten über ihre Großeltern und deren Großeltern. Mancher Unsinn, aber auch manches Abenteuer entstand da vor ihren staunenden Augen.

Überall um uns herum summte es von fleißigen Bienen. Sie ließen uns auf eine gute Honigernte hoffen. Ein Festtag für alle! Schon am Tag zuvor traf ich die nötigen Vorbereitungen an den Bienenkästen. Morgens brauchte ich dann nur noch die bienenleeren, aber honigvollen Kästen zu holen. Ein Feriengast betrachtete etwas zweifelnd den großen Wassereimer unter der Honigschleuder. »Soll der etwa voll werden?« Nicht nur der Eimer wurde voll: Bald waren Tisch und Schrank überladen mit Honiggläsern! Hundert bis zweihundert Kilo Honig sind keine Kleinigkeit – und es folgten noch ein bis zwei weitere Ernten.

»Wie stehen die Blaubeeren, haben die Preiselbeeren gut angesetzt? « – »Nächstes Wochenende machen wir Picknick im Wald!« Beladen mit Picknickkorb und Eimern für Blaubeeren machten wir uns auf die Wanderung. Wir wollten zum Nachbarsee. Dietrich nahm noch geschwind seine Angelrute mit – man konnte ja nie wissen... Es gab wirklich reichlich Blaubeeren. Das ist nicht immer so, denn manchmal erfriert die Blüte während des letzten Frosts. Wir sammelten unsere Eimer voll. Stehen die Beeren gut, kann man pro Person einen Eimer in zwei Stunden füllen. – »Essen!« – Alle kamen von irgendwoher aus dem Wald herbei. Die gesammelte »Beute« wurde bewundert. Blaubeeren mit Milch, frisch gebackenes Brot mit Käse und eben geschleuderten Honig – alles schmeckte mindestens doppelt so gut wie zuhause. Wir legten uns faul ins Heidekraut und ließen uns die Sonne auf den Bauch scheinen. Dietrich pirschte mit seiner Angel am Seeufer herum. Er versuchte, einen Hecht zu fangen, aber die schienen genauso träge zu sein wie wir. So schnell gab er jedoch nicht auf. Irgendwo musste doch einer stehen! Plötzlich ließ uns ein Schrei auffahren. »Ich hab einen! Ich hab einen!« Der kleine, kaum siebenjährige Dietrich kämpfte verzweifelt mit einem großen Hecht. Keiner wollte klein beigeben. Papa sprang wie elektrisiert auf und eilte zum Ufer. »Der Hecht kommt, zieh die Leine ein! Pass auf! Er will sich losreißen, gib etwas Schnur! Ja, gut so!« Allmählich kam der Fisch ans Ufer. Dietrich hielt die Angel krampfhaft mit seinen kleinen Händen fest. Papa griff zum Kescher. Da! Er erwischte den zappelnden Fisch! Dietrich platzte beinahe vor Stolz – sein erster großer Fang!!

Damit ließ sich ein Tag zum guten Abschluss bringen! Alle waren sogleich wieder mit Feuereifer dabei. Der Fisch wurde geschuppt und ausgenommen und ein Lagerfeuer entzündet. Nun wäre nur noch eine Frage unter Gourmets zu klären: Garte man den Fisch auf einem heißen Stein, am selbst geschnitzten Spieß oder auf einem provisorisch errichteten Grill? Die Trapper setzen sich schließlich durch: Der Fisch, sorgfältig mit Salz und Pfeffer aus unserem Picknickkorb gewürzt, wurde in ein dickes Paket frisch geschnittener Birkenäste eingebunden und in die heiße Glut des inzwischen heruntergebrannten Feuers gelegt. Bald war er knusprig gebacken und roch verlockend. Unter fröhlichem Geschmause wurde unser kleiner Angler gefeiert.

Stolz präsentiert Dietrich seinen ersten Hecht

Kapitel 11 - Das Leben der Kinder

In den ersten Jahren waren wir gezwungen, immer abwechselnd einige Monate auf unserem deutschen Hof und auf Pyntarna zu leben, sodass wir ständig beide Lebensarten vergleichen konnten. Obwohl wir einen für deutsche Verhältnisse sehr schön gelegenen Hof am Dorfrand besaßen, wurde uns die Rückkehr dorthin immer schwerer. Nach Monaten der Stille donnerten, kaum dem Auto entstiegen, schon die Düsenjäger im Tiefflug über uns hinweg. An Schlafen bei offenem Fenster musste man sich erst wieder gewöhnen. Anstelle von Bäumen rauschten nur Autos. Regnete es einmal nicht und man wollte einen schönen Gartentag verbringen, hörte man statt summender Insekten nur überall Rasenmäher ... Je länger wir das »andere Leben« lebten, umso schwerer fiel uns das »normale«. An Freiheit scheint man sich gewöhnen zu müssen. Hat man sie aber erst einmal kennen gelernt, spürt man Begrenzungen dann umso mehr. Am radikalsten war die Reaktion unserer Kinder. Verzicht auf Spielkameraden und eine Menge Spielzeug, Fernsehen und die über alles geliebten Omas – alles wurde, wenn auch unter Tränen, ertragen. Aber zurück nach Deutschland? Auf keinen Fall! Für unsere kleine Svanhild war das klar: »In die schwedische Schule gehe ich lieber, die Kinder sind nicht so aggressiv und man kann so vieles spielen.«

Fantasie und Entdeckergeist der Kinder wurden auf Pyntarna sehr gefördert. Wer sich in unserem Wald umsah, könnte meinen, eine Herde von Ureinwohnern triebe dort ihr Unwesen: Felsenwohnhöhlen, Erdbunker, Baumhäuser in allen Varianten, mal mit Seilbahn, mal ohne, dafür aber in schwindelnder Höhe von vierzehn Metern, hier eines mit Badezimmer à la nature, dort ein anderes nach einem wilden »Wikingereinfall« der Spielgefährten zerstörtes, das Nächste dafür in eine Festung verwandelt, mit warnendem Totenkopfschild für alle Unbefugten. In den Bächen fanden sich Dämme zum Aufstauen des Wassers für Wasserräder, die wiederum zum Antrieb kleiner Sägen oder sogar dem Versuch, Elektrizität zu gewinnen, dienten.

Sehnsüchtig wurde regelmäßig die Heuernte erwartet, um auf dem dann vollen Heuboden ein Labyrinth von Gängen und Wohnhöhlen anzulegen. Aber auch leer hatte die Scheune ihren Nutzen und es wurde dort bis spät in die Nacht eine heiße Disco veranstaltet. Ich fragte mich manchmal, ob unsere Hähne am nächsten Morgen nicht in einem anderen Takt krähten?

Unsere frei um uns herum weidenden Pferde verleiteten gerne einmal dazu, ohne Sattel und Zaumzeug in wildem Galopp, nur an ihrer Mähne festgekrallt, durch den Wald zu preschen. Im Winter lockte natürlich der Schnee. Ein Pferd wurde eingespannt, um eine Schar Rodelschlitten oder Skiläufer zu ziehen. Der Sturz in die Schneewälle war meistens schon vorprogrammiert und überhitzt und hochrot kamen alle wieder zuhause an. Schlitten-Bob-Bahnen entstanden direkt vor der Haustür, auf der auch wir Erwachsene, unter großem Gelächter und Hallo den Berg hinunter brausten. Das Nordlicht war eines der winterlichen Nachtereignisse, dem man angespannt entgegenfieberte und unsere Kinder wurden ernsthaft böse, wenn wir sie nicht jedes Mal aus den Betten holten – auch bei klirrendem Frost!

Sehr viel bedeutete es den Kindern, jahrein jahraus im Wald oder am See sein zu dürfen. Was sie dort genau machten, konnten wir Erwachsene allerdings nicht immer erkennen. Natürlich fuhren sie Kanu, schwammen, bauten Baumhütten, kletterten in Bäume und auf Felsen, angelten oder liefen Ski. Aber weshalb sie in tagelanger Arbeit einen Wald »aufräumten«, schwimmende Moorinseln anderswohin schleppten, irgendwelche Dinge in Baumkronen befestigten oder »runde Plätze« anlegten, weiß ich nicht genau. Die Würze dieses Im-Wald-Seins waren Zwischenfälle mit merkwürdigen Tierstimmen (vielleicht ein Wolf?), sich verlaufen, im Moor versinken, ein neugieriges Eichhörnchen aufstöbern, einen Dachs verscheuchen oder eine Kreuzotter, auf die man fast getreten wäre. Beim Kanufahren tauchte einmal ein Elch am Ufer auf und schwamm quer über den See direkt am Boot vorbei. Und der Luchs, der auf einer von Bibern gefällten Pappel saß – war er gefährlich? Ein anderes Mal erlebten wir, wie eine wütende Elchkuh auf einen der Jungen losstürzte, der mutwillig (typisch!) ihrem Kalb zu nahekam. Vor einer solchen Gefahr flüchten Jungen schon seit Jahrtausenden erfolgreich auf Bäume. Ist das wirklich gefährlicher als die heranbrausenden Autos, denen jedes Jahr tausende Kinder zum Opfer fallen? Einmal erzählte uns unsere damals siebenjährige Tochter begeistert, sie wäre nach dem Schlittschuhlaufen mehrere Kilometer einem Bergbach nachgestiegen, »weil das Eis da so toll ist!« Wir waren erschrocken. Eine Woche zuvor verschwand in der Nähe von Arvika ein kleines Mädchen mit ihrer Katze im Wald. An der Suchaktion beteiligten sich bald mehrere hundert Menschen. Nach drei ungewissen Tagen fand man die Kleine endlich wieder, mitsamt der Katze – gesund, munter und hungrig, in fünfundzwanzig Kilometern Entfernung unter einen Baum bei inzwischen fünf Grad minus und nur wenigen Stunden Helligkeit am Tag. Wir haben Wanderungen mit Kindern durch die wildesten Gegenden Lapplands unternommen und kennen deren manchmal unglaublich erscheinende Leistungsfähigkeit. Leichtfertig lassen sie sich auf unkalkulierbare Folgen, nur um etwas Besonderes zu erleben. Dafür riskieren sie auch schon mal Kopf und Kragen und ertragen Hunger, Schmerzen und Angst.

Langeweile war in Deutschland trotz vieler Anregungen ein Dauerproblem. Auf Pyntarna verbrachten schon unsere kleinen Kinder oft ganze Tage damit, uns bei unseren alltäglichen Beschäftigungen zuzusehen und spielerisch mitzumachen. Glühendes Interesse fanden bei Dietrich bereits sehr früh die Motorsägen meines Mannes und wenn er nicht verdammt aufpasste, zerlegte der Kleine sie binnen kürzester Zeit in ihre Einzelteile und versuchte sie zu »reparieren«. Jede unserer Tätigkeiten verfolgte er mit absoluter Konzentration. Wenn mein Mann Nägel aus einem Brett zog, kommentierte Dietrich jeden einzelnen und wenn Valdemar einen übersah – ER übersah nie einen – wies er ihn mit wichtiger Miene darauf hin. Es gab öfter Auseinandersetzungen zwischen ihnen, weil immer gerade das Werkzeug verschwand, das mein Mann aus der Hand legte. So entdeckte Dietrich auf seine Art Handwerk und Technik. Für alle möglichen

Gerätschaften – vom Inbusschlüssel bis zum Kurzwellenempfänger und Funkgerät – fand er schnell die Bedienung heraus und wusste auch schon mal eine Truhe für seine neu angelegten Spezialsammlungen zu bauen. Natürlich waren die Kinder oft auch bei meinen Arbeiten im Garten und im Haus dabei. Und als ich einmal wegen eines Unfalls im Bett bleiben musste, backte eben der sechsjährige Fridtjof die Geburtstagstorte für seine Schwester. Man musste schließlich dafür sorgen, dass das Leibgericht auch auf den Tisch kam. Von den hunderten Wild- und Kulturpflanzen auf unserem Hof kannte Svanhild bereits mit zehn praktisch jede – bei vielen auch Verwendungszweck, Heilwirkung oder Giftigkeit. Wenn irgendwo eine neue Pflanze auftauchte, entdeckten sie die Kinder zuerst. Blumenpflücken, Sammeln von Steinen, Baumwurzeln, Federn und natürlich von Beeren und Pilzen spielten eine große Rolle. Wir konnten hier die verantwortungsvollsten Aufgaben von Achtjährigen erledigen lassen, zum Beispiel die Überprüfung der von Gästen gesammelten Pilze und Teekräuter auf giftige Exemplare, den Umgang mit offenem Feuer und vieles mehr. Schicken Sie einmal jemanden in den Garten, um von ihm kontrollieren zu lassen, ob alles in Ordnung ist! Etliche merken frühestens etwas, wenn die Pflanzen schon halb tot sind. Hier dagegen war es ein normales Gesprächsthema, dass in zwei bis drei Tagen die Öffnung einer bestimmten Blüte zu erwarten wäre. Die erste Seerosenblüte oder Feuerlilie wurde immer von den Kindern entdeckt – die erste Kohlweißlingsraupe aber auch. Unsere Tochter Svanhild unternahm bereits mit zehn Jahren ihre ersten Kutschfahrten und Ausritte

über fünfzehn Kilometer mit einem großen Fjordpferd
– ganz allein.

Meine Tochter Svanhild war bald auf dem
Pferderücken zu Hause

Inzwischen wusste ich, dass man notfalls ein zwölfjähriges Kind einen kompletten Hof für einige Zeit beaufsichtigen lassen konnte. Zwar wäre nur ein Notprogramm an Arbeiten erledigt, aber weder wäre die Kuh trocken gemolken, noch hätten die Hühner sich das Eierfressen wegen nachlässig geleerter Nester angewöhnt oder die Tomaten durch falsches Gießen Krautfäule bekommen.

Wie war es möglich, dass Kinder so selbstständig wurden? Vielleicht lag es daran, dass sie verstanden, was um sie herum vor sich ging, weil sie die Zusammenhänge erkannten! Wenn der Strom vor den Augen der Kinder auf dem Hof produziert wurde, entstand spätestens, wenn nach längerer Windstille die Lampen ausgingen lebhaftes Interesse an Stromgeneratoren. Es war klar, dass sich Kinder bald mit den Grundlagen der Elektrizität auskannten: wozu eine Diode gebraucht wurde oder wie hoch die Säuredichte eines 12-Volt-Akkus war und wie weit er entladen werden durfte. Dabei konnte ich in der Nachbarschaft sogar einen Jungen beim Anschließen eines Elektromotors und der Reparatur eines Vergasers erleben.

Abends beschäftigten sich die Kinder viel mit dem Erforschen der Geheimnisse, die die Welt noch zu bieten hatte. »Der große Brockhaus«, »Brehms Tierleben«, R. H. Frances »Leben der Pflanze« oder »National Geographic« gehörten ebenso selbstverständlich dazu wie Geschichten, Gedichte und Sagen aus alter Zeit. Natürlich wurden auch Probleme von heute mit Begeisterung diskutiert. Die Mithilfe der Kinder war bei uns keine pädagogische Maßnahme (dafür hatten wir sowieso keine Zeit), doch sie wurden gebraucht und sie wussten das auch. Entsprechend hoch war ihr Selbstbewusstsein. Wenn wir von vierzehnjährigen Ferienkindern zu hören bekamen, sie hätten in ihrem Leben noch nie das Gefühl gehabt, gebraucht zu werden, dann stimmte das sehr traurig.

In unserem Leben wussten die Kinder immer, wo Mutter und Vater waren und weshalb sie gerade was machen. Sie konnten die Dinge des täglichen Lebens durchschauen und miterleben. Die extrem arbeitsteilige moderne Welt dagegen erzieht letztlich nur noch Spezialisten für einen engen Bereich – allerdings nützliche, die zwar auf ihrem Gebiet gut einzusetzen sind, aber sich mit Recht nicht zutrauen, das Leben auf eigene Faust zu meistern.

Für manche Probleme boten sich zu unserer eigenen Überraschung auch recht ungewöhnliche Lösungen an: Haben Sie in einem Pädagogikbuch schon einmal ein Kapitel über Schönheit und Stille gefunden? Einmal verbrachte mein Mann mit einem total chaotischen, asozialen und einfach unerträglichen Berliner Jungen einen Tag auf einer zauberhaften kleinen Insel eines Sees, in faszinierender Schönheit und absoluter Stille. Der kleine Rowdy hatte zum ersten Mal in seinem Leben keine Zuschauer und saß, es meinem Mann gleichtuend einfach nur still auf einem Baumstamm. Zunächst gelangweilt und provokativ, doch so ganz ohne Publikum war es irgendwann ganz natürlich, dass er aufhörte, sich zu produzieren. Er wurde still, die Unruhe der Augen ließ nach, das Mienenspiel entspannte sich. Das äußere Schweigen und die Schönheit schien ihn zu ergreifen und in ihn einzudringen. Nach einer Stunde konnte man vernünftig mit ihm reden und die Probleme erörtern, die wir mit ihm hatten. Er sah zum ersten Mal sich selbst und welchen Kummer er uns machte. Abends benahm er sich wie ein heranreifender *Mann* entschlossen, seine aggressiven und seine Aufmerksamkeit heischenden Verhaltensweisen als unruhestiftender Klassenkasper hinter sich zu lassen und entwickelte sich zu eines der verantwortungsvollsten Mitglieder unserer Hofgemeinschaft

Kapitel 12 - Hochsommer

Wir waren dieses Jahr spät dran mit unserem Heu, weil es bislang dauernd geregnet hatte. Jetzt endlich erwarteten wir einige trockene Tage und gestern mähten wir unsere erste Wiese. Mit etwas Glück könnten wir das Gras abends bereits pressen. Diese Heutage fingen immer ganz harmlos an, dauerten aber manchmal bis spät in die Nacht hinein. Heute war kaum Tau gefallen – ein schlechtes Zeichen, das Wetter hielt also nicht. Aber dafür war auch das Gras kaum Nacht-feucht und es konnte früher mit der Arbeit begonnen werden. Valdemar fuhr bereits um zehn Uhr zum Heuwenden. Das war eine Autofahrt von zwanzig Kilometern durch Wälder, vorbei an Seen, zum einsam gelegenen Kymsberg-Herrenhof. Früher lebte hier einer der vielen reichen Eisenbarone Värmlands. Am Fluss taten damals starke, durch Wasserräder angetriebene Schmiedehämmer ihre Arbeit. Kymsberg war ehemals ein großer Gutshof mit vielen Hektaren Ackerland. Heute ist davon nur noch unsere Wiese geblieben; alles übrige, damals bewirtschaftete Land, ist seit langem aufgeforstet.

Zuletzt wohnte hier Gunhild Kulander – eine außergewöhnliche Persönlichkeit. Nachdem sie, als eine der ersten Frauen Schwedens, ein Ingenieurs-Studium in Chemie abgeschlossen hatte, wurde Sie jäh durch eine Kinderlähmung aus Ihrer Bahn geworfen. Stark in ihrer Bewegungsfähigkeit eingeschränkt, widmete sie sich nun ganz der Kunst. Ihre eigenwilligen Skulpturen und Bilder aus Metall, Leder Nägeln und Farben waren bald in ganz Schweden bekannt und für viele öffentliche Gebäude wurde es ein Muss, eines ihrer Werke präsentieren zu dürfen. Im Winter bisweilen wochenlang durch Eis und Schnee von der Außenwelt abgeschnitten, lebte Gunhild auf Kymsberg ganz allein mit ihrem großschnäbligen und handzahmen Tukan „Tuki". Man traf sie nie anders an, als an ihren Kunstwerken arbeitend, mit Tuki immer an Ihrer Seite. Nur selten war sie länger als zwei Tage außer Haus, außer wenn sie sich wieder einmal auf eine Ihrer ungewöhnlichen Reisen begab, um sich neu inspirieren zu lassen: zu den Anden, dem Amazonas, nach Indien und selbst bis in den Himalaya verschlug es sie. Begeistert berichtete sie von Ihrer Reise mit Lamas zum damals kaum bekannten Machu Picchu.

Besuchte man Gunhild, trat man ein in eine völlig eigene bizarre Welt. Im alten Kymsberg-Herrenhaus lebte sie zwischen Ihren Reiseandenken: einer riesigen Anakonda-Haut, dem Speer eines Indio vom Amazonas und Fellen langhaariger Bergziegen aus Peru, die Ihr gesamtes Schlafzimmer mitsamt Bett ausfüllten. Sie war ein Teil des Hauses und das Haus war ein Teil von ihr: Hier stand eine große Ansammlung von Halb- und Edelsteinen, dort eine alte Ritterrüstung aus Familienbesitz – und überall hatte sie ihre eigenen Kunstwerke sorgfältig ins rechte Licht gerückt. Endlos gab es etwas zu entdecken und die Gesprächsthemen rissen nicht ab. Meist unverhofft schlich sich irgendwann Tuki an den Besucher heran, um ihn mit ekligen Gummispinnen zu attackieren, die Schnürsenkel aufzuziehen oder ins Bein zu zwacken, denn schließlich hatte der Gast ungerechtfertigter

Weise die Aufmerksamkeit seiner geliebten Gunhild von ihm abgelenkt. Doch das bekam Tuki nicht immer gut: Einmal verschluckte er dabei in seiner Erregung ein riesiges Radiergummi, das er auf dem Boden fand. Nun war guter Rat teuer: Der Vogel wurde gepackt und Hals-über Kopf ging es zum Tierarzt. Operieren schied als Alternative aus. War es nun vorbei mit Tuki? Darauf wollte sich Gunhild nicht so schnell einlassen und Tuki wurde von Ihr eigenhändig über beide Körperöffnungen mit Öl gefüllt und dabei regelrecht aufgeblasen. Endlich – nach bangen Stunden des Wartens – rutschte das Radiergummi wieder zur hinteren Pforte hinaus und Tuki brauchte noch eine ganze Weile bis er seine schöne schlanke Taille zurückgewann.

Tuki war und blieb Gunhilds spezieller Weggenosse und als einmal bei einem Wintersturm der Strom für drei Tage ausfiel und es eiskalt im Haus wurde, verbrachte Gunhild mit Tuki zusammen die Zeit unter einer dicken Decke im Bett, um ihn zu wärmen, damit ihm nichts geschah. Als Tuki irgendwann in den Vogelhimmel entschwand, erinnerten Federn, die er im Laufe seines Lebens verloren hatte, ständig an Ihre Verbundenheit, denn Gunhild hatte sie fleißig aufgesammelt und nun dekorativ an die Gardinen ihres Arbeitszimmers gesteckt.

Mit zunehmendem Alter entwickelten sich bei Gunhild starke Beschwerden, verursacht als Folgen der Kinderlähmung. Als wir sie einmal in ihrer Waldeinsamkeit besuchten, antwortete sie lachend auf die Frage nach ihrem Befinden: »Oh, ich verbrachte diesen Winter auf Kymsberg zum großen Teil im Gipsverband!« Ungläubig blickten wir sie an: »Ja, aber wie konntest du überhaupt damit klarkommen?« – »Ach, es waren doch nur die Arme. Ich wollte eine Maus fangen, die frech um meine Füßen herumtanzte, stürzte dabei und brach mir einen Arm.« Kopfschütteln unsererseits: »Ja und dann?« – »Als ich am Tag darauf aus dem Krankenhaus kam, lief mir die dreiste Maus natürlich wieder über die Füße... Leider war der andere Arm ebenso wenig haltbar... Aber nun ist der Winter vorbei, der Gips wieder herunter und ich kann mich wieder bewegen, aber vor allem essen wie zuvor. Dabei wollte ich doch so gern noch ein wenig mehr abnehmen.« Ja, so war sie: Den langen, einsamen Winter mit zwei fest eingegipsten Armen zu verbringen, erschien ihr nicht weiter erwähnenswert. Sie legte eine Schallplatte mit lateinamerikanischer Musik auf und berichtete uns lieber von ihren neuen künstlerischen Inspirationen aus der dunklen von Krankheit gezeichneten Winterzeit.

In den letzten Jahren wurde Gunhild öfters krank und verstarb dann ganz plötzlich – auch allein – auf ihrem geliebten Kymsberg. Noch am Tag zuvor war sie in einer Klinik gewesen, doch eine innere Unruhe trieb sie heim. Als ich sie am Abend besuchte, breitete sie die fantastische, bunte Welt ihres Schaffens, beinahe wie zum Abschied für sich selber, noch einmal vor mir aus. Irgendwann nachdrücklich von Ihr nach Hause geschickt, fuhr ich mit ungutem Gefühl fort. Als ich am nächsten Morgen besorgt nach Ihr schaute, konnte ich nur noch erschüttert von der in der Nacht verstorbenen Gunhild Abschied nehmen. Gunhild mochte sich weder ihr Leben noch ihr Sterben an einem anderen Ort vorstellen, denn sie liebte ihren großen Garten mit den alten Bäumen und dem weiten, geradezu fantastisch schönen Ausblick auf den großen Kymmen-See, über die Grenzen ihres Seins hinaus.

Hier, direkt angrenzend an den Garten, lag nun unsere Heuwiese, sie dürfte eine der schönsten Schwedens sein. Kein Mensch war weit und breit zu sehen oder zu hören, als Valdemar die Allee mit den uralten Ebereschen entlang schlenderte. Nur Wind, Sonne und Vogelgesang streiften die Sinne. Hinter einer breiten und über hundert Meter langen Steinmauer befand sich unsere Wiese. Gestern zerbrach am Heuwender eine Aufhängung. Sie wurde zuhause geschweißt und sollte nun wieder festgeschraubt werden, dann konnte die Arbeit beginnen. Nach gut einer Stunde war das Heu gewendet. Es wehte ein starker, warmer Wind, so dass die Halme unglaublich schnell trockneten. Wenn es nur keinen Regenschauer gäbe! Es zogen beängstigend dunkle Wolken am Himmel auf. Für eine Stunde verschwand die Sonne sogar ganz. Und morgen sollte es Regen geben! Naja, ändern konnte man doch nichts. Jetzt musste der Wind seine Arbeit tun. Valdemar konnte sich mit einem guten Buch auf eine Parkbank zurückziehen und sein Dasein in dieser wunderbaren Umgebung genießen: das schöne weiße Herrenhaus, die alten Bäume, Blumen, Kieswege und großen Rasenflächen, das Lusthaus am Gartenrand und den fantastischen Blick auf den zwei Kilometer entfernten See mit seiner Insel. Ihm kamen die zwei gewaltigen Elchbullen in den Sinn, die sich vor einigen Jahren stundenlang hier aufhielten und sich von unserer Heuarbeit überhaupt nicht stören ließen. Gunhild und ihre Elche! Sie liebte sie und ließ ihnen ihre besten Äpfel im Garten. Wie oft haben wir im großen Wohnzimmer gesessen – sie wie immer arbeitend – über Gott und die Welt geredet und dabei Elche, die mit sichtlichem Genuss Äpfel von den Bäumen pflückten, direkt vor den Fenstern im Garten beobachtet. Anfang Oktober, während der Jagdzeit, pflegte Gunhild oft scherzend zu sagen: »Nun wird es wohl langsam wieder an der Zeit, dass ich meine Elche in die große Scheune schiebe.« Zuzutrauen wäre ihr das auf jeden Fall gewesen. Die Elche wussten jedenfalls genau, dass sie in Gunhilds Garten sicher waren.

Unvergesslich die Begegnung mit einem Elch –
Urweltriese einer vergangen Zeit

Möwen kamen vom See geflogen und suchten die Wiese nach Fröschen ab, ein Fuchs tauchte auf der anderen Seite auf, um nach Mäusen Ausschau zu halten. Normalerweise würde Valdemar die nächste Wiese mähen, aber morgen sollte es ja Regen geben. So gab es gerade wenig zu tun. Inzwischen war ein starker Wind aufgekommen und es erwies sich als völlig unmöglich, das Heu zusammenzutragen. Die Schwaden wurden sofort wieder auseinandergeblasen. Da half nur eins: Warten – trotz bedrohlich dunkler Wolken. Und Valdemar schlief noch ein halbes Stündchen im Gras. Zum Nachmittag traf ich mit den Kindern bei ihm ein: Mit einem Mal war der Garten voller Leben. Es gab Kuchen und Saft und wir vertrieben uns die Zeit mit Gitarrenspiel. Eine gefühlte lange Stunde mussten wir noch eine Zwangspause einlegen – mit ängstlichen Blicken zum Himmel. – Endlich! Gegen vier Uhr flaute der Wind ab und nach anderthalb Stunden war das Heu aufgeschwadet. Valdemar holte Heupresse und Ballenwagen vom Wirtschaftshof und los ging es! Jedoch: Startschwierigkeiten, der eine Knoter band nicht richtig – wieder Pause! Aber endlich klappte es doch. Wir reparierten mit Harken die vom Wind in Unordnung gebrachten Schwaden. Der neunjährige Dietrich packte stolz hoch oben in luftiger Höhe mit uns die Ballen. Bald war der Wagen voll und das Heu konnte auf den Autoanhänger und in die nahe Scheune umgeladen werden. Hoffentlich schafften wir es noch vor dem Regen! Aber es ging alles gut: Um neun Uhr abends war das Heu geborgen und wir konnten uns auf den Heimweg begeben.

Langsam begann es zu dämmern. Der See leuchtete wie flüssiges Gold und die bewaldeten Bergketten verschmolzen in immer dunstiger werdende Gelb-Braun-Töne. Zuhause mussten die Kühe und Ziegen gemolken und die Pferde, Hühner, Enten und Kaninchen versorgt werden, während die Übrigen das Heu abluden. Wir schafften es gerade noch. Es lag trocken und sicher auf dem Heuboden, als ein wolkenbruchartiger Dauerregen einsetzte. Was für ein Gefühl! So hatten wir wieder genug Viehfutter für die kalte Jahreszeit und ausreichend Milch und Butter waren uns im Winter sicher.

Ein wunderschöner Abschluss eines arbeitsreichen Tages

Kapitel 13 - Wir leihen uns eine Kuh

Selbst gemachter Käse ist immer eine schmackhafte und gesunde Sache. Man kann die Milch eigener Kühe verwenden, sie von einem Bauern holen, den man gut kennt, oder –... man leiht sich eine Kuh, so wie wir in den ersten Jahren. Während eines unserer ersten Survival-Kurse bestimmten einige der Teilnehmer: »Auf einen richtigen Hof gehört auch eine Kuh!« Na, das war ja eine schöne Idee! Was sollten wir mit der Kuh machen, wenn wir wieder nach Deutschland fuhren? Außerdem besaßen wir weder eine Weide noch einen Stall. Doch alle waren mit Feuereifer dabei: »Ihr könnt ja versuchen, eine zu leihen, wir kümmern uns dann um Stall und Weide!« Ja, warum eigentlich nicht? Aber das war leichter gesagt als getan: Der ehemalige Stall hatte damals nicht einmal ein Dach, Fenster und Türen hingen verrottet in den Scharnieren, die ehemaligen Weiden bestanden aus dreißigjährigen Fichten- und Kiefernwäldern und selbst wenn wir Kühe finden würden: Wer verleiht schon eine und wie soll sie transportiert werden?

Die Rinder, die wir auf der norwegischen Seite der Grenze entdeckt hatten, liefen tagsüber noch halbwild im Wald herum. Von keinem Zaun gebremst, suchten sie überall nach den köstlichsten Kräutern und hatten darum sicherlich keine Schwierigkeiten, über Stock und Stein und durchs Gebüsch auf unserer Waldweide klarzukommen. Vielleicht waren diese sogar besser für uns geeignet als normales Stallvieh, das von Freiheit auch nicht mehr kannte als das kleine viereckige Stück Weide, auf dem es Tag für Tag graste. Wäre solch ein Tier bei uns nicht völlig überfordert? Also gut: Auf zur Kuhexpedition nach Norwegen! Nach längerem Hin- und her-Fragen landeten Christel, eine Mitarbeiterin unserer Kurse und ich auf Jörns Hof. Jörn wohnte mit seinen fünf Kühen beinahe ebenso abgelegen im Wald wie wir. Als ihm unser Anliegen klar wurde, amüsierte er sich zwar köstlich über die merkwürdigen Wünsche der Deutschen, aber nach kurzer Zeit wurden wir handelseinig. Wir beschlossen, die Kuh bereits am nächsten Abend mit unserem Ford Transit abzuholen. Ein zweifelhafter Blick von Jörn in den Laderaum unseres Kleinbusses ließ ihn auflachen: »Na ja, wir werden sehen. Dann müssen wir wohl irgendwie versuchen, meine jüngste und kleinste Kuh da hineinzuschieben.« Diese Begegnung mit Jörn sollte der Anfang zu einer festen und noch immer währenden Freundschaft und Zusammenarbeit werden. Probleme wurden von ihm gewöhnlich mit Humor getragen und ich habe ihn nie davor zurückschrecken sehen, einen noch so ungewöhnlichen Lösungsversuch auszuprobieren.

Am nächsten Tag machten wir uns auf den Weg. Die Kuh passte wirklich haargenau in unseren Transporter. Auf Jörns Frage, wie wir uns denn herausreden wollten, wenn wir wider Erwarten an der Grenze kontrolliert würden, meinte Christel schlagfertig: »Ich binde links und rechts ein halbes Brötchen an die Kuh, dann ist sie eben der ›Belag‹ zu meinem Reiseproviant.« Aber Narren haben bekanntlich meist Glück im Leben und so kamen wir gut auf der anderen Seite der Grenze an.

Unsere Kuh Tusnelda im Auto,
an Selbstbewusstsein fehlte es bei Ihr nicht

Die Fahrt mit »unserer« Kuh Thusnelda erwies sich allerdings als etwas beschwerlich, weil sie unbedingt vorne sitzen wollte. In Pyntarna angekommen, wurde sie im Triumphzug von unseren damaligen Kursteilnehmern auf den Hof geführt. Nun fehlte nur noch der Stall ... Wir stürzten uns mit einem ganzen Arbeitstrupp auf das windschiefe alte Gebäude, richteten es wieder gerade, reparierten mit vereinten Kräften sein Dach – und schon sah das Ergebnis ganz brauchbar aus. Wir mussten nur noch drinnen sauber machen und... Na, bevor ich von den Beteiligten gesteinigt werde, gebe ich lieber zu, dass es sich in etwa so verhielt, aber vielleicht doch nicht ganz so einfach, wie geschildert. Auf alle Fälle erhärtete sich unser Ruf, auf Pyntarna wäre Aktiv- und Fitnessurlaub ein völlig kostenloses Zusatzangebot zum normalen Ferienaufenthalt. Vor Arbeit hat sich jedenfalls keiner gedrückt. Der Pioniergeist erfasste uns alle, sonst hätten wir eine Unternehmung dieses Ausmaßes auch gar nicht erst anzufangen brauchen.

Thusnelda war nicht ganz einfach, denn sie war eine sehr wählerische Kuh. Gewöhnt, nur von den besten Kräutern des Waldes zu naschen, empfand sie unser Angebot, auf einer eingezäunten Weide zu stehen, doch als rechte Zumutung! Für sie war eine Weide bereits leergefressen, wenn wir noch nicht einmal einen Unterschied zum Anfangszustand bemerkten; und sie bestand auf ihrer Extraration Kräuter, die wir am Abend mähen mussten. Außerdem besaß sie das Temperament eines Pferdes, sprang einfach über die Weidepforte und raste zum Melken in den Stall. Melken lernte damals beinahe jeder, doch auch da hatte Thusnelda ihre eigene Art die

Für Tusnelda eine Selbstverständlichkeit,
dass wir uns für sie zu schinden hatten

Lehrmeisterin zu spielen und manch einer verließ den Stall in seltsam grün-brauner Farbe. Der Spott ließ nicht lange auf sich warten, denn nach gründlichem Schrubben mit Wasser und Seife stellte sich heraus, dass nicht die Nachwirkungen der überstandenen Angst vor dem Melkabenteuer diese merkwürdigen Gesichtsverfärbungen bewirkt hatten, sondern... ganz simple Kuhscheiße! Dafür rückte Thusneldas Milch aber auch all unsere bisherigen Maßstäbe wieder zurecht. Manche Gäste, die normale Kuhmilch nicht so gut vertrugen, konnten Thusnaldas Milch nicht nur unbeschadet trinken, sondern wurden durch sie sogar gesünder. Ein Gast meinte einmal: »Womit habt ihr denn die Milch gewürzt? Sie schmeckt so nach Vanille und Aprikosen.« Das war allerdings ein hohes Lob an unsere Thusnelda! Nach zweieinhalb Monaten hieß es dann schweren Herzens, von ihr Abschied nehmen, weil wir nach Deutschland zurückmussten. Bald darauf kauften wir uns eine eigene Kuh, die während unserer Aufenthalte in Deutschland zusammen mit Katitzi, unserem Pferd und einigen Hühnern bei einem befreundeten Bauern untergebracht wurde. Bei unserer Rückkehr wurde Pyntarna dann wieder neu bevölkert. Unsere Kühe liefen mit den Pferden in einem großen Waldgebiet frei herum, einen Tierarzt kannten sie nicht und wir genossen bewusst ihre gute Milch.

Es waren nicht nur praktische Gründe, zum Beispiel der lange Weg zum nächsten Laden, die dafür sprachen, eine Kuh zu kaufen, sondern auch gesundheitliche Überlegungen. Was ist nach dem peniblen Verarbeitungsprozess der käuflichen Milchprodukte denn wirklich noch übrig von dem gepriesenen **Lebens**mittel Milch? Die Eiweiße werden beim Pasteurisierungsprozess restlos zerstört und können nur durch einen aufwändigen Einsatz der Leber für den Körper wieder verfügbar gemacht werden. Die Leber ist durch diese Entgiftung so in Anspruch genommen, dass wenig Zeit für andere Aufgaben bleibt. Funktioniert jedoch die Körperentgiftung nicht, sind chronische Müdigkeit und Depressionen die Folge. Harnsäure, die in großer Menge anfällt, belastet extrem die Nieren und Überschüsse werden ins Muskelgewebe eingelagert. Dies führt teilweise schon in jungen Jahren zu rheumatischen Schmerzen. Natürliche infektionsbekämpfende Substanzen und Antikörper, die in naturbelassener Milch enthalten sind und das menschliche Immunsystem stärken, gehen bei ihrer Erhitzung verloren. Das viel zitierte Calcium in der Milch, das zum Aufbau der Knochen und zur Entspannung von Muskulatur und Nerven benötigt wird, kann kaum noch verwertet werden. Das hierfür notwendige Enzym Phosphathase ist nur in roher, nicht pasteurisierter Milch enthalten. Deswegen bekommen Kinder, denen man ständig erhitzte (pasteurisierte oder gar homogenisierte) Milch zu trinken gibt, davon dennoch keine härteren Knochen, dafür aber umso mehr Erkältungen und schlimmstenfalls sogar Allergien. Bei handelsüblichen Milchprodukten weiß man außerdem nie, was das Tier gefressen hat. Milch ist genauso wie Fleisch und Eier ein Endprodukt in der Nahrungskette und darum natürlich besonders reich an Giften, wenn das Futter mit Kunstdünger und chemischen Spritzmitteln angebaut wurde. Ob die Kuh vor kurzem gerade eine der üblichen Penizillinbehandlungen über sich ergehen lassen musste, weil sie wieder einmal krank war, was man bei der üblichen Stallhaltung ohne jeden Weidegang ja auch nur werden kann – davon erfährt der Verbraucher nichts. Von Hand gemolkene Milch enthält auch sicherlich keine Rückstände aggressiver chemischer Reinigungsmittel, mit denen die Melkanlagen gesäubert werden. Wen wundert's da noch, wenn Tütenmilch und Industriekäseprodukte schon lange keine Lebensmittel mehr sind, die den Körper aufbauen.

Bei uns wurde die Milch frisch aus dem Stall gleich zu Butter und zahlreichen Käseprodukten weiterverarbeitet. Vom vielseitigen Frischkäse, über Camembert-artigen Weichkäse mit Weißschimmelbesatz, Salzlaken-Käse nach Feta-Art oder einem nur aus Molke hergestellten braun karamellisierten, bis hin zu Blauschimmel- oder Lagerkäse unterschiedlicher Geschmacksrichtungen, lässt sich beinahe jeder Käse, wie man ihn aus dem Handel kennt, in ähnlicher Form auch selber herstellen. Wer einmal ein wenig herumexperimentieren möchte, der kann das folgende Rezept für einen Sauermilchfrischkäse ausprobieren. Er gelingt praktisch immer und kann als Grundlage für viele Geschmacksvarianten genommen werden. Man benötigt für diesen Käse frische Milch, etwas Milchsäure in Form von Dickmilch und Lab, das bei uns in Schweden in Apotheken erhältlich ist. Die noch melkwarme oder auf circa dreißig Grad wieder erwärmte Milch wird mit etwa zwei Prozent Dickmilch und Lab nach Packungsvorschrift gut verrührt. Damit die Temperatur hält, sollte das Milchgefäß jetzt eingepackt oder einfach ins warme Bett gestellt werden. Je mehr Lab zugefügt wird, desto schneller gerinnt nun die Milch und umso fester wird später auch der Käse. Bei weniger Lab dauert es länger und der Käse bleibt cremig-weich, wird aber säuerlicher im Geschmack. Man sollte ruhig die Geduld aufbringen zu warten, bis die Milch wirklich ausreichend fest geworden ist: Umso besser läuft später die Molke ab. Ist es so weit, wird die Masse vorsichtig, unter Vermeidung von Rühren, auf ein, mit einem sauberen Tuch ausgelegtes Sieb geschöpft. Nach etwa einem Tag ist die Molke abgelaufen und man kann den fertigen Käse gleich so verbrauchen oder mit Salz und Pfeffer je nach Geschmack zusätzlich mit Kräutern, Knoblauch, Peperoni, grünen Walnüssen oder mit dem, was gerade zur Hand ist, würzen. Ist der Käse etwas fest geraten, wird er mit saurer Sahne verfeinert und zu einer Art Hüttenkäse verarbeitet. Dieser bildet dann buchstäblich die »Creme« des Ganzen.

Einer neugekauften Kuh bereitete es zuweilen rechte Schwierigkeiten, sich an ihre Freiheit bei uns zu gewöhnen. Musste sie bislang schließlich nur darüber nachdenken, wie man sich mit seinen Weidekolleginnen vom Futter zum Melkstand und wieder zurück bewegt. So hielt sich unsere Kuh Tausendschön zunächst recht zaghaft nur in Sichtweite des Hofgeländes auf und lief nur die ihr wohl bekannten Wege, selbst wenn sie einen gewaltigen Umweg bedeuteten. Einmal verlief sie sich dann doch trotz aller Vorsicht und verschwand spurlos im Wald. Wir durchstreiften mit unseren Pferden drei Tage lang die Umgebung, bis wir sie endlich, etwa zwanzig Kilometer entfernt vom Hof, wiederfanden. Heilfroh, uns Menschen zu sehen, trabte sie brav den Weg mit uns nachhause zurück. Unsere Kuh Gassa war von ganz anderer Art. Bereits nach wenigen Tagen hatte sie die gesamte Umgebung erkundet. Uns betrachtete sie nur als angenehme Gelegenheit, eine mückenfreie Nachtunterkunft zu finden und die lästige Milch loszuwerden. Wenn sie dann ein Kalb gebären sollte, kam sie gar nicht erst wieder, sondern versteckte sich, ihren Instinkten folgend, im undurchdringlichsten Winkel unseres Waldes und ließ mich in aller Seelenruhe stundenlang nach ihr suchen.

In manchen Jahren hielten uns die heranwachsenden Jungbullen ziemlich in Atem, mussten sie doch, wie es sich für heranwachsende junge Männer nun einmal schickt, überall ihren Schabernack treiben. So hatte sich Ferdinand, ein besonderer Lümmel, auf Zelte spezialisiert, die auf *seiner* Weide standen. Dass sich hier unser seit Jahren angestammter Campingplatz befand, war ihm völlig gleichgültig. Sorgfältig untersuchte er den unerhörten Tatbestand menschlichen Übergriffs, um dann gezielt ein paar Spannbänder mitsamt ihren Befestigungshaken aus der Erde zu rupfen. Anschließend versetzte er dem vermeintlichen Feind noch einen gezielten Stoß und ließ das Zelt über die Schläfern zusammenstürzen. Befriedigt zog er seiner Wege und hinterließ das urkomische Bild eines großen zappelnden Sackes, aus dem sich die unsanft Erwachten vergeblich zu befreien versuchten. In unserem Gast Volker fand unser junger Rinderflegel allerdings seinen Meister: Als das Zelt nämlich nicht wie erwartet zusammenstürzte, sondern plötzlich (mit Volker darinnen) auf ihn zusprang und ihm einen Mordsschrecken einjagte! Diesmal war es an Volker zu lachen, als unser Rinderrüpel schnell das Weite suchte. Die Zelte ließ dieser Schlingel damit in Zukunft in Frieden. Aber es würde sich bestimmt etwas anderes finden. So bemerkte er bald, dass bisweilen Autos auf *seinem* Weg über *sein* Eigentum fuhren. (Die Zufahrt unseres Hofes führt mitten über die »winzige«, 250 000 qm große Weidefläche) Bald hatte Ferdinand herausgefunden, dass es sehr spaßig war (allerdings nur für ihn!), aus dem Wald galoppiert zu kommen, sobald er Motorengeräusche hörte, um den »wilden Mann« zu markieren. So saßen unsere Besucher vor der Hofpforte, gut bewacht von Ferdinand, in ihrem Auto und warteten auf ihre Erlösung. Ferdinand ließ sich dann zwar brav am Halfter wegführen, aber es wurde doch eigentümlich ruhig auf unserem Hof – die Besucher wurden selten in diesem Sommer. Ferdinand musste sich nun einen Vortrag über meine »menschliche Philosophie« anhören, dass er seine Freiheitsgrenze klar überschritten hatte und nun leider wie ein gewöhnliches Rindvieh eingesperrt werden müsste. Man kann zwar ein Rindvieh sein, aber man darf sich nicht immer wie eins benehmen!

Solche Erlebnisse waren sowohl spaßige Ausnahmen, als auch Würze unseres Lebens. Dazu gehörte auch hin und wieder mal ein Ritt unserer unternehmungslustigen Tochter Svanhild auf einem Bullen. Es war wahrscheinlich für beide gleichermaßen amüsant – nur für mich nicht, wenn sie, anstatt auf dem Weg zu bleiben, wieder einmal die Abkürzung über das Blumenbeet wählten.

Svanhilds Ritt auf einem Jungbullen war für alle erheitern aber nicht ungefährlich

Kapitel 14 - Pferde auf Pyntarna

Pferde, unsere ständigen Begleiter

Ohne Pferde konnten wir uns Pyntarna nicht vorstellen. Sie gehörten dazu, wie die vielen Blumen ringsum auf den Wiesen. Unsere Pferde führten ein herrlich freies und wildes Leben. Morgens, wenn wir ihnen die Stalltür öffneten, stürmte die ganze Herde, übermütig nach der langen Nachtruhe, ins Freie. Alte Freunde begrüßen sich freudig. Der Hengst, der seine Stuten gewöhnlich begleiten durfte, umkreiste mit geblähten Nüstern und stolz getragenem Schweif aufgeregt seine Herde und trieb die Nachzügler an, während die alte Leitstute sich an die Spitze der Herde stellte und die Führung übernahm. Bald sah man die Pferde in langer Schar zum See hinunter ziehen. Hier und da ein paar Kräutlein kostend, drängte es sie ausgelassen in den Wald hinein, zu weit abgelegenen Wiesen und heimlichen Plätzen. Dort lebten sie in großer Freiheit auf über fünfundzwanzig Hektar Bergweide in Wald, Sümpfen, Bächen und romantisch gelegenen Wiesen, die zum Seeufer ausliefen. Hier konnten sie nach Herzenslust herumtollen, fressen, baden und sich wohlfühlen. Bald hörte man die Glocke der Leitstute nur noch aus weiter Ferne. Spannend wurde es, wenn beim Beerenpflücken und Pilzesammeln, während der Waldarbeit oder eines Spazierganges, das knackende Geräusch zerbrechender Zweige und der dumpfe Klang stampfender Hufe lauter wurde und man sich unvermittelt von schnaubenden, sich eifersüchtig wegdrängenden Pferdeleibern umringt sah. Abends, zur Melkzeit, war es dann jedes Mal ein herrliches Bild, wenn unsere Pferde und Rinder nach lauten Lockrufen in langer Formation aus dem Wald herbei eilten und, je nach Temperament, in brausendem Galopp oder im bedächtigen Schritt der tragenden Stuten, dem Stall zustrebten. Die Tiere waren froh darüber, im Stall eine sichere Nacht verbringen zu dürfen. Schließlich gehören Luchse, Bären und Wölfe zu unserer Nachbarschaft. Seit Jahrtausenden mit diesen Gefahren aufgewachsen, steckte unseren Fjordpferden die Erinnerung daran noch tief im Blut. Nie gaben sie sich ganz dem trügerischen Gefühl der Sicherheit hin. Lagen sie irgendwo ruhend im Wald, so bewachte grundsätzlich ein erfahrenes, älteres Tier die Herde.

Großes Vergnügen bereitete es ihnen auch, ein Bad in unserem Weiher zu nehmen. Wenn es ihnen zu warm wurde, konnten sie ähnliche Wasserspiele miteinander veranstalten wie Kinder. Eine unserer Stuten warf sich mit Vorliebe kopfüber ins Wasser, um dort noch Herzenslust zu wälzen, bis sie vom Schlamm wie paniert aussah. Nachdem diese schmackhafte Kruste getrocknet war, konnte sie sich dann genussvoll wie ein Schwein über die Wiese rutschen und wälzen und an der harten Grasnarbe schubbern bis das Fell wieder glatt und glänzend war. Im Herbst zerstampfte sie auf dem zugefrorenen Weiher mit Vorliebe das Eis, um bis zum Bauch im eiskalten Wasser stehend, mit langem Hals nach Wasserpflanzen zu tauchen. War der Hof einmal unbewacht, sprich wir zum Einkaufen im nächsten Ort, bot sich die passende Gelegenheit, das Gelände nach möglichen Raub zu erkunden. Jede Pforte, die nicht extra gesichert worden war, wurde binnen kürze entdeckt und so stand unser Pferdeschelm dann auch schon einmal kugelrund im engen Gewächshaus, mit all meinem schönen Gemüse im Bauch und erwartete uns ungeduldig, damit wir sie wieder sicher aus dem

Gefängnis herausführten. Ein anderes Mal ging dabei dann aber leider eine komplette Wand zu Bruch, als Sie die Ausmaße Ihres fett gefressenen Hinterteiles nicht mehr richtig einzuschätzen wusste.

Es konnte zu einem großartigen Erlebnis werden, wenn man auf diesen Fjordpferden ritt und sich ihnen völlig anvertraute. Durch tägliche Übung auf ihrem abwechslungsreichen Weideland, wussten sie sicher ihre Schritte zu setzen: Durch trügerische Sümpfe und über schmale Brücken, fast senkrechte Felsen hinauf und steile Berghänge mit Löchern, Baumstümpfen und Steinblöcken wieder herunter, über Bäche und umgestürzte Bäume springend, ungestüm im sausenden Galopp – so konnten Mensch und Tier ihre Abenteuerlust ausleben! Die Pferde verhielten sich selbstbewusst, vorwärtsdrängend und besaßen Vertrauen zu ihrem Reiter. Aber Pferde, die frei und wild aufwachsen, sind nicht nur selbstbewusst, sondern auch sehr sozial. Werden sie doch durch das natürliche Zusammenleben in ihrer Herde gefordert und trainiert. Nie habe ich es erlebt, dass sie versuchten, einen schwachen Reiter zu erdrücken. Nur eines mochten sie nicht und das waren Menschen, die meinten, den Tieren ihren Willen aufzwingen zu müssen und alles genau zu wissen, aber in Wirklichkeit nur blutige Anfänger waren, die nicht vermochten, eine Kommunikation zwischen sich und dem Pferd herzustellen. So etwas kann man vielleicht mit einem degenerierten und seelisch zerbrochenen Lebewesen machen, ein selbstbewusstes Tier jedoch akzeptiert kein roboterhaft verstelltes Verhalten des Reiters, sondern will verstanden werden.

Das Abenteuer lockt

Vertraute man diesen Tieren kleine Kinder oder unsichere Neulinge an, so merkte man, wie sie wirklich rührend bemüht waren, ihre kleinen Reiter nicht zu ängstigen. Das gleiche Pferd, das einige Tage vorher noch beim Galopprennen ungestüm davon fegte, setzte jetzt behutsam einen Huf vor den anderen. Einmal krachte meine Tochter Svanhild beim Galoppieren durch den Wald gegen einen umgestürzten Baum und fiel durch den harten Aufprall bewusstlos vom Pferd. Das Tier wartete geduldig, bis sie wieder zu sich kam, sich mit Mühe gerade in den Sattel ziehen konnte und trug die benommene Reiterin selbstständig durch weglosen Wald beinahe sechs Kilometer wieder nachhause. Auf einem anderen Ritt, während eines kurzen Wintertages, verirrte sie sich, damals gerade erst elf Jahre alt, hoffnungslos im Wald. Doch nachdem sie die Zügel freigegeben hatte, trug das Pferd sie wohlbehalten über fünfzehn Kilometer auf tief verschneiten Wegen wieder heim. Der eingebaute Kompass hatte hundertprozentig funktioniert, obwohl die Stute diesen Weg nur ein einziges Mal und das viele Jahre zuvor, gelaufen war. So kamen sie bei absoluter Finsternis, steif gefroren, aber froh, wieder auf dem Hof an. Pferde und Hunde besaßen für unsere Vorfahren die Bedeutung einer Lebensversicherung. Heute dagegen gilt das Aussehen eines Tieres meist mehr als sein Charakter und seine Gebrauchsfähigkeit.

Im Bewusstsein dessen, dass unsere Pferde klug und zur Zusammenarbeit willig waren, gestalteten wir ihre Ausbildung. Wir übten grundsätzlich nie stereotyp etwas ein. Oft scherzte ich: Ein Pferd ist schließlich auch nur ein Mensch. So war die erste Voraussetzung im Umgang miteinander, dass man wirklich wach und konzentriert war. Ein Pferd verfügt über sehr feine Sinne und spürt sofort, wenn wir mit den Gedanken nicht bei der Sache sind. Als Reaktion daraufhin ist es genauso wenig bei der Sache und macht das, was ihm gerade in den Sinn kommt. Außerdem reagieren Pferde auf neue Situationen sehr leicht mit Furcht und wollen darum eine Aufgabe nicht ausführen. Angst hat ein Pferd jedoch nur, wenn wir sein Vertrauen nicht besitzen. Als Mensch muss ich verstehen lernen warum, sonst bleibt das Pferd auch nach langen Anlernversuchen unberechenbar und wird störrisch. Ich habe Pferde gekannt, die selbst im fortgeschrittenen Alter nach jahrelangen Trainingsversuchen noch völlig ungezogen und schwierig im Umgang waren.

Bei einem Herdentier entscheidet meistens schon die erste Begegnung, ob es sich dem Menschen gegenüber verschließt oder den Kontakt aufnimmt. Das Tier ist zunächst immer offen. Es erwartet von uns, dass wir ihm zeigen, welche Rolle es spielen soll. Sind wir unsicher, ängstlich oder gar ruppig, reagiert es in gleicher Weise. Es imitiert uns und es verlangt dazu, dass wir seine Signale wahrnehmen und angemessen antworten. Handeln wir nicht danach, haben wir bald nur noch einen mehr oder weniger willigen Arbeitsroboter oder ein kleines Ungeheuer vor uns. Diese Verständigungssignale sendet uns ein Pferd mit seinem ganzen Körper. Selbst für den Ungeübtesten sind Ohrenanlegen oder das Blecken der Zähne hundertprozentig verstehbar. Aber eine Beziehung zwischen Mensch und Tier kann sich irgendwann auch so weit entwickeln, als gäbe es zwischen ihnen eine unsichtbare Brücke: Jede Muskelspannung jedes innere sich Sperren des Pferdes spürt man körperlich beinahe selber und so ist es leicht Ängste, aber natürlich auch Freuden des Tieres interpretieren zu lernen. Unerwünschte Signale wahrzunehmen und geeignete Gegenmaßnahmen möglichst unauffällig einzuleiten, ist dann nur noch ein kleiner Schritt. Geschieht dies, *bevor* das zu erwartende Verhalten erfolgt werden heftige Reaktionen überflüssig, womit man nur erschreckt und das Vertrauen des Tieres zerstört. Heftige Reaktionen sollten fast nie und dann nur gezielt eingesetzt werden. Reagiert man jedoch zu spät, muss man grundsätzlich heftig werden, um überhaupt etwas zu erreichen.

Zuschauer wunderten sich manchmal, in welch einem Zeitlupentempo ich neue Aufgaben an ein Pferd heranbrachte, – genauso, wie sie sich später wunderten, mit welch einem Tempo alles ablief. Ein Pferd besitzt schließlich genauso wie ein Mensch ein Gehirn und möchte das neue Geschehen durchdenken. Dadurch weiß es beim nächsten Mal gleich, worauf es ankommt und arbeitet willig mit. Nun fehlt nur noch die Routine, damit auch eine weniger erfahrene Person mit ihm umgehen kann. Diese Art der Verständigung ist weit entfernt von unserem Bild des typischen Macho-Cowboys, der unter Aufbietung all seiner Kraft eine Pferdebestie zähmt und sich nach vollbrachter Tat als Sieger feiern lässt. Solch ein Ruhm lässt sich bei der Ausbildung in beidseitiger Kommunikation nicht ernten. Das Tier erscheint dem Unkundigen wie ein gutmütiges Lamm, das alles mit sich geschehen lässt. Manchmal denke ich, einige »Pferdefreunde« brauchen dauernd so eine Art »Möchtegern-Cowboy-

Gefühl«, wenn sie stolz erzählen, welch schreckliches Vieh von Pferd sie wieder geritten haben. Das macht ganz schön Eindruck auf Laien. In Wahrheit lässt man sich nur durch das Pferd an der Nase herumführen, das sich spiegelbildlich zum Unvermögen des Reiters verhält. Ob es dabei auch glücklich ist, sei als Frage in den Raum gestellt.

Lernt man die Sprache der Pferde zu verstehen, erscheint dem Außenstehenden vieles wie Zauberei. So haben wir einmal eine sechsjährige Stute gekauft, die schon dem Metzger zugedacht war, weil keiner mehr mit ihr fertig werden konnte. Aber sie war so wunderschön gebaut und hatte einen herrlichen Gang. Zuerst nannten wir sie nur liebevoll Disan – Elefant, denn Steigen und alles »Plattwalzen«, was sich ihr näherte, waren ihre Spezialitäten. Nach einem halben Jahr gewann meine Tochter Svanhild mit Disan gleich auf ihrem ersten Turnier den Zweiten Preis in mittelschwerer Dressur und den Dritten im Springen. Sie war bald so lieb, dass sie beinahe jedes Mal, wenn ich die Pferde morgens aus dem Stall herausließ, sich extra noch einmal umdrehte, zu mir kam und sich für den Tag mit ein bisschen Schmuserei verabschiedete.

Pferde sind gewöhnlich sehr schnell lernfähig und das glücklicherweise nicht nur beim Unsinn. Unser Deckhengst Ville stand vor seiner Körung: Hengste müssen in Schweden, bevor sie vorgestellt werden, eine Fahrprobe ablegen. Wenn sie diese nicht bestehen und nicht als Zuchthengste ausgewählt werden, lässt man sie kastrieren. Voll der guten Vorsätze übte ich zwar einige Male, nur im Geschirr, die Leinensignale mit ihm, aber ich schaffte es nur einmal, den noch völlig rohen Junghengst vor den Wagen zu spannen. Da meldete sich unerwartet der Kontrolleur an. In der darauf folgenden Nacht schlief ich etwas schlecht und morgens meinte ich säuerlich zu meinem Mann: »Na, heute gibt es eine große Blamage für Ville und mich.« Aber als ich dann in seiner Box stand und ihm etwas bedrückt mitteilte, dass heute zum ersten Mal seine Männlichkeit auf dem Spiel stünde, schaute er mich mit seinen großen braunen Augen unternehmungslustig an. Da fasste ich mich schnell und er vollführte Einspannen, Ausspannen, Anfahren, Traben, Halten und Wenden so gut, dass wir etwas später zu hören bekamen: »Aber so viel sollten Sie doch eigentlich nicht mit einem jungen Pferd üben, das kann nicht gesund sein!« Ville und ich schmunzelten daraufhin verschmitzt und blinzelten einander verschworen zu.

Mit Pferd und Wagen stellt sich die Welt
in einer ganz neuen Perspektive da

Kapitel 15 - Landarbeit mit Pferden

Landarbeit mit Pferden –
Entspannung und Konzentration zugleich

Die Höfe in unserer Gegend wurden jahrhundertelang mit Ochsen und Pferden bewirtschaftet, bis diese Art der Landwirtschaft unrentabel wurde, weil eine »moderne« Generation nur noch in Tonnen und Kubikmetern dachte. Inzwischen gelten auch Qualität, die Freude am Leben und am eigenen Werk wieder etwas. Darum können Pferde in Konkurrenz zu Maschinen durchaus rentabel werden. Dazu kam, dass Geräte für Traktoren auch gebraucht sehr teuer waren. Pferdegerätschaften bekam man hingegen oft geschenkt oder fand sie auf Schrottplätzen, weil sie niemand mehr haben wollte. Wir besaßen bald ein halbes Hundert von ihnen, für alle nur denkbaren Zwecke. Das reichte vom Miststreuer über die verschiedensten Arbeitswagen, Pflüge und Eggen bis hin zur Sämaschine, Mähwerk, Heuwender, Kalkstreuer, Langholzschlitten und Steinschleppe. All diese Geräte waren sehr robust, gingen selten kaputt und vor allem konnte man sie selbst reparieren. Das machte uns finanziell einigermaßen unabhängig, denn Ersatzteile für den Traktor und die dazugehörigen Geräte waren nicht nur teuer, sondern benötigten auch jede Menge Spezialwerkzeug für ihren Einbau.

Wir verwendeten beides: Traktoren für ganz schwere Arbeiten, die früher eine Quälerei für Mensch und Tier waren und Pferde für leichtere Tätigkeiten und Transporte oder um zu den Arbeitsplätzen zu reiten, die bei uns häufig weit entfernt voneinander lagen. Vor allem aber bereitete mir der Umgang mit Pferden Spaß. Das Bild des Traktorfahrers mit dickem Gehörschutz sagt eigentlich alles: Der Mensch kann die von ihm geschaffene Arbeitswelt nicht ertragen, deswegen kapselt er sich ab. Die Arbeit mit Pferden war das genaue Gegenteil davon: Teamarbeit zwischen zwei Lebewesen, welcher sich Mensch und Tier öffnen müssen, statt sich abzukapseln. Für mich war dabei die Stille das Angenehmste. Ich hörte die Vögel singen, das Rauschen des Waldes, ich fühlte die warmen Sonnenstrahlen, atmete frische Luft und roch die Erde. Ich machte um des Pferdes willen meine regelmäßigen Pausen und schaffte trotzdem noch eine ganze Menge.

Noch vor dem Frühstück bekam mein Arbeitskamerad eine kleine extra Portion Futter, damit auch er nicht mit leeren Magen ans Werk musste. Nachdem dann Haushalt und Kinder versorgt waren, holte ich das Pferd aus der Box, kratzte seine Hufe aus, kontrollierte die Eisen, legte sorgfältig das Geschirr und die Trense an und befestigte zuletzt noch die Fahrleine, dann konnte angespannt werden. Wir wollten Sägestämme aus dem Wald holen. Das Pferd brauchte nur noch in die Deichsel zu treten, ich befestigte sie am Geschirr – und los ging es!

Lebensqualität einmal anders – Holzrücken im Wald

Die Schlepphaube, eine Art Haifischgebiss aus Stahl, befestigte ich schon vorher mit kurzer Kette an der Deichsel – sie schleifte nun hinterher. Die Stämme lagen nicht auf einem Kahlschlag, sondern mitten im Wald, denn im naturgemäßen Waldbau produziert man keine Kahlschläge. Das hatte zur Folge, dass Bäume im Weg standen und Felsen und sumpfige

Stellen umgangen werden mussten. Hier erwies sich das Pferd jedem Traktor überlegen. Das Stahlgebiss der Schlepphaube hielt die Stämme nicht nur fest, sondern verhinderte durch seine abgerundete Form auch, dass wir am Baumstubben hängen blieben. Nach anderthalb Stunden lagen fünfzehn große Stämme am Wegrand. Wir transportierten sie einige Tage später mit dem Traktor zu unserem Sägewerk. Dort benötigten wir ihn ohnehin, denn mit seiner Zapfwelle wurde die Säge angetrieben. Nach einer kleinen Pause ging unsere Arbeit weiter. Wir schafften eine ganze Wagenladung Schwachholz an den Weg – leichte Arbeit für das Pferd. Mittags war das Waldstück geräumt, ohne dass stehengebliebene Bäume, wie bei der Arbeit mit Maschinen unvermeidlich, beschädigt worden waren. Nach einer Hafermahlzeit und einer längeren Ruhepause war mein Arbeitskamerad am Nachmittag wieder einsatzfähig. Ich spannte den gummibereiften Plattformwagen an und in gemütlicher Fahrt ging es wieder in den Wald. Jetzt hatte das Pferd es gut, es brauchte nur stillzustehen – das Schwachholz lud ich allein auf. Beim Verladen der Sägestämme einige Tage später würde mein Kumpan aber wieder mithelfen müssen. Dann fuhren wir den Holzwagen neben den Stamm und stellten aus zwei Hölzern eine schiefe Ebene, vom Stamm zum Wagen her. Anschließend befestigten wir am Wagen eine Kette, führten sie um den Stamm und wieder über ihn zurück zum dahinter im rechten Winkel stehenden Pferd. Dieses zog vorsichtig an und der Stamm rollte auf den Wagen. Aber heute galt es zunächst, die Ladung Feuerholz zum Holzschuppen zu bringen. Das konnte, wenn das Fuder gut gepackt war, Schwerstarbeit für das Pferd bedeuten, weil der Weg an einigen Stellen schlecht war und steil bergan führte. Unsere Fjordpferde waren in solchen Situationen unglaublich leistungswillig, sie krallten sich geradezu in den Boden und strengten sich an bis zum Äußersten. Dabei ging ich natürlich nebenher.

In den ersten Jahren besaßen wir weder Pferd noch Traktor und der Fahrweg endete in fast einem Kilometer Entfernung vom Hof. Ich habe den Winter noch gut in Erinnerung, als wir die Bretter für den neuen Küchenfußboden durch meterhohe Schneeverwehungen zum Hof hinauf schleppten. Wie die ersten Siedler, mussten wir buchstäblich alles selber tragen. Nur wer das erlebt hat, kann ermessen, welch ein Segen für den Menschen das Pferd bedeutet. Lasten, für deren Transport wir vorher einen ganzen Tag Schwerstarbeit leisteten, schafften wir mit unserer Katitzi mühelos in einer halben Stunde nach Pyntarna hinauf und machten dabei noch eine nette kleine Kutschfahrt gratis!

Arbeit mit Pferden – da halfen auch die Kinder gerne mit

Kapitel 16 - Rentabilität

Der Geschäftsführer einer großen Firma verbrachte seit langem wieder einmal einige Urlaubstage in seiner Blockhütte in den Rocky Mountains. Er hatte schlechte Laune. Die Woche war völlig verregnet gewesen; er hatte keinen einzigen Fisch gefangen – und typisch: Am Tag seiner Abreise schien natürlich die Sonne! Die Angeln waren schon verpackt und er machte noch einen letzten Morgenspaziergang zum Fluss, als er dort einen Indianer angeln sah – neben sich schon einen halben Eimer voller Fische. Nun musste ihm auch noch solch ein arbeitsscheues Subjekt über den Weg laufen! Missmutig fragte er den Indianer, weshalb er an einem normalen Arbeitstag dort sitze und angle, ob er denn keine Arbeit besäße? Doch, meinte dieser, das Angeln sei seine Arbeit: Heute sitze er hier, weil das Wetter gut sei und die Fische wie verrückt anbissen. Der Geschäftsführer meinte daraufhin, er habe richtige Arbeit gemeint, irgendwo in einer Firma oder Fabrik. „Nein, solche Arbeit hätte er nicht, wozu er solche Arbeit bräuchte? »Na, natürlich um Geld zu verdienen!« – »Weshalb sollte ich das? Ich benötige kaum Geld.« – »Aber du könntest doch viel besser leben, reisen und richtig Urlaub machen!« – »Wovon könnte ich besser leben, als von diesen wunderbaren Forellen? Reisen brauche ich nicht, ich bin ja schon da, wo die Touristen hinfahren und weshalb sollte ich hier Urlaub machen?« – »Na, du könntest dann zum Beispiel den ganzen Tag angeln und... und...« – »Aber das tue ich doch schon! Und wer sagt mir, dass die Fische in meinem Urlaub überhaupt beißen? Vielleicht regnet es dauernd und sie beißen gerade dann, wenn ich wieder arbeiten muss?!« Dieser Indianer verstand nicht, warum er mit viel Aufwand etwas erreichen sollte, was er mit weitaus geringerem längst besaß.

Geld war etwas, was in den ersten Jahren auf Pyntarna nur eine sehr geringe Rolle spielte, weil wir kaum etwas davon besaßen. Mit unseren Ersparnissen konnten wir zwar den völlig heruntergekommenen und verfallenen Hof kaufen, doch danach war guter Rat teuer. Deshalb wurden wir, aus der Not eine Tugend machend, zum »Meister im wenig Geld« ausgeben. Alles, was normalerweise Geld kostete, versuchten wir, wenn möglich, selber herzustellen. Außerdem lag Pyntarna in einer Gegend, in der Wasser noch kostenlos, Parkgebühren unbekannt und teure Baugenehmigungen fast nicht notwendig waren. Gebühren für Abwasser und Müll fielen kaum ins Gewicht, die Berufsgenossenschaft ließ einen weitestgehend in Ruhe und der Schornsteinfeger tauchte nur selten auf – der übliche Gebühren- und Abgabendschungel existierte fast nicht. Holz, Sand und Steine zum Bauen reichten noch für Generationen, Pilze und Beeren konnten einfach gesammelt werden, für Ackerflächen wurde kaum Pacht verlangt, es gab noch Nachbarschaftshilfe und zur Erholung vom Berufsstress mussten wir keine teuren Reisen unternehmen. So war es einfach auf die Frage »Wie viel Geld verdient ihr denn?« zu antworten: »Wir rechnen lieber aus, wie viel uns am Ende des Monats davon geblieben sein wird«. Denn schließlich ist jeder Geldbeutel leer zu bekommen, so dick er zunächst auch scheinen mag.

Pyntarna stellte für unseren mageren Geldsäckel eine echte Herausforderung dar. Haus und Hofgebäude waren seit Jahrzehnten unbewohnt und durch menschliche Zerstörung, Wetterunbilden und den Zahn der Zeit still und leise in sich zusammengefallen. Sie boten kaum einen Platz, wo man zumindest trocken schlafen konnte. Diese Aussicht erschien uns nicht sehr vielversprechend. Doch wie so üblich ließ sich bei näherem Hinsehen aus dem scheinbaren »Nichts«, noch eine ganze Menge fabrizieren. Nach langem Gewühl zwischen morschen Balken fand sich schließlich genügend bauliche Substanz, um einem ersehnten Plumsklo Gestalt zu geben – ein gewaltiger Vorteil für alle Benutzer, denn nun musste man nicht mehr lange nach drei passenden und wenig frequentierten Stöcken im Wald Ausschau halten – einen zum Jacke-darauf-hängen, dem nächsten zum Festhalten und einen weiteren zum Vertreiben Neugieriger. Auch Moos war als Toilettenpapier daraufhin schnell passé, weil man doch so schön einen Nagel ins neue Klohäuschen schlagen und endlich richtiges Papier regensicher und griffbereit aufhängen konnte. Was für ein Fortschritt in unserer Zivilisationsentwicklung! Ein wenig ärgerlich war jedoch, dass im Überschwang des „Baurausches", eher nicht den Belastungen gewachsene Balken gewählt worden waren und Jürgen, der eigentlich »nur mal kurz« verschwinden wollte, verdächtig lange nicht wieder auftauchte, weil er sich bei seiner Sitzung plötzlich eine Etage tiefer wieder fand. So zog er vor, anstatt zu seiner Geburtstagsparty zurückzukehren, erst lieber im See abzutauchen.

Solche kleinen Pannen waren nicht ganz ungewöhnlich, schließlich mussten wir uns von Grund auf alles aneignen und manches funktionierte in der Theorie leider besser als in der gelebten Praxis. Nachdem alle vorhandenen Ressourcen, sprich morsche Balken und andere wichtige Baumaterialen verbraucht worden waren, kam uns der Zufall in Form eines kleinen, vor Jahren abgebrannten Bauernsägewerkes, in die Quere. Sofort waren wir in Feuer und Flamme, denn Bäume standen in unserem Wald schließlich genug herum. Schnell wurden wir mit dem Besitzer handelseinig und ein Freund fuhr uns bei passender Gelegenheit auf seinem Holzlaster die Säge zum Hof. Wir bereiteten inzwischen Fundamente aus dicken Papprohren vor, die wir in den Boden gruben und mit Beton und Stahl füllten. Hierauf brauchte nur noch die arg mitgenommene Säge vom Kran des Lasters balanciert zu werden – und flugs entstand vor unserem geistigen Auge die Gestalt weiterer Gebäude irgendwo im Nirgendwo. Doch zunächst wartete jede Menge Arbeit: Als erstes war der eiserne Grundträger der Säge wieder gerade zu richten und instand zu setzen, denn Brand und Transport waren nicht spurlos an ihm vorüber gegangen. Endlich war es dann soweit: Der erste, selbst geernteter Sägestamm aus unserem Wald, bleischwer vom Fichtensaft, lag auf dem Sägetisch und es konnte losgehen. Ein wenig zögernd ließen wir das riesengroße, offen liegende Sägeblatt über die Zapfwelle anlaufen. Wie leicht konnte man doch selber als Scheibe daneben landen! Der Sägetisch zog an, der Stamm bewegte sich und fiel schließlich, knapp an unseren Füßen vorbei, mit einem dumpfen Rumps vom Tisch, rollte den Hang herunter und ließ uns nur übrig, ihm verdutzt nachzublicken. Ein wenig froh darüber, dass wir in Zukunft nicht fünf Nummern größere Schuhe benötigen würden, versuchten wir unser Glück damit, den widerspenstigen Baumstamm auf den Sägetisch zurückzurollen. Natürlich war es komplett vergeblich. Tonnenschwer und zur verkehrten Seite der Rampe gefallen, gelang es uns endlich mit Hilfe eines vorbeikommenden Nachbarn, den Stamm wieder dorthin zu hieven, wo er eigentlich hingehörte. Mit nachsichtigem Lächeln über uns „Greenhörner" hämmerte er dann den Widerborstigen mit speziellen Haken auf den Tisch fest, damit er auch sicher lag. Doch so schnell wollte sich das Baumungeheuer nicht geschlagen geben und der tonnenschwere Sägetisch überrollte im Eifer des Gefechtes meine Finger, besser gesagt meine Arbeitshandschuhe, denn ich selber konnte buchstäblich im letzten Moment geistesgegenwärtig meine Hände aus den Handschuhen herausreißen. So ersparte ich mir an diesem Tag nicht nur größere Schuhe, sondern auch noch riesige Schaufelhände. Wenn das kein Glückstag war!? Die nächste Überraschung lauerte bereits auf uns. Wir konnten uns Mühe geben, soviel wir wollten – alle Baumscheiben, die wir sägten, wurden krumm und schief. Das hatten wir uns wahrlich anders vorgestellt! Doch nachdem uns ein Profi das Sägeblatt geschliffen und wir die Säge besser gerade gerichtet hatten, war das Ergebnis berückend und euphorisch schauten wir frohen Aussichten entgegen. So sägten wir zunächst ein Gebäude für unseren neuen Liebling – die Säge, damit das

Wetter ihm nichts mehr anhaben konnte und schritten dann zum Eigentlichen, nämlich der Instandsetzung und dem Neubau der Hofgebäude.

Das Sägewerk, unser ganzer Stolz - aber nicht ungefährlich

Unser Hauptwirtschaftsgebäude, bestehend aus Auto- und Traktor-Garage, einer großen Werkstatt, Sattel- Futterkammer, einem Webzimmer und dem riesigem Stall wurde fast nur aus hofeigenen Mitteln erbaut. Die Grundplatte konnten wir in tagelanger Arbeit, mit Hilfe eines kleinen Betonmischers, aber dafür beinahe kostenlos gießen. Kaufen mussten wir nur den Zement, denn den Kies gruben wir zwei Kilometer entfernt im Wald aus und holten ihn dort mit unserem Pferd Katitzi oder dem Autoanhänger ab. Das gleiche galt für die Wände, die wir mit Steinen aus der Umgebung auf mauerten. Durch eine extra dafür ausgedachte Technik sah das Gebäude aus, als würde es komplett aus Natursteinen bestehen und wurde dafür viel von Nachbarn bewundert. Das Holz für das Obergeschoss und den Dachstuhl stellten wir am Sägewerk her und so fehlten am Ende nur ein paar Dachplatten, die zu kaufen allerdings wieder tiefe Ebbe in unsere Finanzverhältnisse brachte. Andere Gebäude deckten wir mit ausgestochenen Grassoden ein. Das sah zwar wunderschön aus, war aber als Dachbedeckung sehr schwer und wir hatten Angst, das unser neues Gebäude dafür zu groß sein würde. Die Fenster wurden dann aus Stahl zu schönen, rundgeformten Sprossenfenster zusammengeschweißt und die Tierboxen aus Holz von der Säge und selbst zusammengeschweißten Stangen und Scharnieren angefertigt.

Wir schrieben damals alle unsere Ausgaben sehr genau auf. Werkzeug und Geräte für unsere Bautätigkeiten bekamen wir immer wieder sehr günstig durch Werkstattauflösungen und ich war wirklich erstaunt, mit wie wenig Geld man ein Wohnhaus und

Wirtschaftsgebäude entstehen lassen konnte. Außerdem lieferte uns unsere Säge jede Menge Abfall in Form von Feuerholz und Sägespäne zur Wandisolierung oder Einstreu im Stall.

Ein Geldgrab schienen auch alltägliche Kleinigkeiten zu sein. Deshalb versuchten wir diese Anschaffungen so weit wie möglich einzuschränken. Recht bald versuchten wir unsere Ernährung soweit wie möglich selber herzustellen. Unser neu angelegter Gemüsegarten schloss sich der hofüblichen Tradition des kompletten Misslingens fügsam an. Deshalb entwickelte ich zwangsweise eine Meisterschaft in der

Unser Stall fast nur mit hofeigenen Mitteln gebaut

Zubereitung von ausgefallenen Wildkräutergerichten, wurde zum verschrienen „Topfangler" bis niemand mehr Fische sehen konnte und beförderte Beeren und Pilze buchstäblich schiebkarrenweise aus dem Wald heraus, um sie zu Marmeladen, Trockenobst, eingelegten Pilzen, getrockneten Pilzen, sauren Pilzen, gebratenen Pilzen, Pilzsuppe... und so weiter und so fort zu verarbeiten. Die Fantasie kannte kein Halten, die Geschmacknerven bald kein Gefühl mehr. Aber schnell entwickelten sich meine Fertigkeiten und damit auch die Kochkünste, immer getreu dem Motto, es wird solange versucht, bis es funktioniert. Irgendwann war es dann geschafft und es kam der Moment wo der erste Hechte würzig und lecker und nicht mehr stocktrocken aus dem Räucherofen kam und Wildgemüse nicht nur gesund schmeckte.

Als mein Mann und ich noch in Deutschland wohnten, lebten wir quasi ausschließlich vegetarisch; nun mussten wir zu unserer großen Verwunderung feststellen, dass Pflanzenanbau hoch im Norden um Längen schwieriger war, als die Tierproduktion. Gras wuchs immer, auch bei schlechtem Wetter. Das Gleiche konnte man leider nicht von Tomaten, Bohnen — ja noch nicht einmal vom so wichtigen Getreide behaupten. Dieser Umstand ließ uns recht nachdenklich werden. Waren wir etwa zwangsweise von der Vielfallt des nächsten Supermarktes abhängig? Außerdem kam zu Knappheit noch dazu, dass wir einen nahezu wölfischen Hunger durch die lange und zum Teil auch körperlich sehr schwere Arbeit entwickelt hatten. Wir erfuhren später, dass 3000-5000 Kalorien täglich die normale Lebensmittelzufuhr für Wald- und

Landarbeiter im nordischen Klima gewesen waren. Immerhin hatte es einen guten Nebeneffekt: Wir aßen wie die Raubtiere und blieben dennoch rank-und schlank. Das hatte viel Positives und ersparte uns mancherlei Zivilisationsbeschwerden.

Wir entschieden uns zu einem Kompromiss aus Tierhaltung und Gartenbau. Nach ausreichend Fehlschlägen gab es bald nichts, was am Ende nicht auch produziert werden konnte. Mein ganzer Stolz galt erntereifen Gurken im April oder Zitronen vom eigenen Baum. Jemand meinte einmal schmunzelnd: Hunger erhöht die Prestanda. In jedem Fall musste ich zugeben, dass durch den Heizhunger auf bestimmte Dinge manchmal wirklich gute Einfälle entstanden. Wenn wir am Ende des Jahres unseren Posten für Ernährung zusammenrechneten, kamen wir auf noch nicht einmal 500,-DM Jahreskosten – und dies bei einer Hofbesatzung von oft über zwanzig Personen.

Die Versorgung über den Gemüsegarten zeigte uns immer wieder, wie unbedeutend es war, wie viel Geld man am Anfang des Monats besaß, sondern wie viel am Ende davon letztlich übrig blieb. Denn wenn man Gemüse kaufte (wir brauchten Unmengen davon), so machte der Erzeugerpreis nur einen Bruchteil der Endsumme aus, die man dafür bezahlte. Geschäfte wollten schließlich verdienen und hatten Kosten wie für Löhne, Transport und Verwaltung, Werbung, Abschreibungen, Kreditzinsen, Verluste, Mitgliedsbeiträge Unternehmensgewinne ... Und zu jeder Rechnung kam noch die unvermeidliche Mehrwertsteuer, hier in Schweden ganze 25%, hinzu. Der tatsächliche Gemüsewert betrug also in Wirklichkeit nur ein Bruchteil der Summe, die wir am Ende dafür bezahlten. Dass dieses ganze System überhaupt funktioniert und die Gemüsepreise dennoch relativ niedrig sind, haben wir eigentlich nur den Bauern zu verdanken, die auf immer größeren Flächen mit immer größeren Maschinen und ertragreicheren Sorten und vor allem immer mehr Gift und Kunstdünger, immer noch rentabler produzieren können. Doch ohne staatliche Zuschüsse aus der großen EU-Kasse wären die meisten von ihnen längst pleite. Aber das würde vom Kunden eines Supermarktes kaum bemerkt werden, da wir weiterhin unsere Nahrungsmittel billig aus der Dritten Welt gegen eigene, teure Industrieprodukte beziehen und so unseren Lebensstandard aufrechterhalten können. Würden in den Billiglohnländern dieser Welt gleiche Stundenlöhne bezahlt werden wie bei uns, erhielten wir nur noch wenige Waren für die eigenen Exportprodukte: Es käme zu einer unvermeidlichen Preissteigerung im eigenen Lande und zur automatischen Absenkung des eigenen Lebensstandards. Wollen wir diese Art der Gleichberechtigung wirklich?

Wir mussten bald kaum noch Lebensmittel kaufen: hin und wieder einen Sack Salz, oder Reis, einfach weil es einmal anders schmeckte –, ein paar Apfelsinen zu Weihnachten oder worauf man plötzlich Appetit hatte. Doch Obst und Gemüse produzierten wir in einem bunten Durcheinander selber und kam je nach Jahreszeit (von allen schon sehnsüchtig erwartet) auf den Tisch. Vieles wurde gleich weiterverarbeitet: aus Tomaten entstand Ketschup, aus Kohl Sauerkraut, sogar Rezepte für eigenen Kakao für Kindermilch-Getränke Nussnugat-Brotaufstriche und leckere Schokolade, fanden sich in den unergründlichen Tiefen meiner Küchenschubladen, um nicht den Kaffee-

Ersatz für Erwachsene und die Brühwürfel zu vergessen. Die Kinder fertigten Bonbons aus Honig und Gummibärchen aus Fruchtsäften, Schaumküsse aus Eiern und eigenem Kakao – es blieb fast nichts unversucht. Unsere zwei Kühe lieferten uns dazu die Milch, von der wir Sahne, Butter, Joghurt, Quark und sicherlich zweihundert verschiedene Käsesorten aller Art herstellten. So wurde uns das Angebot nie langweilig, denn immer wenn ein Käse gegessen war, fand man wieder einen völlig anderen im Lagerkeller.

Im Herbst wurde bei uns geschlachtet. Will man eigene Milch trinken, muss man auch ein Kalb produzieren. Dieses in die Schlachterei zu verkaufen, erschien mir nicht fair. Eigentlich war es der große Nachteil am Selbstversorgerleben: Man konnte sich fast nie hinter anderen verstecken und diese die Übertäter sein lassen. Ich vermochte meinen kleinen Kälberliebling einfach nicht an einen Schlachter zu verkaufen, von dem er dann von meinem Hof geführt und in einem nach Blut und Leid riechenden Anhänger zum Schlachthof gefahren würde. Ich konnte mir ziemlich gut vorstellen, wie das arme Tier stundenlang in einem Pferch anderen beim Sterben würde zuschauen müssen, um schließlich selbst, eingekeilt zwischen den Leibern anderer Kälber, langsam und unaufhaltsam dem Tode entgegen getrieben zu werden.

Aber die Kälber behalten ging ebenso wenig. Was wollte man schließlich mit all den kleinen Bullen anfangen? So arrangierten wir die eigene Schlachtung. Ich verbrachte eine ziemlich schlechte Nacht und führte am nächsten Morgen mein kleines Tier wie gewohnt, scheinbar für ihn auf die Weide. Doch dieses Mal stand am Ende seines Weges ein ihm freundlich zuredender und am Kopf kraulender Mann mit einem Bolzenschuss-Apparat in der Hand. Im Bruchteil einer Sekunde lief mein kleiner Freund dann seinen Weg zur himmlischen Weide weiter und ich schnell ins Haus, um niemanden meine Tränen zu zeigen.

Das gleiche Problem hatte ich natürlich ebenso beim Hühnerschlachten – denn auch hier gilt: Wer Eier essen und Küken für die nächste Generation produzieren will, muss vorher die alten Tiere und überzähligen Hähnchen loswerden. Ich glaube, als ich das erste Mal ein Huhn schlachten sollte und leider war es nur das erste von sechzehn weiteren, ist mir das arme Tier wohl eher an Blutfülle im Gehirn eingegangen, als ich eine gefühlte halbe Ewigkeit im Stall stand – das Huhn an den Beinen gepackt – und mich nicht und wieder und wieder nicht überwinden konnte, dem armen Tier den Kopf abzuhacken. Endlich war es dann doch geschafft und das Rupfen und Ausnehmen dagegen nur noch ein Kinderspiel. Dabei wurde mir früher schon bei dem Gedanken an Blut geschlachteter Tieren speiübel.

Zu meinem Glück hatten der Schlachter und sein Gehilfe ihre Arbeit an dem getöteten Kalb weiter gemacht und langsam traute ich mich wieder zurück, um meinen Part zum Ganzen beizusteuern. War der grobe Teil überstanden, machte es Spaß, das Fleisch für unzählige Gerichte vorzubereiten, Schinken und Würste daraus herzustellen oder sie in tagelanger Arbeit zu räuchern. Jeder aß sie gern, denn wir versuchten uns an unzähligen Rezepten, so dass der Speisezettel nie langweilig wurde.

Auch hier erhöhte sich unsere Rentabilität durch den hohen gesundheitlichen Wert der hergestellten Fleisch- und Milchprodukte. Wir wussten genau, was unsere Tiere gefressen hatten: gutes Gras aus dem Wald, Heu von Bergwiesen – und vor allem keine Sojaschrotprodukte, für die Urwälder gerodet werden mussten. Unsere Tiere hatten nie einen Tierarzt gesehen, geschweige denn Penizillinspritzen oder ähnliches. Die Milch musste auch keinen aggressiven Weiterverarbeitungsprozess durch Erhitzung und Chemie über sich ergehen lassen, durch den, nach Aussage eines uns befreundeten Molkereidirektors, die Endprodukte dem Ausgangsstoff eigentlich nur noch in der Farbe glichen. Wir litten nicht an Milchallergien oder Rheuma durch den Verzehr der Milch- und Fleischprodukte unserer Tiere. So schloss sich der Kreis der Rentabilität: Ist man krank, kostet man sich selbst und der Gesellschaft sehr viel Zeit und Geld. Anstatt tagelang beim Arzt zu sitzen oder krankgeschrieben im Bett zu liegen, wussten wir unsere Zeit durchaus angenehmer zu verbringen und konnten uns manchen Luxus, weitab vom Alltagsstress erlauben.

Außerdem waren wir durch die zwei Kühe nach den EU-Richtlinien als Landwirte anerkannt. Lebte man wie wir, in landwirtschaftlich benachteiligten Gebieten, bot die EU verschiedene finanzielle Förderprogramme an, damit diese Landstriche nicht völlig entvölkert wurden und auch noch die letzten Bauern in die Stadt abwanderten.

Rentabilität stand für uns im Verhältnis von eingesetzter Energie zur erzielten Wirkung und erschien uns für ein umweltschonendes, naturverbundenes

Leben wichtig. Energieverlust entsteht oft Hand in Hand mit Geld. Deswegen arbeiteten wir möglichst wenig damit. Wie unsere Buchführung über mehr als zwanzig Jahre aufwies, verursachte kein anderer Betriebsbereich so wenig Kosten wie der Garten, wenn man ihn im Verhältnis zu den von ihm produzierten Werten setzte. Buchführung kann übrigens für eine Weile recht interessant sein. Nur wenn auch kleinste Privatausgaben aufgeschrieben werden, kommen wir wirklich dahinter, wo unser Geld bleibt! So wurde uns zu unserem Erstaunen bewusst, wer der größte Unkostenverursacher des Hofes war: unser Auto! Nur etwas erschien uns noch unrentabler: Kredite! Kapitaldienst zerstört fast jede Rentabilität. Deswegen machten wir keine Schulden, denn statt für den Zinsabtrag zu zahlen, ließen wir das Geld lieber in die eigene Wirtschaft fließen. Außerdem brauchten wir uns keine Sorgen zu machen, ob immer genug Geld für die Zahlungsraten vorhanden war. Die begriffliche Alternative hieß für uns: »Barfuß oder Lackschuh«. Lieber wollten wir eine Weile barfuß laufen, als mit Pumps in eine Zukunft mit Schulden hinein stolzieren.

Auch gekaufte Dienstleistungen sind oft ein schlechtes Geschäft, weil sie in Wirklichkeit meist mehrfach bezahlt werden. Zunächst zahlt man als Kunde mit der erhaltenen Forderung die unvermeidliche Mehrwertsteuer, hier in Schweden sind das ganze fünfundzwanzig Prozent. Außerdem müssen mit jeder Rechnung auch das Risiko, Betriebsversicherungen und Lebenshaltungskosten der ausführenden Firma als versteckte Gebühren beglichen werden. Dem Arbeiter, der in Wirklichkeit die Dienstleistung ausgeführt hat, bleibt jedoch vom vereinbarten Betrag nur ein Bruchteil übrig. Der ihm zugedachte größere Teil vom Lohn dient dem Bezahlen von Steuern, Krankenkasse und Rentenversicherung. Bei uns in Schweden waren das für Angestellte damals schon, inklusive der Arbeitgeberabgaben, satte dreiundsechzig Prozent vor dem Nettolohn. Das bedeutete am Ende, dass man von zehn Stunden die man bei einem Kunden arbeitete nicht einmal ganze zwei für das eigene Portemonnaie ausbezahlt bekam. Der Rest wanderte in nicht immer ergründliche Kanäle hinein. Für den Arbeiter kämen die Unkosten für das Auto oder die Bahn und die (unbezahlte) Zeit, die er zu seinem Arbeitsplatz und wieder nachhause benötigt, noch dazu – oft sind es ein bis zwei Stunden täglich. Kaufte man sich für diesen übriggebliebenen Lohn wiederum eine Dienstleistung, begann das ganze System von vorne. Außerdem litt das Geld in Form von Mehrwertsteuer und versteckten staatlich Abgaben bei Einkäufen in Geschäften ein zweites Mal unter Schwindsucht. Wenn wir dagegen unsere Arbeitszeit für uns selber einsetzten, sparten wir nicht nur Geld und Zeit, sondern schafften auch Werte, zu denen wir immer eine persönliche Beziehung behielten.

Sehr rentabel für uns war auch jede Art von Nachbarschaftshilfe, weil dabei kein Geld floss – Abzocker waren chancenlos. So kochte ich jedes Jahr erheblich mehr Preiselbeermarmelade ein, als wir selber aßen – ein deutscher Freund, der inzwischen in Spanien lebte, freute sich immer über diesen schmackhaften Gruß aus dem Norden und brachte stattdessen einmal einen Sack selbstgeernteter Mandeln oder Oliven mit. Wir halfen einem befreundeten Bauern beim Aufsetzen seiner altertümlichen Heureuter, wenn das

Wetter umzukippen drohte und lernten so nebenbei alte Handwerkstechniken kennen. Dafür nahm dieser Bauer ohne viel Wesens unsere Kuh eine Weile in Pension, wenn wir einmal verreisen wollten. Nachbarschaftshilfe machte Spaß, man amüsierte sich zusammen und schaffte nebenbei noch Werte.

Doch Rentabilität sollte kein leeres Rechenexempel sein, bei dem es nur um Heller und Pfennig geht – wie arm und leer kann das Leben damit werden! Sollte Rentabilität nicht vielmehr das sein, was am Ende die Lebenszufriedenheit ausmacht: eine gewisse wirtschaftliche Sicherheit, Gesundheit, gutes Essen, ein schöner Wohnplatz, eine befriedigende Arbeit, gleich welche man auch wählt und als Wichtigstes, Harmonie in der Familie? Am Ende stellten wir fest, dass Rentabilität zu einer Art Permakultur des Lebens zu führen vermochte, in der alles in allem bedacht und mit allem verbunden werden konnte.

Kapitel 17 - Spettungen – ein Kampf um Leben und Freiheit

Wenn von der Arbeit auf dem Hof so viel vorhanden ist, dass sie leicht fürs ganze Leben ausreicht, liegt der Gedanke, sich noch weitere Grundstücke dazuzukaufen, nicht gerade nahe – vor allem dann nicht, wenn die auf ihnen befindlichen Häuser von Grund auf renoviert werden müssen. Nun ist Land aber nicht so leicht verfügbar wie bewegliche Habe und selten dann zu kaufen, wenn man es gerade braucht. Rintetorp, ein zwei Kilometer entfernt von uns liegender Nachbarhof, war für uns vor allem wegen der dortigen Weideflächen von Bedeutung, die bei uns immer noch Mangelware waren. Dort lagen sie seit Jahrzehnten ungenutzt und verwildert. In dem großen Wirtschaftsgebäude des Hofes ließen sich auch ein Gutteil unserer Pferdekutschen, Ackerwagen und Maschinen unterstellen und zudem eignete es sich wunderbar als Sommerstall für unseren Hengst Ville, wenn seine Pferdedamen wieder einmal in Stimmung kamen um ein kleines aber in wenigen Monaten folgenschweres Liebestechtelmechtel mit ihm anzufangen. Hier hatte er an diesen Tagen seine Ruhe und brauchte nicht dem weiblichen Pferdecharme zu verfallen. Deshalb überlegten wir nicht lange, als der Hof zum Verkauf stand und gaben ein Gebot ab. Unsere älteste Tochter Svanhild, inzwischen fünfzehn Jahre alt, belegte das Wohnhaus als ihr ganz privates Domizil sofort mit Beschlag. Aber Jahrzehnte nicht bewirtschaftet war vieles auszubessern und in Stand zu setzen. Die aufwändige Reparatur des Scheunendaches und des Dachstuhls kostete uns viele Wochenenden, denn Svanhild, die in der Woche noch die Schule besuchte, wollte natürlich auch unbedingt gerne dabei helfen. Aber dann besaßen wir endlich genügend Platz für alle Pferdegerätschaften, die bislang ihr Dasein unter freiem Himmel gefristet hatten. Beim Kauf von Spettungen fiel die Entscheidung schon schwerer. Dieser Hof lag als nächster nördlicher Nachbarhof ganze sieben Kilometer entfernt von uns. Er war vierzig Jahre lang unbewohnt gewesen und befand sich in einem erbärmlichen Zustand. Von den ursprünglich dreiundzwanzig Gebäuden standen nur noch das Wohnhaus und ein Erdkeller. Aber welch eine Lage an einem großen und wunderschönen See! Alle Besucher waren sofort hingerissen von der Schönheit. Für uns fast noch wichtiger aber war die Ulme im Garten: Sie war uralt und riesig. Ein faszinierender Baum! Allein ihretwegen hätten wir den Hof gekauft. Aber so weit weg von uns?! Indessen erwies sich gerade die Distanz als Vorzug. Es war die ideale Entfernung für Reit- und Kutschtouren und ein schönes Ziel für sonntägliche Ausflüge und Angeltage. Natürlich wuchs auch dort viel Gras für unsere Tiere und es gehörte zu meinem ganz besonderen Vergnügen die übermütig dahin stürmende Pferdebande, ich mittendrin auf einem Tier, zur frischgrün, lockenden Weide zu reiten. Hinter dem Haus befand sich außerdem unsere beste Pfifferlings-Stelle und so konnte man, sobald die Pferde froh schnaubend zu grasen begannen, gleich einen Rucksack voll sammeln und als willkommenes Abendbrot mit nach Hause nehmen.

Spettungen war einer der ältesten Höfe in unserer Gegend und wies eine bewegte und oft dramatische Geschichte auf, die bis heute in den Erzählungen der hiesigen Bevölkerung weiterlebt. Sie nahm uns manche Illusion über die viel gerühmte Idylle der Vergangenheit und ich nutze die Gelegenheit, einmal etwas weiter auszuholen: Als sich im Mittelalter das alte germanische Wahlkönigtum in dramatischen Machtkämpfen zu einem Erbkönigtum umbildete, flohen viele Menschen aus dem fruchtbaren Mälar-Tal, westlich von Stockholm, in die unendlichen Wälder Värmlands. Sie hatten erbittert dagegen gekämpft, dass in Zukunft ein Mann, nur weil er als ältester Sohn eines Königs geboren wurde, automatisch die Königsmacht erbte – mochte er für dieses Amt fähig oder unfähig sein. Er sollte in Zukunft weder aufgrund seiner Verdienste von den Bauern gewählt, noch bei Unfähigkeit abgesetzt werden können, um einem Besseren das Amt zu überlassen. Durch das neue vererbliche Königtum sahen sich dessen Gegner zukünftig auf Gedeih und Verderb den Herrschenden ausgeliefert!

Einer dieser Widerstandskämpfer gründete den Hof Spettungen und seine Nachkommen lebten hier lange Zeit, bis zur großen Pest von 1350. Damals starben alle Menschen des Hofes oder wurden von herumstreunenden Plünderern, die in jener gesetzlosen Zeit sehr zahlreich waren, ermordet oder vertrieben. Erst zweihundert Jahre später siedelte sich ein Finne mit dem Namen Mats Mammoinen dort an. Die Mammoinen und ihre Nachkommen kämpften von Anfang an nicht nur gegen eine besonders unwirtliche Natur, sondern immer auch gegen menschliche Gegner. Bereits der Beginn Mats Mammoinens auf seinem Siedlungsland erwies sich als schwer. Obwohl ihm vom Landeshauptmann die Genehmigung schriftlich ausgestellt worden war, wurde ihm der Besitz von einem anderen Finnen, der angeblich ältere Rechte besaß, streitig gemacht. Gleichzeitig musste er sich vor Gericht auch noch mit seinem Nachbarn um wichtige Weidegründe streiten. Das Ergebnis dieser zeitraubenden Kämpfe hatte zur Folge, dass man ihm auch noch die Registrierung seines Hofes als Eigentum verweigerte, weil angeblich nicht genügend Land gerodet worden war. Erst seinem streitbaren Sohn erkannte man den Besitz an, aber auch nur, nachdem man ihn wegen Schimpfen und Randalieren auf dem Thing bestraft hatte. Später galt er dann als angesehener Mann, den man sogar in das ehrenvolle und höchste Amt einer Gemeinde, dem Ombudsmann - ein gesetzeskundiger Schlichter in Streitfällen, einsetzte.

Nach drei Generationen erloschen die Mammoinen in männlicher Linie und durch Einheirat kam Kapitän Rickinen, ein Soldat aus Finnland, nach Spettungen. Geringe Ernteerträge waren bei dem unwirtlichen Klima mehr die Regel als die Ausnahme und durch fünf aufeinanderfolgende Missernten gerieten die Menschen auf Spettungen in derartige Bedrängnis, dass sie kurz vor dem Verhungern waren und auch keine Steuern mehr zahlen konnten. In seiner Not begab sich Kapitän Rickinen auf die Reise zu König Karl XII. und zeigte ihm sein schlechtes Brot, welches hauptsächlich aus Baumrindenmehl bestand. »Das sieht doch gar nicht so übel aus«, winkte der König gleichgültig ab. »Vielleicht probierst du es einmal«, antwortete Rickinen energisch, worauf Karl XII. ein Stück in den Mund steckte und sogleich angewidert wieder ausspuckte. Kurzerhand verringerte er darauf Rickinens Grundsteuern um die Hälfte. Kapitän Rickinen starb 1737 zweiundachtzigjährig und Spettungen wurde unter seine beiden Söhne aufgeteilt. Wieder gab es schlechte Ernten und im Jahr 1741 schlug diese sogar ganz fehl. Viele Menschen verhungerten und es breiteten sich Seuchen aus, an denen auch die beiden Söhne starben. Jeder von ihnen hinterließ drei kleine Kinder, welche die Witwen nun allein durchs Leben bringen mussten.

1767 erfolgte ein neuer Tiefschlag: Der Kronshof Spettungen wurde durch Grundstückstausch adliger Besitz. Die Spettunger waren nicht eigentlich Eigentümer ihres Hofes gewesen, sondern besaßen nur, wie fast alle Bauern jener Zeit, das Nutzungsrecht – Eigentümer war der König. Für dieses Nutzungsrecht entrichteten sie Steuern in Form von Geld und Naturalien. Neuer Grundherr wurde nun Reinhold Antonsson, Reichstagsmann, reichster Värmländer – und ein gnadenloser Charakter. Drei Jahre zuvor war er derartig über den Leiter seiner Fabriken hergefallen, dass dieser dabei vor Angst und Schrecken starb. Sogar der schwedische Naturwissenschaftler Carl von Linné erwähnt diesen Mann in seinen Schriften als Beispiel eines bösen Menschen, der dafür vom Schicksal bestraft wird: Antonsson ging Konkurs und Spettungen wurde 1769 zwangsversteigert. Die beiden Spettunger Bauern brachten, teilweise durch Landabgaben, die unglaubliche Summe von 1665 Silbertalern auf und kauften damit praktisch ihren eigenen Hof. Doch kurz darauf wurde der Kauf für null und nichtig erklärt: Der Hof war seit zwei Jahren Adelsgut und konnte nun, im Gegensatz zu Kronshöfen, nur von Adligen erworben werden. In den folgenden fünfzig Jahren wechselte Spettungen etliche Male den Grundherrn, fast immer reiche »Eisenbarone«, die von ihren Bauern immer höhere Abgaben verlangten: Holzkohle für ihre Schmiedewerke, Geld, Getreide oder gar, wie in Spettungen, mehrere Kühe jährlich. Die steuerlichen Lasten wurden bei den durchweg schlechten Ernten einfach untragbar und es kam zum offenen Streit unter der Führung des ältesten Enkels von Kapitän Rickingen, Anders Sigfridsson. Neunzehn Bauern verklagten den Grundherrn Verling wegen ungesetzlicher Erhöhung der Hoflasten. Dieser bestellte die Kläger in sein Kontor, knallte ihnen einen Packen Papiere auf den Tisch und brüllte, er werde denjenigen, der seine Unterschrift verweigere, schon zu bestrafen wissen, warf sich auf sein Pferd und jagte nach Karlstad, um dem Landeshauptmann den »wahren« Sachverhalt der Lage klarzumachen! In den Papieren sollten die Bauern die Unrechtmäßigkeit ihrer Klage erklären und diese zurückziehen. Keiner unterschrieb! Daraufhin verließen Anders und sein Bruder das Kontor, um zwei vorher bestellte Eisenplatten abzuholen. Als sie nach einiger Zeit zurückkamen, standen die übrigen siebzehn Bauern verängstigt in eine Ecke gedrückt - alle hatten unterschrieben. Der Landeshauptmann ergriff darauf Verlings Partei und das Gericht befahl die Zwangsräumung der widerspenstigen Bauern der Spettunger Höfe. Doch Anders gab nicht klein bei und beantragte in dieser gefährlichen Lage Revision beim Hofgericht – etwas, was bislang noch nie ein unterdrückter Bauer gewagt hatte. Er kämpfte verbissen um seine Rechte, die keine sein sollten und - er zahlte seine Abgaben nicht! Das war im Jahr 1790. Verling starb und sein Nachfolger Palm verhielt sich noch härter gegenüber den Bauern – aber Spettungen leistete erbittert Widerstand und zahlte nicht! - Jahre vergingen.- Wieder kam ein neuer Grundherr, doch der sah schließlich ein, dass die Spettunger eisenhart und unbeugsam waren und lieber sterben als aufgeben würden. Und so gestattete er ihnen schließlich, ihren Besitz 1821 für eintausendneunhundert Reichstaler von ihm freizukaufen. Um dieses Geld aufzubringen, musste ein Viertel des Hoflandes mit den drei besten Nebenhöfen verkauft werden, samt allem lebenden und toten Inventar, das nicht unbedingt gebraucht wurde. Anders Sigfridsson war darüber alt geworden und seine Kräfte in dem langen Kampf um Spettungens Freiheit verbraucht. Er starb schon ein Jahr später, im Alter von sechsundsechzig Jahren. Seine Frau, ebenfalls eine Kämpfernatur, überlebte ihn um ganze zweiundzwanzig Jahre. Von ihren elf Kindern erschienen ihr die Söhne als zu schwach und unbrauchbar, den Hof zu leiten, aber Tochter Kerstin heiratete einen der Knechte und übernahm darauf die Zügel fest in die Hand. Ihrem Sohn, Anders Henriksson, übergab sie dann allerdings bereits im Alter von fünfundzwanzig Jahren den Hof und dieser führte ihn fast ein halbes Jahrhundert. Er ließ neues Land roden und brachte sich selber das Lesen und Schreiben bei. Man wählte ihn zum Ombudsmann und er sorgte dafür, dass auf seinem Land 1859 die erste Schule der Umgebung gebaut wurde. Er betrieb vielerlei Geschäfte, verlieh Geld, sprang aber manchmal auch recht hart mit seinen Untergebenen um. Zehn Nebenhöfe und fünfzehn Quadratkilometer Wald nannte er am Lebensende sein eigen. Es war die Blütezeit Spettungens und es lebten unter seinem Regiment über hundertfünfzig Menschen auf dem Großhof.

Anders Henriksson ließ viele Gebäude bauen, zuletzt ein so riesiges Wohnhaus, wie es in dieser Gegend noch niemand gesehen hatte: zweistöckig, mit sieben großen Zimmern. Auf dem Hof gab es Ställe, Scheunen, Speicher, Werkzeugschuppen, ein Webhaus, eine Getreidedarre, eine Mühle, ein Sägewerk, eine Schmiede, eine Tischlerwerkstatt, ein Brauhaus, eine Sauna, Holzschuppen und Getreidespeicher. Im Wald brannten Kohlenmeiler und Teerbrenner waren am Werk. Im See wurden Forellen gefischt. Sogar Eisen, das man als rohes »Moor-Erz« vom Grund des Sees holte, stellte man selbst her. Die Werkstatt von »Per Johansson auf Spettungen« war berühmt für ihre kunstfertigen Arbeiten, die er in ihr herstellte. Nicht nur, dass er fast sein gesamtes Werkzeug selber anfertigte, sondern er fabrizierte in seinem Betrieb fast alles, bis hin zu komplizierten Uhren und Jagdgewehren. Anders Henriksson starb 1889 kinderlos. Er hatte viel erreicht in seinem Leben. Nur eines konnte er nicht durchsetzen: den Bau einer Straße. Dies führte letztlich dazu, dass die Spettunger Höfe irgendwann vereinsamten und binnen vierzig Jahren alle verlassen wurden.

Zunächst schleichend und darum kaum bemerkt, nistete sich ein neuartiger Virus in die Gedankenwelt der umliegenden Bevölkerung ein, der sich dann schlagartig wie eine Epidemie rasend verbreitete – das Armerikafieber. Abgeworben durch bezahlte Marktschreier die ihnen das »gelobte Land« jenseits des Ozeans versprachen und gezwungen durch harte Obrigkeit mit ihren unerträglichen Steuerlasten trotz schlimmster Missernten, folgten viele diesem Ruf. Eben noch herrschte zunehmender Landmangel durch die sich rasant vermehrender Bevölkerung nach Einführung der Kartoffel als Nahrungsmittel, nun kam es zu einer regelrechten Landflucht, die dazu führte, das zwischen den Jahren 1870 und 1920 über fünfundneunzig Prozent der Bevölkerung der nächst gelegenen Gemeinde Lekvattnet nach Amerika auswanderten. Viele verloren ihr Leben auf der Reise in ihr vermeintliches Glück, doch das ist dann wieder eine ganz andere Geschichte. Die Gegend wurde menschenleer und die Spettunger vereinsamten: Die Entfernung zum nächsten Ort war durch die schlechten Wege einfach zu groß. So packte auch die überlebenden Kinder des oberen Spettunger Hofes das Amerikafieber und sie wanderten aus. Der Nachfolger auf dem unteren Hof, ein Schwestersohn des kinderlosen Patrons Anders Sigurdsson, erkrankte zweiundvierzigjährig schwer und starb. Auch seine Frau verschied kurz darauf, ebenfalls noch relativ jung, im Jahr 1909. Ihre Kinder befanden sich auswärts in der Ausbildung und blieben daraufhin in der dichter besiedelten Gegend. Der Hof wurde verpachtet, aber 1938 endgültig verlassen. Und nun – wie zum Spott – bekam Spettungen endlich die lang ersehnte Verbindungsstraße. Wie fast überall in dieser inzwischen völlig verwaisten Landschaft, wurde auch hier das Land Beute großer Aktiengesellschaften und nur noch der kundige Wanderer kann heute die Überreste der Wiesen, Felder und Gebäude einer ehemals blühenden, von Menschen geschaffenen Kulturlandschaft zuordnen. Die Natur hat sich seit langem ihr Territorium zurückerobert und auf Pfaden, die früher einmal der Mensch beschritten hatte, hinterlassen jetzt Wolf und Elch ihre Fährten.

Kapitel 18 - »Viele Steine gab's und wenig Brot«

Wo galt dieser Spruch mehr als hier mitten im Finnenwald des nordwestlichen Teils Värmland? Dennoch verließen viele finnische Bauern im 17. Jahrhundert das fruchtbare, aber ständig russischen Überfällen ausgesetzte Karelien, um sich hier Land urbar zu machen und Höfe zu gründen. Es hat sich nie jemand die Mühe gemacht, die vielen Kubikmeter Steine, die in drei Jahrhunderten vom Ackerland geholt wurden, zu berechnen, aber sie dürften den Pyramidenbau in Ägypten bei weitem übertreffen. Jetzt sind fast alle diese Höfe wieder verlassen und mit Fichten, Kiefern und Birken zugewachsen. Nur wir hatten solch einen Hof gekauft und die Arbeit der Finnen wieder aufgenommen. Der Kampf mit den Steinen war schwer und würde uns wohl mutlos gemacht haben, wenn wir nicht am Rande des Teufelsmoores in Norddeutschland aufgewachsen wären, wo wir seit Jahrhunderten gegen das Wasser hatten kämpfen müssen. Einen Stein braucht man nur einmal aus dem Acker zu entfernen – der Kampf gegen Wasser hört nie auf. Das tröstete uns immerhin. Steine sind in unserer alten Heimat Norddeutschland Mangelware und von Valdemars Großvater wird berichtet, dass er sich buchstäblich einmal um eine Wagenladung Steine zum Wegebau geprügelt hatte. Wenn wir hier dagegen im Winter, damit der Wagen besser auf der Straße lag, mit einigen besonders großen Stein-Exemplaren im Kofferraum bei unserem norwegischen Nachbarn auftauchten, gab es jedes Mal Gelächter und immer wieder wurde die Frage gestellt, ob wir ihm nicht ein paar Steine abkaufen wollten. Wir fühlten uns jedoch eher wie Wüstenbewohner, die die »nasse Hypothek« des Elbe-Weser-Dreiecks auch erst einmal als Reichtum ansehen würden.

Was waren Steine doch für nützliche Gesellen, wenn sie nur an der richtigen Stelle lagen! Ein Lob auf die moderne Technik, mit der man sie so leicht bewegen konnte! Meine Kinder machten sich oft über meinen Mann lustig, wenn wir unterwegs waren: »Jetzt hat Papa schon wieder seinen Steinblick aufgesetzt.« Er betrachtete jeden flachen oder sonst wie brauchbaren Stein als Beute. Was ließ sich daraus nicht alles bauen! Für uns war immer wieder faszinierend zu sehen, wie viel man mit dem, was die Natur kostenlos bot, machen konnte: Ob Steine, Holz, Erde, Pflanzen – der Fantasie öffnete sich ein weites Feld und dies machte ein Leben, wie wir es führten, eigentlich so interessant.

Viele Steine verbrauchen wir für Mauern. Ihr Bau war eine Kunst und erforderte viel Zeit und Kraft, aber kein Zaun könnte schöner sein. Diese Mauern kosteten nichts, hielten ewig und ihr Unterhalt ging fast gen Null. Sie brachen den Wind, erhöhten die Luftfeuchtigkeit und vor allem die Wärme der eingezäunten Fläche. Zwischen den Steinen lebten Eidechsen, Kröten und Mauswiesel, die zum Dank den Garten von Ungeziefer säuberten, aber auch manch andere Kleinsäuger und seltene Insekten. Verschiedene Vogelarten bauten gerne darin ihre Nester. Auf ihnen wuchsen Flechten, Moose, Polsterpflanzen und Steingartengewächse wie Rosenwurz, Fettkraut,

Mauerpfeffer und Thymian. So hatte man statt eines nackten Zaunes gleich eine kleine ökologische Insel auf seinem Grundstück geschaffen.

Irgendwann fand man alle nur erdenklichen Formen von Steinen: vom runden Kullerstein über fast rechtwinklige Quader bis hin zu flachen Steinen, in allen Größen und Farben – allerdings meistens dann, wenn man sie gerade nicht brauchte – und später, wenn man sie brauchte, hatte man vergessen, wo sie lagen. Darum nahmen wir interessante und seltene Exemplare meistens gleich mit nachhause und sortierten sie dort nach ihrem Aussehen. Dadurch war es dann nicht mehr schwer, für alle Ideen gleich die passenden Steine bereit zu haben. Den breiten Weg zu unserem Haus hatten wir mit schwarzen, natürlich gebrochenen Hyperit-Platten belegt, zwischen denen sich in den unregelmäßigen Fugen dekoratives Gras ansiedelte, das sich leicht mit dem Rasenmäher kurz halten ließ. Eine besonders problematische Stelle vor unserer Scheune, wo dauernd Wasser aus dem Boden quoll und wir trotz mehrfacher Kiesauflage immer wieder knietiefe Fahrspuren mit dem Traktor erzeugten, pflasterten wir zuletzt mit besonders dicken und großen Steinen. Das war eine wochenlange, schwere Arbeit. Aber nun gab es keine Probleme mit dem Einsinken mehr. Im Winter wurde das Pflaster zwar durch den Frost regelmäßig ein ganzes Stück angehoben, setzte sich aber im Frühjahr von alleine wieder. Früher wurden alle Pflasterstraßen nach dem Winter mit tonnenschweren Walzen wieder perfekt glattgewalzt. Solche Straßen hielten Jahrtausende. Die Plattenwege zu unserem Haus und von der Veranda in den Garten mündeten in Treppen aus Natursteinen, die ehemals als Gebäudefundamente gedient hatten. Bevor es Beton gab, standen alle Blockhäuser, Scheunen und Speicher auf Fundamenten aus lose aufeinandergeschichteten Felssteinen. Bei uns standen noch mehrere solche Gebäude auf dem Hof. Auch der Fußboden lag auf solchen Steinen. Durch die Ritzen strich der Wind und verhinderte Feuchtigkeit und Hausschwamm. Bei uns im Gebirge war auch massiver Fels keine Seltenheit. Konnte man darauf bauen, sparte man Kosten für die Fundamente. Einen Keller erhielt man zwar nur mit einer gehörigen Ladung Dynamit, aber dafür herrschte in diesen Felsenkellern ein ausgeglichenes Lagerklima und die ideale Luftfeuchte und Temperatur für Käse, Wein, Gemüse und andere Lebensmittel.

Gartenmöbel waren teuer, erforderten viel Pflege und mussten im Winter unter Dach. Dennoch hielten sie nicht lange. So probierten wir es einmal mit Sitzgelegenheiten aus Stein. Diese hielten nun allerdings ewig, kosteten nichts und fügten sich ganz natürlich in die Landschaft. Sogar ein paar perfekte »Sesselsteine« waren dabei, die wir unter einer schönen überhängenden Weide aufstellten. Vor dem Stall lag eine große Platte als Bank für den Feierabend. Sie stand vor einer Südwand aus Felssteinen gebaut und wurde dadurch auch im zeitigen Frühjahr von der Sonne schnell erwärmt. Für einen Steingarten belegt man normalerweise einen Erdhügel mit Steinen, wir hatten es einfacher: Hinter unserem Garten zog sich ein vierzig Meter langer Wall aus aufgelesenen Steinen entlang. Wir bauten darin einen Pfad, indem wir Steine nur glatt zurechtlegten. An verschiedenen Stellen füllten wir Lücken mit Erde auf, um sie zu bepflanzen.

Damit erübrigte sich das Hauptproblem von Steingärten - die sehr aufwändige Unkrautbekämpfung, da an den meisten Stellen, mangels Erde, nichts wachsen konnte. Unsere Blumenbeete fassten wir mit schönen, von Glimmer durchzogenen Platten ein, die beim Rasenmähen nicht hinderlich wurden, weil wir sie bis zur Oberkante der Erde versenkten. Die aus Felssteinen gemauerte Brunnenstube vor unserem Haus mit dem ständig laufenden Wasser war besonders für Kinder ein großer Anziehungspunkt – viel attraktiver als Sandkasten und Spielgeräte. Sie konnten in dem kleinen halbrunden Becken baden oder auf der Mauer sitzen und Schiffchen schwimmen lassen. Der Brunnen war nischenartig in eine nach Süden ausgerichtete Mauer eingebaut und der wärmste Platz auf dem ganzen Hof.

Gebäude aus Natursteinen sind durch ihre lebendige Struktur und Maserung sehr attraktiv. Bauwerke aus Kunststein oder Holz haben es schwer sich an ihnen zu messen. Die moderne Art, Häuser aus Beton oder Wellblechplatten zu bauen, mag billig und praktisch sein, aber ist der Bau eines Gebäudes, an dem man sich sofort satt sieht, wirklich vernünftig? Ein Gebäude wird nur einmal gebaut, doch es gestaltet lange seine Umgebung. Wände aus Natursteinen waren für uns billig in der Herstellung, haltbar und praktisch unterhaltsfrei. Allerdings haben Schönheit und Dauerhaftigkeit immer ihren Preis: Unsere Bauart erforderte viel Zeit und Kraft. Wir entwickelten eine Kombination aus alten und neuen Techniken, die auch Ungeübten die Erstellung perfekter Wände ermöglichte. Die Natursteine wurden in einer speziellen Verschal-Technik mit Beton und Blähton, hinterfüllt und brauchten nur noch rundum festgestampft zu werden. Damit entfiel kompliziertes und zeitraubendes vermauern der unegalen Steine. Der Blähton erhöhte die Isolation und Moniereisen die Haltbarkeit. Dadurch konnten die Wände nur halb so dick, wie bei traditioneller Bauweise mit Natursteinen hergestellt werden, speicherten mehr Wärme und waren auch noch beständiger. Auf diese Art errichteten wir Stall und Werkstattwände, tauschten verrottete Blockbalkenkonstruktionen an der alten Scheune in Rintetorp aus, bauten Wärmefallen im Gewächshaus und sogar unser Stubenanbau wurde aus diesen Natursteinwänden erreichtet. Es fehlte dann nur noch ein Dachstuhl aus Holz in unserem Sägewerk zurecht gesägt und schon war mit dem, was die Natur uns bot, ein neues Gebäude auf dem Hof bald bezugsfertig.

Unser großes Haus wurde von einem jahrhundertealten Grundofen aus Lehm und Natursteinen beheizt. Gut einen Meter lange Baumstämme konnten darin verfeuert werden. Da die Lehmschicht, mit der das Gewölbe ausgekleidet war, oft erneuert werden musste, mauerten wir den Ofen mit Schamottesteinen aus, fügten darüber hinaus im oberen Teil einen Wärmetauscher ein und produzieren damit im Winter unser warmes Wasser zum Duschen und für die Fussbodenheizung. In der Hütte am See und in unser neues Wohnzimmer setzten wir riesengroße, offene Kamine samt Schornstein aus Natursteinen, die unsere Gäste regelmäßig begeistern. Keine fünfzehn Kilometer von uns entfernt fand man im Wald sogar Speckstein: Er ist feuerfest und wenn man damit einen Ofen auskleidet, erhöht sich die Wärmekapazität gleich um das Dreifache eines gewöhnlichen Kachelofens. Beim Straßenbau wurde hier oft Berg gesprengt. Manche Gesteinsarten zerfielen dabei zum Teil in schöne flache Platten. Dafür bekam man bald den richtigen Blick und nicht selten hatte unser Auto auf dem Heimweg schwer zu schleppen. Wegen ihrer unregelmäßigen Stärke mussten Natursteinplatten im Dickbettverfahren verlegt werden, was nicht einfach ist. Aber das Ergebnis stellte alles andere in den Schatten und man konnte sich an solchen Böden nicht so schnell sattsehen. Zunächst war Bodenkälte noch ein Problem, dank einer Fußbodenheizung, die aus unserem riesigen Stubenkamin mit gespeist wurde, war auch dies bald vergessen. Natursteinplatten halten darüber hinaus die Wärme viel länger als Fliesen und Speckstein fühlt sich auch ohne zusätzliche Wärme nicht sonderlich kalt an.

Die vielen Steine verminderten auch unsere Kosten bei Betonarbeiten ganz gewaltig, weil wir den Beton fast beliebig damit strecken konnten. Wasser, das unsere Wege aufweichte, war ein ständiges Thema. Hier half nur Drainage. Aus Stein kostete sie zwar viel Arbeit, aber keine teuren Rohre. Außerdem hielt sie viel länger als alle anderen Drainagearten und verschlammten praktisch nie. Auf unserem Hof gibt es jahrhundertealte solcher Drainagen, die immer noch funktionieren. Die schlechtesten Steine waren immer noch das beste Füllmaterial im Wegebau, dienten zum Auffüllen von Senken und Löchern, sowie zum Bau von Rampen und Dämmen. Sie haben uns viele Lastwagen Baumaterial erspart.

Wenn man wie wir, mitten in der Natur wohnt, bietet es sich an, hier auch die Feste zu feiern. So richteten wir uns in einer Waldlichtung eine Feuerstätte mit großen Sitzsteinen ein. Hier verbrachten wir viele lange Abende im Sommer und genossen herrliche Lagerfeuer in der Abendstimmung. Aber auch altertümliche »heilige Plätze« nachzubauen, lockte uns. Diese Orte waren früher mit besonderen Steinen gekennzeichnet und dienten für Tänze, Zeremonien, astronomischer Zeigung, sowie der Krankenheilung. Wir probierten viel mit Steinen, besonders ihrer Eigenart, vorhandene atmosphärische oder erdgebundene Strahlen zu bündeln oder zu verstärken. Diese Plätze dienten uns nun zum Meditieren, dem Sammeln neuer Sinneseindrücke und gleichzeitigem Kraftgewinn. Die Wirkungen erwiesen sich als wesentlich nachhaltiger, als man sie mit käuflichen Drogen erreichen konnte. Dort setzten wir auch Steine für eine „trojanische" Burg, ein nicht verzweigtes Labyrinth, wie es im nordischen Kulturkreis schon in der Bronzezeit existierte. Man tanzte in ihnen für Orakel, Frühlingszeremonien und Fruchtbarkeitsriten.

Kapitel 19 - Die weise Frau

Körperliche und seelische Gesundheit waren uns schon immer sehr wichtig. Valdemar reiste als passionierter Wanderer und Bergsteiger viel in den Norden, um dort die Natur in wochenlangen Expeditionen zu erkunden. Doch plötzlich ging es während des Studiums mit seiner Gesundheit steil bergab. Eine schwere Infektion jagte die andere und ein Großteil des Lernpensums konnte nur noch im Bett erledigt werden. Dazu kam Rheuma am ganzen Körper. Seine Knie waren zum Schluss derart entzündet, dass ein Aufstehen kaum noch möglich war. Nach einer ärztlichen Untersuchung und Röntgenaufnahmen hieß es, dass man die rheumatischen Entzündungen mit entsprechenden Medikamenten wohl würde unterdrücken können, aber die Knochenabnutzungen, vor allem der Kniegelenke, wären schon so weit fortgeschritten, dass Valdemar die zweite Hälfte seines Lebens im Rollstuhl werde verbringen müssen. Sicherlich waren seine Knie durch zentnerschwere Rucksäcke und strapaziöse Märsche zu sehr beansprucht worden. Sollte er nie wieder abenteuerliche Reisen unternehmen dürfen und alle Zukunftspläne begraben? Meinem Mann erschien die Diagnose des Arztes wie ein Todesurteil: Sie gab den Anstoß, unsere Lebens- und Ernährungsweise aus biologischer und vor allem evolutionärer Sicht zu untersuchen. Dass schwere Anstrengungen, seien es nun Wander- oder Rucksacktouren bei einem jungen Menschen zu solch starkem körperlichen Verschleiß führen sollten, war eigentlich nicht vorstellbar. Vor allem, wenn man bedenkt, wie viele junge Menschen bereits in der Blüte ihrer Jahre körperlich verbraucht sind und manchmal genauso oft einen Arzt aufsuchen wie alte. Zunächst änderten wir rigoros unsere Ernährung. Die Überlegung war, dass die moderne Lebensmittelproduktion mit all ihren Fertigprodukten aus Zucker, Weißmehl, künstlichen Aromastoffen, Milchpulver, Konservierungsmitteln, Farbstoffen, Kunstfetten, den ganzen Konserven und den in ihnen enthaltenen Resten von Kunstdüngern und Spritzmitteln und vielem mehr, bestimmt nicht bei der Entwicklung des Menschen mit eingeplant worden war. Unser Verdauungssystem und unser Körper hatten sich in Anpassung an die ursprüngliche Nahrung gebildet. Bei Pflanzen und Tieren wusste man schon lange, dass sie bei falscher Ernährung nicht gedeihen. Und beim Menschen sollte dies möglich sein? Als wir dann jedoch die verschiedenen Ernährungslehren verglichen um Vorteil und Nutzen daraus zu ziehen, breitete sich Verwirrung aus. Die eine Ernährungstheorie schwor auf vegetarische Kost, welche vorwiegend aus Getreide bestand, die zweite nur auf Obst, die dritte auf reine Rohkost. In Letzterer meinten wieder andere Forscher, lebensfeindliche Substanzen entdeckt zu haben, die nur durch Kochen zerstört werden könnten. Eine Richtung lehnte sämtliche tierische Produkte, einschließlich Milch und Eier, völlig ab. Andererseits leben bei uns in Schweden in der näheren Umgebung viele Neunzig- bis Hundertjährige, deren Ernährung vorwiegend aus Kartoffeln und Fleisch bestand. Sie waren gewöhnlich viel fitter als ihre vierzigjährigen Enkel. Die Alten machten sogar noch Schlittschuhrennen mit, schwammen kilometerweit in eiskalten Seen oder nahmen am jährlichen Wasa-Lauf – einem Skilanglauf über neunzig Kilometer – teil. In Afrika gab es höchst leistungsfähige Eingeborene, die sich nur von bestimmten Bananen ernährten. Dem widersprach andererseits die Ernährung der Grönländer total. Sie lebten fast ausschließlich von Fleisch. Grönländer sollten zwar durch die häufigen Unfälle keine hohe Lebenserwartung haben, aber nach neueren Forschungen ungewöhnlich gesund sein. Wissenschaftler meinten, diese Verwirrung lösen zu können, nachdem sie bei Nord- und Südeuropäern, Afrikanern und Asiaten, unterschiedliche Fähigkeiten, Nahrungsmittel zu verdauen, festgestellt hatten, die zum Teil bereits in den Genen verankert waren. Wir besaßen ja auch nicht alle die gleiche Blutgruppe, Haut- oder Haarfarbe.

Das alles war sehr verwirrend und darum versuchten wir, die Botschaften unseres *eigenen* Körpers wieder verstehen zu lernen denn wer kennt einen besser als man sich selbst. Wir bemühten uns herauszufinden, warum etwas, was eigentlich selbstverständlich sein sollte, plötzlich nicht mehr funktionierte. Warum konnte man manchmal nicht schlafen oder Essen nicht richtig verdauen und warum rumorte es zuweilen im Bauch? Warum bekamen wir Rheuma, Pickel oder manchmal sogar Depressionen? Eines dagegen schien Menschen die wir beobachteten gemeinsam: Je gesünder sie sich fühlten, über umso mehr Energie verfügten sie. Immer wieder begegnete man Menschen mit scheinbar unerschöpflichen Reserven. Schwere körperliche Anstrengungen bewältigen sie mühelos, um sich danach mit der gleichen

Hingabe in geistige Aufgaben zu stürzen. Müdigkeit schien ein Fremdwort für sie zu sein, obwohl sie wenig schliefen. Krankheiten und Gebrechen schüttelten sie recht schnell wieder ab, falls diese überhaupt Fuß fassten. Und bei all der Anstrengung blieben sie eigentlich immer gelassen und gut gelaunt. Es gab kaum jemanden, der diese Menschen nicht beneiden würde, denn meistens stand ihnen nicht nur Energie, sondern auch der Erfolg zur Seite.

Heilkunde wurde für mich zu einem faszinierenden Wissensgebiet. Ich beschloss, meine Prüfung als Heilpraktikerin zu machen. Dieser Wunsch war jedoch bezüglich des Arbeitsaufwandes nicht so leicht zu erfüllen: Ich hatte zwei kleine Kinder, wir pendelten viel zwischen Deutschland und Schweden hin und her und mein Tag war vom frühen Morgen bis zum späten Abend mit den verschiedensten Pflichten ausgefüllt. Ich besorgte mir darum einen Heimlehrgang einer Heilpraktikerschule. Außerdem besuchte ich einmal wöchentlich einen Abendkurs für angehende Heilpraktiker. Im darauf folgenden Jahr hatte ich meistens die Lehrbücher irgendwo in Griffweite; beim Melken wiederholte ich z. B. die Namen der Handknöchel, beim Bügeln wurden die verschiedenen Infektionskrankheiten mit ihren Erscheinungsformen und Inkubationszeiten auswendig gelernt; beim Kochen war dann zur Abwechslung das Nervensystem dran. Zwischendurch wusch ich Windeln und versorgte Babys, säte den Garten in Schweden ein oder erntete Heu. Nach einem dreiviertel Jahr meldete ich mich zur Prüfung in Hannover an. Hannover galt damals neben München als der schwerste Prüfungsort für Heilpraktiker mit einer Durchfallquote von 92%.

Von denen, die oft erst nach wiederholten Versuchen bestanden, stammten 85% von offiziellen Heilpraktiker-Schulen mit drei- bis vierjähriger Lehrzeit. Aber was sollte ich machen? Mein Hauptwohnsitz lag nun einmal in Niedersachsen, darum musste ich mich in Hannover prüfen lassen und Zeit für den Besuch einer Schule hatte ich nicht. So sagte ich mir, wer nicht wagt, der nicht gewinnt – und bestand!

Während meiner Abendkurse in Hamburg lernte ich eine ältere Frau kennen. Ungewöhnlich an ihr war eigentlich nur, dass sie im Gegensatz zu allen anderen Teilnehmern schon recht alt war. Meistens saß sie schweigsam dabei und hörte zu. Nur an einem Abend ließ sie wie zufällig eine kurze Bemerkung über eine von ihr praktizierte Pflanzenheilmethode fallen. Ich horchte auf. Das klang ja sonderbar! Nach dem Unterricht sprach ich sie sogleich darauf an, wurde jedoch mit ein paar Floskeln abgewimmelt. Aber so schnell ließ ich nicht locker. Ich bat sie um einen Behandlungstermin und machte mich zwei Wochen später auf die 150 Kilometer weite Reise. Die Frau reagierte äußerst wortkarg auf meine medizinischen Fragen. Ihre häufigste Antwort war: »Das weiß ich nicht so genau.« Bisweilen gab sie mir jedoch eine völlig unerwartete Antwort, die sich von allem mir bekannten Wissen unterschied. Ich beschloss: »Hier musst du unter allen Umständen am Ball bleiben!« Ich verabredete mich wieder mit ihr, brachte ein wenig frisches Gemüse aus meinem Garten mit und wir unterhielten uns sicherlich zu fünfundneunzig Prozent der Zeit über Kochrezepte, Blumenpflege, Kleintierzucht oder Ähnlichem. Auch hier erfuhr ich ungewöhnliche Dinge, die ich niemals zuvor gehört hatte.

Immer wieder versuchte ich mehr oder weniger vergeblich, sie auf das medizinische Gleis zu bringen. So vergingen die ersten Besuche, bis sie mir eines Tages unerwartet eröffnete, sie wolle mich unterrichten. Ich sagte sofort zu und nach und nach öffnete sich mir eine geradezu sagenhafte Welt. Diese Frau stammte aus einer uralten Familie von Heilern, die ihr Wissen immer von der Mutter auf die Tochter weitervererbt hatten. Die Tochter dieser Frau war vor wenigen Jahren ermordet worden und das Wissen der Familie dadurch zum Aussterben verurteilt. Diese Frau heilte, ohne viel Aufhebens davon zu machen, alle kleineren und größeren Gebrechen, die ihr aus der Umgebung herangetragen wurden. Aber allmählich begann sich die Schlinge des Gesetzes um sie herum zuzuziehen, weil die Ärzte ihre Felle davon schwimmen sahen und sie mit Anzeigen bedrohten. Nach deutschen Gesetzen betrieb sie Kurpfuscherei, wenn sie ohne Zulassung Menschen medizinisch behandelte. Darum traf ich sie bei dem Abendkurs. Sie wollte in ihrem Alter noch die Heilpraktiker-Prüfung machen. Sie konnte sich jedoch später während der Prüfung ihre eigenwillige Art, Fragen zu beantworten, nicht verkneifen. Wurde sie zum Beispiel gefragt: »Was machen Sie bei einem Herzinfarkt?« So war ihre Antwort nicht wie erwartet: »Einen Notarzt rufen!«, sondern: »In meiner Gegenwart bekommt niemand einen Herzinfarkt, weil ich das vorher merke und zu verhindern weiß. Außerdem behandle ich keine Herzinfarkte, sondern Menschen – und jeden von ihnen anders.« Wenn sie gefragt wurde: »Wie stellen Sie fest, ob ein Mensch unter Diabetes leidet?« erwiderte sie nicht wie erwartet: »Ich mache eine quantitative

Zuckeranalyse des Urins«, sondern: »Das gehört zu den leichtesten Aufgaben: Das spüre ich am Energiefluss über der Bauchspeicheldrüse in meinen Händen.« Diese Frau war hoffnungslos! Nie sagte sie das, was man machen könnte oder müsste, sondern blieb immer streng bei der Wahrheit. Wenn sie gefragt wurde, was SIE machen würde, so erzählte sie eben, was SIE machte. Manche Antwort war sogar noch schlimmer: »Es tut mir leid, aber dazu darf ich mich nicht äußern.« Sie fiel natürlich mit Pauken und Trompeten durch und die prüfenden Amtsärzte empfahlen ihr mit tief beleidigter Miene, nie wieder vor ihnen zu erscheinen.

Sie machte auch kein Hehl aus ihrer Meinung über die heutzutage übliche Medizin und Gesundheitsvorsorge. So ließ sie eines Abends ihren Gedanken mir gegenüber freien Lauf: »Warum wird in unserer heutigen Welt ein Heiler nach dem Aufwand der von ihm ergriffenen Maßnahmen bezahlt und nicht danach, ob die ihm anvertrauten Menschen wieder gesund werden und auch bleiben? Das muss ja beinahe zwangsläufig dazu führen, dass außer dem Leidenden selbst, niemand wirkliches Interesse daran hat, dass er wieder völlig gesund wird –na, abgesehen von den wenigen Idealisten, die vor Geld keinen Kniefall machen und die es ja hin und wieder einmal gibt. Nach solch einem System ist schließlich nur ein kranker Patient ein zahlender Patient! Natürlich darf das Ganze nicht übertrieben werden, denn ein toter Kunde zahlt auch nicht mehr.« Etwas erstaunt blickte ich auf. Das kam nun doch wieder einmal sehr unerwartet. Aber die alte Heilerin fuhr schon in ihren Gedanken fort: »Auf jeden Fall versteht man es nahezu bis zur Perfektion, uns einzureden, dass Erkältungen, Rheuma, Krampfadern, Sehschwäche oder was auch immer, im Prinzip unvermeidbar sind. Die Aufgabe eines Mediziners ist es nun einmal, das Leben mit seinen zunehmenden Erkrankungen erträglich zu gestalten. Fällt eigentlich niemandem auf, dass immer mehr Kinder mit Brillen herumlaufen und Krankheiten wie Arthrose, Diabetes oder Krebs bekommen, von denen gewöhnlich nur alte und verbrauchte Körper befallen werden? Krankheit beginnt für einen ›normalen‹ Arzt erst dort, wo irgendwelche Messwerte des Körpers nicht mehr stimmen. Bis dahin ist der Patient gesund und wird mit ein paar stärkenden Medikamenten und Worten wieder nachhause geschickt. Als Arzt würde man schließlich nie behaupten wollen, der Kunde wäre Hypochonder. Das wäre unklug und geschäftsschädigend. So steht der Patient wieder ratlos da, denn die Schmerzen in den Beinen, sein eigentliches Anliegen, haben sich kaum verbessert. Sind aus diesen Schmerzen dann allerdings richtig schöne dicke Krampfadern geworden, womöglich noch in Verbindung mit einem offenen Bein, einigen dazugehörigen Hämorrhoiden und einer beginnenden Gebärmuttersenkung, ist endlich der ersehnte Zeitpunkt da, dem Elenden sein schweres Los zu erleichtern. Nun gehört keine große Kunst mehr dazu, dem Patienten das Gefühl zu geben, ein besonders ungewöhnlicher oder schwerer Fall zu sein. Endlich fühlt er sich verstanden. Das Verschreiben von Medikamenten mit schädlichen Nebenwirkungen oder der leichtfertige Griff zum Messer, sprich: die Überweisung zum Operateur, sind jetzt reine Routine. Der Mensch selber ist zu einem Krankheitsfall mit wissenschaftlich belegtem

Namen geworden und die Krankenkassen zahlen je schwerer der Fall, desto williger – während ein einfaches Mineralstoffpräparat oder eine Beratung bezüglich der Ernährungs- und Lebensweise, die dieses Dilemma vielleicht im Anfangsstadium verhindert hätten, selbstverständlich von den Kassen als Lappalie betrachtet und genauso selbstverständlich nicht bezahlt werden würde. Damit hängt der Fisch, sprich Kranke, meistens gut an der Angel und kann sich manchmal ein Leben lang nicht mehr von ihr lösen. Oder man fällt ins andere Extrem und schießt mit Kanonen auf Spatzen, wo normalerweise gängige Hausmittelchen Abhilfe schaffen würden. Welcher Arzt wagt schon, junge Eltern ausreichend darüber aufzuklären, welche Folgen antibiotika- und kortisonhaltige Salben, Säfte und Tabletten auf das Immunsystem ihres Kindes haben können, wenn sie diese bequemen Hilfsmittel einer ratlosen Mutter mitgegeben. Wenn ich es selbst nicht ständig erleben würde, würde ich es nicht glauben! Baby-Popochen werden mit kortisonhaltiger Salbe über Tage bis Wochen eingecremt, weil das Kleine angeblich unter mystischen Pilzerkrankungen, Windelekzemen oder sonst etwas leiden soll. Wenn die Mutter dies nicht weiß, ist begreiflich, aber für einen Arzt dürfte es doch eine Selbstverständlichkeit sein, dass ein gesunder Körper auch eine gesunde Haut hat! Was hilft es, diese mit schädlichen Präparaten glätten zu wollen, wenn an der Ursache buchstäblich nichts geändert wird. Die vornehmliche Aufgabe eines Heilers ist doch wohl immer noch, mit detektivischem Gespür nach den Ursachen der Krankheit zu forschen! So wird die Mutter weiterhin in gutem Glauben morgens ihr Marmeladenbrot zum Frühstück verzehren, obwohl vielleicht gerade dieses ihren gestillten Säugling wund werden lässt. Der Teufelskreis fängt nun an, sich zu schließen: Das Popochen wird jetzt mit Gewalt heil gehalten. Dafür muss sich jetzt der kleine Körper ein anderes Ausscheidungsorgan suchen: Die Nase fängt an zu laufen, das Kind hustet, bald ist das Köpfchen ganz erhitzt und es bekommt hohes Fieber. Erschreckt ruft die Mutter den Arzt. Doch glücklicherweise gibt es Antibiotika und schon nach drei Tagen ist das Schlimmste (was ist das Schlimmste?) abgewendet und das Kleine wird wieder gesund. Merkwürdig ist nur, dass es immer so bleich und anfällig bleibt. Wie leicht es sich doch erkältet ... Aber dagegen gibt es ja glücklicherweise die bekannte Abhilfe. (Aber warum sollte sich das Kind jetzt eigentlich nicht ständig erkälten? Dem Körper wurde ja bisher weder eine Chance gegeben, die Körpergifte auszuscheiden, noch das Immunsystem zu kräftigen!) Doch schon tauchen neue Gesundheitsprobleme auf: Plötzlich bekommt unser heranwachsendes Menschlein große Atemnot, wenn es mit dem Kätzchen spielt. Und wenn es draußen auf der Wiese getollt hat, sind die Augen ganz verquollen. Der Besuch beim Arzt wird allmählich chronisch. Nach ausführlichen Tests wird eine Pollen und Pelztierallergie festgestellt und der besorgten Mutter mit ernster Miene empfohlen, dem Nachwuchs solche Kontakte möglichst zu ersparen. Jetzt wird die Sache doch langsam ernst! Die Krankheit lässt sich nicht mehr ganz so einfach abstreifen und erfordert in großem Umfang, dass wir uns ihr mit unserer Lebensweise anpassen. Vieles, was vorher Spaß gemacht hat, ist jetzt verboten. Das

Abwehrsystem des Körpers, das jahrelang überflüssig war, weil ihm alle Arbeit durch Medikamente abgenommen wurde, scheint der Sache langsam überdrüssig zu werden und fängt wie bei einem rebellischen Jugendlichen an, zu randalieren. Wenn schon kein richtiger Feind bekämpft werden darf, wird eben Krieg (sprich Bildung von Antikörpern) gegen friedliebende Passanten (sprich Pollen und Tierhaare) gemacht. Der Patient ist betrübt, der Pharmaindustrie geholfen! So schnell kommt dieser Fisch auch bei gutem Willen nicht mehr von der Angel. Eine Allergie versorgt sich schließlich selbst mit immer mehr Antikörpern, sodass sie nicht aussterben muss. Und manch einer verdankt nun dem Kortisonspray buchstäblich sein Leben.« Die alte Heilerin lächelte mich an. »Siehst du, ich wollte dich nur ein wenig wachrütteln, damit du allmählich selber anfängst zu denken. Allergie entsteht nicht nur durch Kortison und Antibiotika, sondern natürlich auch durch andere Auslöser. Aber du kannst sicher sein, dass buchstäblich jede ernsthafte Erkrankung, körperliche ebenso wie seelische, mit Kleinigkeiten angefangen hat! Wer fragt später noch danach, ob Allergien, Diabetes, Unfruchtbarkeit, unausrottbare Müdigkeit, Konzentrationsschwierigkeiten, Depressionen, Herzerkrankungen und sicherlich auch Krebs, Spätfolgen solcher voreiliger Medikationen mit körperschädigenden Mitteln sind, zu denen ganz gewiss nicht nur Antibiotika und Kortison gehören! Außerdem kannst du sicher sein, dass es nur eine Frage der Zeit ist, bis es widerstandsfähige Bakterien gibt, denen Antibiotika nichts mehr anhaben können und dann sind Infektionskrankheiten garantiert wieder so gefährlich wie vor hundert Jahren und können binnen kurzem wieder Massensterben verursachen, wie vor der Entdeckung der Antibiotika. Schade, dass eine so wertvolle Entdeckung, die als Segen dem Menschen im Ernstfall das Leben retten sollte, durch leichtfertige Handhabung zum Fluch wird!«

Kopfschüttelnd fügte die alte Heilerin hinzu: »Ich verstehe sowieso nicht den ganzen Aufwand, den man heute um einen Patienten betreibt. Viel einfacher, narrensicherer und kostensparender wäre es doch, im technisch voll ausgerüsteten Krankenhaus den Patienten auf einem Förderband gleich durch alle Untersuchungen, von der Urinprobe über das EKG bis hin zur Röntgenaufnahme, durchzuschleusen. Am Ende kann dann ja ein Automat, die vom Computer optimal ermittelten Medikamente, ausspucken. Die Gebrauchsanweisung für die Einnahme liegt schließlich sowieso dabei. Bei schwerwiegenden Untersuchungsergebnissen kann der Patient gleich in die entsprechende Abteilung zur ›Weiterbearbeitung‹ – Operation, psychiatrische Anstalt, Rehabilitation oder Endstation Recycling (sprich: Organverpflanzung) – abtransportiert werden. Die so genannten ›vertrauensbildenden Maßnahmen‹, die ein Arzt heute noch für viel Geld ausführt, kann dann sicherlich eine entsprechend geschulte Schwester billiger und wahrscheinlich auch besser übernehmen. Diese braucht sich dabei schließlich nicht mehr auf ›Nebenschauplätze‹ wie Untersuchung und Behandlung zu konzentrieren. So kann man mit wenigen, hoch spezialisierten Fachärzten, auskommen. In der heutigen, schnelllebigen Zeit wäre das auch ganz angebracht, denn das übrige Personal kann dann mit einem geringen Kosten- und Zeitaufwand ausgebildet werden. Mir dagegen ist bis heute nicht recht klar, warum ein Arzt nur so kurz zu studieren braucht, um die Heilkunde auszuüben. Früher, vor der Massenvernichtung der Hexen auf den Scheiterhaufen, kamen wir jedenfalls nicht mit unter zwanzig Jahren Lehrzeit davon. Aber damals wurde eine Heilerin nicht nur in Behandlungstechniken, sondern auch in Psychologie, Philosophie, Magie und Staatskunde ausgebildet, war also gesellschaftlich von großem Einfluss. Kein Wunder, dass sie aus Gründen der Machtgier vernichtet werden mussten.«

Sehr weit entfernt scheint man heute, Jahre später, von dieser Science-Fiction-Vorstellung der alten Heilerin über Patientenbehandlung nicht mehr zu sein. Bei uns in Schweden werden in dünn besiedelten Gebieten, mit weiten Entfernungen zum nächsten Arzt, inzwischen Versuche gemacht, Patienten von Schwestern per Computer untersuchen zu lassen. Die Daten und Bilder des Krankheitsherdes werden sofort an die kompetente Fachabteilung eines Krankenhauses weitergeleitet. So kann immer in kürzester Zeit von Spezialisten eine Diagnose gegeben werden. Nach anfänglicher Skepsis sollen sowohl Patienten als auch betreuende Schwestern sehr zufrieden sein. Peinlich wird es nur dann, wenn ein Arzt nur per Zufall entdeckt, dass sein Patient einen Gallenstau hat, weil gerade mal das Licht dem Patienten günstig ins Gesicht fällt. Denn die Laboruntersuchungen hatten kein Ergebnis darüber vermeldet, warum sich dieser Mann in letzter Zeit immer so abgeschlagen fühlte. Aber es sind wohl unvermeidbare Kinderkrankheiten, dass Maschinen nur dasjenige untersuchen können, was von ihnen gewünscht und wofür sie programmiert wurden. Wenn sie die neuen Entwicklungen noch erlebt hätte, würde meine alte Heilerin mit hintergründigem Lächeln gefragt haben: »Hat sich wirklich etwas geändert, trotz einer riesigen Armee von Ärzten, Wissenschaftlern, Vertretern der Pharmaindustrie, Spezialisten für Krankenhausbauten, Geräteherstellern und so weiter? Hat sich die allgemeine Volksgesundheit auch nur um einen Deut verbessert?«

Die alte Heilerin war manchmal etwas haarig in ihren Ansichten, aber dafür eine Quelle unerschöpflichen Wissens: von der Leinen- und Käseherstellung, über eine erfolgreiche Beinamputation, bei der von der Narkose bis zur Naht alles nur mit natürlichen Mitteln bewerkstelligt werden konnte, der Methode, eine Kuh auf eine Weise per Kaiserschnitt zu entbinden, dass sie weiterhin gebärfähig bleibt, bis hin zur Behandlung einfacher und schwerster körperlicher und seelischer Störungen – für alles hatte sie eine Antwort bereit. Sie konnte Kakao aus einheimischen Garten- und Wildpflanzen herstellen, der im Geschmack dem richtigen Kakao so ähnlich war, dass ihre Mutter deswegen während der Nazizeit von der Gestapo inhaftiert wurde, um sie zu zwingen, das Rezept zur Bereicherung der Volksernährung zu verraten, denn es gab im Krieg keinen Kakao mehr – allerdings erfolglos. Eines Tages goss sie sich in meiner Gegenwart aus Versehen siedendes Öl aus der Pfanne über die Hand, tauchte sie sogleich in eine Kräutermischung, worauf am nächsten Tag nur ein paar rote Flecken an die schwere Verbrennung erinnerten.

Es geschah praktisch bei jedem Besuch etwas Unbegreifliches und manchmal war es spannender als im Kino. Einmal klingelte es an der Haustür und eine ältere Frau kam mit schmerzverzerrtem Gesicht herein. Wie sich herausstellte, war sie Spanierin und arbeitete als Hilfskraft in einer Fabrik. In gebrochenem Deutsch klagte sie über furchtbare Schmerzen im Gesicht, die sich über die linke Kopfhälfte ausbreiteten. Sie hatte bereits vorher einen Arzt aufgesucht, der ihr starke Schmerztabletten verschrieb und ihr riet, sich operieren zu lassen, da eine Trigeminusneuralgie vorläge. Der Trigeminusnerv ist ein dreigeteilter Gesichtsnerv. Ich hatte gelernt, dass eine Entzündung dieser Nervenäste fürchterliche Schmerzen bereiten kann und dass der Betroffene seinen Kopf buchstäblich gegen die Wand schlagen möchte, um sich von seinem Schmerz abzulenken. Die arme Frau! In diesem Zustand schien sie sich wirklich zu befinden. Sie bat: »Kannst du nicht meinen Kopf besprechen? Vielleicht hilft mir das für ein paar Tage.« Die alte Heilerin glitt vorsichtig mit den Händen über den Kopf der Frau. Plötzlich stutzte sie, beugte sich nahe zu ihr herab und flüsterte: »Kannst du gut hören?« – »Was?! Ich höre so schlecht, meine Ohren sind vom Krach in der Fabrik ganz taub!« – »Was machst du gegen den Krach?« – »Ich stecke mir Watte in die Ohren.« – »Hmm...«, meine Lehrerin dachte nach und kramte zwei Schalen, eine Flüssigkeit und eine Art Spritze aus ihrem Schrank hervor. »Ich muss dir erst mal deine Ohren ausspülen.« Sie fing die Spülflüssigkeit sorgfältig getrennt in ihren zwei Schalen auf. Dann trat sie ans Fenster und betrachtete aufmerksam den Inhalt. Die Flüssigkeit in der Schale, die vom Ohr der schmerzenden Kopfhälfte stammte, war wunderbar sauber und klar, ganz im Gegensatz zu der des anderen Ohrs: Diese war bräunlich und unansehnlich. Ich schmunzelte verstohlen. Diesem Ohr hätte eine Wäsche wohl ganz gut getan. Meine Lehrerin dagegen betrachtete sonderbarerweise die Schale mit der sauberen Flüssigkeit viel aufmerksamer. Sie holte eine Lampe und leuchtete ins Ohr ihrer Patientin. Sie schüttelte nachdenklich den Kopf: »Es fließt kein Ohrenschmalz heraus!« Ach, darum war die eine Flüssigkeit so klar! »Ich sehe davon nichts und habe keine Erklärung dafür. Irgendetwas scheint in deinem Ohr zu stecken! Ich will versuchen, ob ich es herausbekomme.« Sie spülte das Ohr immer und immer wieder vorsichtig mit ihrer Spezialflüssigkeit. Langsam neigte sich der Tag seinem Ende entgegen. Ich sah der scheinbar sinnlosen Prozedur zweifelnd zu. Musste sie denn immer nach ihrem eigenen Kopf vorgehen? Die Frau hatte sich eine Erleichterung von ihren Schmerzen erhofft und ich mir, ehrlich gesagt, ein wenig »Hokuspokus«. Sie aber ignorierte einfach die gestellte Diagnose der entzündeten Nerven und versuchte stattdessen in einer komplizierten Prozedur, etwas, was noch nicht einmal sichtbar, aus dem Ohr herauszubekommen! Dann hellte sich ihr Gesicht auf: »Es löst sich!« Die Färbung des gerade aufgefangenen Spülwassers wirkte verändert. Plötzlich ergoss sich eine stinkende bräunlich- grüne Flüssigkeit aus dem Ohr, in der etwas Undefinierbares und Festes schwamm. Mir wurde leicht übel. Die Spanierin griff sich an den Kopf: »Der Druck ist heraus!« Die alte Heilerin untersuchte den Schaleninhalt: »Das feste Ding hier scheint Watte zu sein!« Die Auflösung war einfach: Der Patientin war unbemerkt ein Wattebäuschchen, das sie sich während der Arbeit ins Ohr gesteckt hatte, in den Gehörgang gerutscht. Nach einiger Zeit hatte sich dann eine Entzündung gebildet und später sogar eine Eiterung über dem Trommelfell. Dieses war inzwischen gerissen und Watte und Eiter tiefer ins Ohr eingedrungen. Daher die wahnsinnigen Kopfschmerzen, unter denen sie litt! Als wir wieder allein waren, wollte ich wissen, wie sie auf die Idee mit dem Ohr gekommen sei. Sie antwortete: »Ich finde es viel erstaunlicher, dass keiner vor mir auf die Idee gekommen ist. Aber da hat wohl wieder jemand eine Blitzdiagnose mit vielleicht beinahe fatalen Folgen gestellt. Man kann nur hoffen, dass der Facharzt, zu dem die Frau überwiesen wurde, vor seiner Behandlung die Diagnose noch einmal gründlich überprüft hat. Obwohl ich auch da schon sagenhafte Dinge erlebt habe. Für mich war die Diagnose ganz einfach: Als ich mit meinen Händen über den Kopf der Frau glitt, bemerkte ich einen Eiterherd schräg unter dem Jochbein. Eiter sticht in meinen Händen wie tausend Nadeln. Es war also keine Nervenentzündung! So musste ich nur noch die Ursache für den Eiterherd entdecken. Meine Hände spürten die Entzündung eindeutig mehr in Richtung Ohr als in Richtung Zähne. Der Rest war dann ganz einfach.« Ich war etwas rot geworden. Da hatte ich also meinen »Hokuspokus« gehabt und der ganzen Behandlungsprozedur zugeschaut, ohne etwas zu begreifen!

Ich erlebte mit der Heilerin auch manchen Spaß: Einmal saßen wir gerade gemütlich beisammen und unterhielten uns, als meine Ausbilderin hochfuhr: »Ach, was will denn der schon wieder hier!« Kurze Zeit später läutete es. Verwundert blickte ich auf. Woher hatte sie gewusst, dass Besuch zu erwarten war? Was schlurfte sie außerdem so merkwürdig krumm und um Jahre gealtert zur Tür? »Ach Muttchen, ich wollte Sie doch mal kurz besuchen und Ihnen danken, dass Sie Frau R. mit ihrem offenen Bein geholfen haben!«, ertönte eine jovial klingende Stimme im Flur. »Darf ich hereinkommen?« – »Aber natürlich«, hörte ich die wenig begeisterte Antwort. Meine Lehrerin schlurfte ins Zimmer, begleitet von einem sorgfältig gekleideten, etwa vierzigjährigen Mann. »Ach, Sie haben Besuch?« Er nickte mir herablassend lächelnd zu. Wir setzten uns zu Tee und Kuchen an den Tisch. Uff! Aus welcher Ecke hatte sie denn diesen muffigen, vertrockneten Kuchen gekramt? Und vom Tee rollten sich einem beinahe die Fußnägel hoch, so stark war er! »Aber nehmen Sie doch!« Ihr armer Gast wurde nachdrücklich zu einem zweiten Tässchen ermuntert. Mit etwas verkrampftem Lächeln begann dieser: »Ach Muttchen, Sie werden auch nicht jünger.« Meine Lehrerin grinste hinterhältig. »Wie haben Sie denn das offene Bein von Frau R. so schnell geheilt? Sie müssen wirklich Ihre Geheimnisse verraten, sonst wandern die noch mit Ihnen ins Grab!« – »Ja, ja, ich denke, Sie haben da wohl Recht, Herr Doktor«, antwortete sie mit etwas zittrig alt klingender Stimme. »Lassen Sie uns noch ein Tässchen Tee zusammen trinken.« Ich grinste. »Dann kommen Sie mit mir in den Garten und ich schenke Ihnen eine meiner Pflanzen für die Beine.« Kurz darauf kramte sie aus einem Schuppen einen Spaten heraus. Mühsam, diesen als Handstock benutzend, schlurfte sie auf die Beete zu, stach von einer simplen Beinwellpflanze eine Wurzel ab und reichte sie dem Mann, dreckig wie sie war. »Die müssen Sie einstecken, ja, ja, in Ihre Tasche – nein, nicht in die Hose, da trocknet sie aus!« Spöttisch bemerkte ich den hilflosen Ausdruck im Gesicht des Mannes, als er die schmutzige Wurzel in der Jackentasche seines makellosen Anzuges zu verstauen versuchte. »Die müssen Sie jetzt bei sich zuhause in gute Erde pflanzen und sorgfältig pflegen, damit sie groß und kräftig wird. Und dann müssen Sie jeden Abend mit der Wurzel reden und ihr erzählen, was Sie von ihr erwarten. In einem Jahr kommen Sie wieder und ich sage Ihnen, wie man sie erntet. Aber denken Sie daran: Immer schön reden!« Etwas überhastet und kopfschüttelnd verabschiedete sich der bis eben noch so neugierige Gast. Man konnte leicht seine Gedanken erraten: Sollte er etwa zum Ergötzen seiner Nachbarn in Beeten herumkrabbeln und Selbstgespräche mit seinen Pflanzen führen? Die alte Frau musste eindeutig einen »Sprung in der Schüssel« haben! Sie blickte ihm mit zufriedenem Gesichtsausdruck nach und lachte mir zu: »Na, der kommt so schnell nicht wieder!« Als ich sie fragte, warum sie den armen Doktor auf den Arm genommen habe, wo er doch so interessiert gewesen sei, erwiderte sie schmunzelnd: »Wieso, ich habe ihm genau das gesagt, was er wissen wollte. Wenn er es nicht glaubt, ist das sein Problem! Dieser Mann hat keine Beziehung zu den Pflanzen, doch die muss er entwickeln, wenn er mit ihnen heilen will. Na und das bisschen Maskerade... Spaß muss schließlich sein! Du weißt ja, Hexen wollen keine Jünger um sich scharen, die wegen einiger geschickt dahingeworfener Worte und Effekte mit glasigen Augen an ihren Lippen hängen.«

Einmal ließ sie sich von mir nachhause einladen. Mein Mann, der ihrem Besuch mit großen Erwartungen entgegengesehen hatte, war etwas enttäuscht von der auf den ersten Blick ganz gewöhnlich wirkenden Frau. Mit Überraschung reagierte er, als sie ihn plötzlich fragte, warum zwischen seinen Insektenbestimmungsbüchern ein Buch umgedreht stehe. Als er daraufhin erstaunt in sein Arbeitszimmer eilte, fand er auf diese Weise seine seit Wochen vermisste schwedische Grammatik wieder. Als sie ihn auch noch darauf aufmerksam machte, dass unter seinem Schreibtisch die Feuchtigkeitssperrschicht in der Wand zerstört sei, was schon am Geruch zu erkennen sei und sich der giftige schwarze Kellerschimmel auszubreiten beginne, was sich auf Dauer sicherlich negativ auf seine Gesundheit auswirken würde, dämmerte ihm langsam, dass doch einiges nicht ganz so gewöhnlich an dieser Frau war. Die alte Heilerin wusste besser in seinem Arbeitszimmer Bescheid als er selbst, obwohl sie sich kaum zwei Minuten darin aufgehalten hatte. Ihre Wahrnehmungsfähigkeit lag weit jenseits aller Erfahrung.

Manches, was ich mit ihr erlebte, blieb mir lange rätselhaft. So klagte ich ihr einmal im Spaß, dass meine Kinder meinen Nähmaschinenschlüssel beim Spielen verloren hätten: »Na ja«, sagte ich, »das spart Arbeit, da müssen sie die Löcher in den Hosen eben behalten.« Als ich mich verabschiedete, meinte meine Lehrerin zu mir: »Schlüssel liegen oft an unmöglichen Stellen, manchmal sogar in der Asche.« Ich dachte: »Das kann wohl vorkommen« und vergaß das Ganze. Im nächsten Frühjahr siebte ich die Ofenasche für den Garten durch, da lag plötzlich im

Sieb – der vermisste Schlüssel! Ein anderes Mal machte ich mit ihr zusammen Konzentrationsübungen vor einer Kerze. Plötzlich erlosch sie. Hoppla! War der Docht nicht in Ordnung? Verwirrt holte ich die Streichhölzer vom Schrank und zündete eines an. Im selben Moment flammte die erloschene Kerze wieder auf, obwohl ich mit meinem Streichholz noch nicht einmal in ihre Nähe gekommen war. Einmal rutschte ein Buch vor meinen Augen grundlos vom Tisch; ein anderes Mal, als meine Ausbilderin mir zeigte, wie man einen Stein mit Energie auflädt, verbrannte ich mich beinahe an einem gewöhnlichen Feldstein, weil er so heiß wurde, dass man ihn kaum noch anfassen konnte. Bei solchen Erlebnissen bestürmte ich sie anfangs immer mit Fragen nach dem Wie und Warum. Die unwillig gebrummte Antwort war fast nie zu verstehen. Einmal murrte sie: »Dazu bist du noch zu klein.« Das hörte ich mit meinen stolzen Ein-Meter-Achtundsiebzig auch zum ersten Mal. Langsam verstand ich, dass man für ihre Art von Wissen nicht den Mund zum Fragen verwenden durfte, um etwas zu begreifen. Das Großhirn konnte derartiges nicht fassen, sondern das Geschehene nur mit hoch entwickelter Empfindsamkeit erfühlt und mit hellwachen Sinnen wahrgenommen werden.

Das von ihr Erlernte half uns im Laufe der Jahre, von unseren Zivilisationsschäden zu genesen. Wir waren körperlich ausgesprochen leistungsfähig geworden und in all den Jahren, in denen wir auf Pyntarna wohnen, sahen wir fast nie den Arzt. Wir benötigten für unsere zahlreichen Tiere auch keinen Veterinär. Dazu wusste ich nun ein wenig, warum Menschen seelisch und körperlich krank wurden und was man dagegen tun konnte. Im Garten wuchsen die Pflanzen trotz des rauen Klimas inzwischen sehr gut, denn ich verstand ihre Zeichen und die des Wetters viel besser zu deuten. Im Haushalt gelang der selbst gemachte Käse leichter. Mit jedem Schritt mit dem ich es lernte, mich sensibler innerhalb der Gesetze der Schöpfung zu bewegen, erkannte ich auch neue Zusammenhänge. Und nur die Anwendung der Erkenntnisse schaffte in mir Raum zu wieder frischen Einblicken.

Kräfte der Natur

Kapitel 20 - Lachen – Weinen

Wir haben auf Pyntarna zwar viel gearbeitet, aber auch viel über uns selber gelacht. Mit hartnäckiger Regelmäßigkeit sahen wir unsere wohl durchdachten Vorstellungen von der Wirklichkeit wie Seifenblasen zerplatzten. Wie heißt es so schön: »Erstens kommt es anders und zweitens als man denkt.« Nicht jeder besaß den Humor, die Situationskomik zu erfassen und über sich selber zu lachen, dabei waren es gerade diese vielen, kleinen Episoden, die unseren Arbeitsalltag würzten und frisch hielten.

Einen häufigen Anlass dazu gaben unsere zahlreichen Tiere. Denn sie zeigten relativ selten Verständnis für hochintellektuelle Gedankengänge, sondern reagierten in der Regel nur »langweilig«, ihren Instinkten gemäß – uns oft zum Spott.

In den ersten Jahren transportierten wir allen nicht wieder verwertbaren Abfall mit unserem Pferd Katitzi und einem großen Ackerwagen den Berg hinunter an die Straße. Während Willy das Pferd festhielt, lud Valdemar den Müll aus der Scheune auf den Wagen. Es wurde gepackt und gepackt und nahm einfach kein Ende. Dieses Mal war sehr viel Eisenschrott dabei. Katitzi döste schläfrig vor sich hin. Die Männer, entzückt über ihr träges Ackergaul-Verhalten, überließen sie sich selbst, um geschwind ein schweres Teil zu zweit herbei zu schaffen, welches dann auch mit fürchterlichem Getöse auf den Wagen krachte, sodass Katitzi erschreckt aus ihren süßen Träumen erwachte und misstrauisch den Kopf hob: »Was soll denn das hier? War etwa Gefahr im Anzug? Nanu, keiner mehr da? « Etwas unschlüssig setzte sie mal so zur Probe ein Bein vor das andere. »Huch, was ist denn das!« Nun verfolgte sie auch noch dieses beängstigende Gerumpel. - Bloß weg hier!! Ich kam gerade aus dem Haus, nur um noch zu sehen, wie Willy dem Wagen nachrannte und mit dem Mut der Verzweiflung es gerade noch schaffte, sich hinten an den Karren daran an zu hängen, um mit aussichtslosem Gezerre zu versuchen das davon rollende Fuhrwerk aufzuhalten. Aber nichts half und mit Holterdiepolter flog das merkwürdige Gespann im brausenden Galopp von einem Schlagloch ins andere. Schnell entschwand das Gefährt meinen Blicken. Eine Zeit lang hörte man noch ein verzweifeltes »Halt, Halt!« Dann nur noch infernalisches Gerumpel, Geklapper und Geschepper, das sich mehr und mehr in der Ferne verlor. Oje, ob wir jemals Willy und Pferd und Wagen wieder heil zu Gesicht bekommen würden!? Die Männer schwangen sich auf die Fahrräder und brausten im Eiltempo der Höllenfuhre hinterher. Zunächst fanden sie Willy, im Graben liegend. Die weitere Verfolgung war durch die überall herumliegenden Schrottteile leicht möglich. Während ich zuhause darüber nachdachte, wo wir wohl am besten unser Pferd bestatten könnten, verzehrte sich Valdemar in Trauer um seinen schönen Wagen. (Sind Männer irgendwie materialistischer eingestellt als Frauen?) Nach einigen Kilometern ließ der beängstigende Krach allmählich nach, weil sämtliche, ein Pferdeleben bedrohenden »Eisenunholde« schließlich doch die Flucht ergriffen hatten (sprich: in die umgebende Landschaft entsorgt worden waren). Das Problem war nun gelöst und Katitzi konnte in dem ruhigen Bewusstsein, selbstständig eine durch Menschenhand fahrlässig herbeigeführte Bedrohung tapfer gemeistert zu haben, stehen bleiben. Als die Männer angeschnauft kamen, schaute sie diese nur vorwurfsvoll an: »Wie könnt ihr eine Dame wie mich, in derart unerfreuliche Umstände bringen?« Zum Glück war alles heil geblieben.

Katitzi benahm sich jedoch des Öfteren etwas speziell und sorgte so für manchen Spaß. Unser Praktikant Michael, ein Vollblutstädter wie er im Buche steht, hatte Pferde bislang nur im Fernsehen gesehen. Irgendwie wurden diese Tiere dort immer als Fortbewegungsmittel benutzt! Also versuchte er gleich, das dort Gesehene mit einem vierzig Kilometer weiten Ritt in die Praxis umzusetzen, um etwas Butter zu kaufen. Erstaunt hörte ich mir seinen Tagesbericht an und fragte besser nicht nach Einzelheiten – die Butter, die noch in Schrank stand, sprach schließlich für sich. Hanno, unser zweiter Praktikant, erst Magister der Philosophie, dann Taxifahrer in Berlin, wollte daraufhin auch ausreiten. Michael und er machten sich auch sofort ans Satteln.« Grinsend betrachtete ich das Trio: Katitzi sah recht abenteuerlich »montiert« aus, Michael saß auf ihrem Rücken und zeigte Hanno, wie ein Pferd zu »starten« sei - ganz einfach kräftig mit den Armen wedeln und mit den Beinen rudern! Das Ganze erinnerte sehr an einen startenden Schmetterling. Katitzi setzte sich gutwillig in Bewegung: Schritt und Trab, Wenden und Halten: Es ging wunderbar. »Na«, dachte ich nur, »reiten ist ja wirklich einfach.« – »Also gut, Hanno, jetzt du!« Gleiche Hilfen: Nichts. Fachgerechte Erklärungen meinerseits: Nichts. Katitzi rührte sich nicht von der Stelle. Unwillig schüttelte sie den Kopf. Ein leichter Klaps und ein paar anfeuernde Worte brachten sie endlich in Schwung. Mann, war unser sonst so übermütiger Renner lahm! Hoppla! Plötzlich eine Kurve, scharfer Trab und Hanno erprobte die wichtigste Übung beim Reiten – unbeschadet absteigen. Unser vierbeiniger »Hafermotor« dagegen brauste im »Kavaliersstart« mit funkensprühenden Hufeisen auf den Stall zu und klopfte ungeduldig an die Tür. Ein Pferd kann zwar nicht reden, aber ganz schön laut denken…

Ich begann zu grübeln, wie schnell es manchmal Tieren gelingt, uns den Spiegel unseres Selbst vorzuhalten. Für Katitzi war klar: Michael hatte etwas Wichtiges vor und das wollte er auch durchführen, also musste man sich als Mitglied der Herde wohl damit einverstanden erklären. Für Michael war es noch einfacher: »Was andere können, das kann ich auch!« Also ging er frisch an alles heran und trug die dabei regelmäßig einzusteckenden Schlappen mit Humor, ohne sich dabei aus den Schwung zu bringen lassen. Für ihn waren Probleme dadurch ähnlich leicht zu bewältigen, wie für unseren Praktikanten Jürgen, der eines Tages feststellte, dass die Weidepforte offen stand und sich ohne viele Worte auf den Weg machte, um Katitzi wieder zu suchen. Jürgen, ebenfalls eine Großstadtpflanze, hatte zwar eine Trense dabei, aber noch nie ein Pferd an einem derart komplizierten Ding befestigt. Umso verblüffter war ich, als ich plötzlich wildes Hufgetrappel vernahm und Katitzi mit Jürgen (festgekrallt an ihrer Mähne) auf den Hof gerast kam. Auf meine verwunderten Fragen hin, berichtete der feurige Reiter noch etwas schlotternd, er habe Katitzi zwar gut finden können, ihre Spuren seien ja deutlich sichtbar auf der Schotterstraße zu sehen gewesen, dem Pferd die komische Trense anzuziehen, hätte sich dann allerdings als etwas schwieriger herausgestellt. »Wie man sieht«, dachte ich im Stillen, als ich mir das merkwürdige Gebilde an Katitzis Kopf ansah. Doch nur der Erfolg zählte – aber was sollten um alles in der Welt Jürgens Sandalen an den Zügeln bedeuten? Jürgen war inzwischen etwas zu Atem gekommen und erklärte grinsend: »Erst hab ich Katitzi ja geführt, aber sie ging so brav mit, dass ich dachte, ich könnte eigentlich einmal versuchen, sie zu reiten. Dabei störten mich meine dummen Schlappen allerdings gewaltig, dauernd fielen sie mir von den Füßen. Und weil ich nicht wusste, wohin mit ihnen, habe ich sie an die Zügel gehängt.« Ich musste seufzen. »Aber warum kommst du hier hoch gepprescht als wäre der Leibhaftige hinter dir her?« – »Oh, ich dachte im Gegenteil, mein erstes Reitabenteuer würde beim Leibhaftigen enden! Erst war ja alles sehr schön und gemütlich, aber als Katitzi einmal wegen der Stechfliegen den Kopf schüttelte, klatschten meine Schlappen an ihren Hals, worauf sie vor Schreck anfing, zu traben. Das fand ich bei meinen nicht eben Grand-Prix-tauglichen Reiterfahrungen schon mehr als schnell genug; aber die verflixten Latschen kamen jetzt so richtig in Schwung und knallten Katitzi erst recht um den Hals!« – »Tja«, meinte ich grinsend zu ihm, »dann vergiss nur beim nächsten Mal deine Sandalen nicht, falls du es wieder einmal besonders eilig hast!« In den nächsten Tagen lief Jürgen dann wegen seines Muskelkaters, sehr zur allgemeinen Erheiterung der übrigen Hofbesetzung, im wiegenden Marlboro-Mann-Gang umher. Er gab dazu trocken von sich: »Nur kein Neid, wollte nur mein John-Wayne-Image etwas aufpolieren, außerdem haben meine Beine jetzt endlich die rechte Passform fürs Reiten.«

Hanno war da eine völlig andere Natur, ständig am Philosophieren und rechten, wie wohl am besten ein allgemein gültiges Weltbild zu schaffen sei. Seine Hauptbeschäftigung war das Zweifeln an dem, was war und was sein wird, an sich und seiner Umwelt (und an allem, woran man sonst noch zweifeln kann). Zu jener Zeit erschien ihm ein Leben völlig ohne Technik das einzig Erstrebenswerte. Nur mithilfe des Arbeitskameraden Pferd wollte er sein Leben meistern. Als er dann in der rauen Wirklichkeit seine ersten, ihn nicht gerade ermutigenden Reiterfahrungen mit Katitzi gemacht hatte und anschließend Valdemar nur mit Spaten, Axt und Brechstange versehen, beim Ausroden von Baumstümpfen half, geriet er in eine tiefe Krise und beschloss, sein Weltbild noch einmal zu überarbeiten. Die Folge davon waren warnwitzig komplizierte Theorien von Rodungs-Maschinen, die er im Geiste entwarf. Zu seinem Glück wurde das Roden der Stubben dann erst einmal unterbrochen, weil am nächsten Tag Holzeinschlag angesagt war und Hanno ganz glänzende Augen bekam, als er hörte, wie viel Geld ein Kubikmeter Industrieholz einbrachte. »Waldarbeiter – das ist das Richtige!« Nach zwei Tagen, etwas matt am Abendbrottisch, sinnierte Hanno darüber, ob man nicht die großen „Harvester" so umbauen könne, dass man sie auch auf naturgemäße Weise, etwa so schonend wie Pferde, im Wald einsetzen könne. (Ein „Harvester" ist ein riesiger

Vollernter für Bäume, der das Leben eines Waldes im Schnellverfahren beendet: bequem, computergesteuert, vollklimatisiert und mit Stereomusik für den Fahrer. Er ersetzt wenigstens sechzig Waldarbeiter und hinterlässt – Wüste!)

Als Hanno danach zur körperlichen Erholung bei der Honigernte mithalf, schien er nun doch endlich das Richtige für seine Zukunft gefunden zu haben: »Imker ist schon was Tolles, da kann man wirklich mit wenig Aufwand sagenhaft viel Geld verdienen.« Nachdem er einen Tag lang die Honigschleuder gedreht hatte, verstand er, warum man im antiken Griechenland für solche Arbeiten immer nur Sklaven eingesetzt hatte und als ihn dann auch noch einige der Bienen stachen, gab er seinen gefährlichen Berufswunsch lieber wieder auf. Nun wurde es allerdings langsam schwierig, eine Erholung von der Erholung der Erholung der körperlichen Strapazen des praxisnahen Landlebens zu finden. Aber es galt ja noch Heilpflanzen für meine Hausapotheke zu sammeln. Sofort war er Feuer und Flamme! »Oh«, meinte er, »ein Heilpraktiker hat wirklich einen wunderschönen und naturnahen Beruf.« Als er einige Tage damit verbracht hatte, auf kilometerlangen Wanderungen durch unwegsame Wälder, in mühevoller krummgebückter Weise, einige Kräutersäcklein zu füllen, kam ihn die grundlegende Erkenntnis, dass er seine Vorstellungen viel besser in Berlin verwirklichen könnte. Die Kräuter seien viel einfacher und recht billig in der Apotheke zu kaufen, da sie von den Erzeugern schließlich plantagenweise angebaut und mit mähdrescherartigen Maschinen in großen Mengen geerntet werden könnten. Schließlich wäre auch zu bedenken, dass eine Naturheilpraxis in der Stadt wegen der größeren Anzahl der Patienten rentabler wäre. Auch würde die Natur entlastet, wenn seine Kundschaft nicht lange Reisen zu ihm aufs Land unternehmen müsste. Damit verloren wir zu unserem tiefsten Bedauern unseren wertvollen Mitarbeiter. Ob er immer noch in der Großstadt Taxi fährt?

Erlebnisse dieser Art hatten wir öfter. Da war z. B. Andreas, unser Ultrarechter: Markige Blut- und Boden-Sprüche von sich gebend, wollte er in die Urheimat der Germanen zu seinen arischen Wurzeln zurückkehren und wieder Verbindung zum Boden aufnehmen. In seinem Zimmer hing der Wahlspruch: »Es gibt kein größeres Glück auf Erden, als nach althergebrachter Weise mit eigenen Stieren die Fluren seiner Väter zu pflügen.« Na ja, Stiere hatten wir keine und Katitzi erschien mir für den Anfang auch etwas zu schade, also drückte ich ihm einen Spaten in die Hand, denn es war noch einiges im Garten zu erledigen. Er konnte ja zumindest einmal damit anfangen, nach seinen Wurzeln zu graben. Aber es fehlten wohl doch die Stiere, denn schnell erklärte er uns, er habe noch wichtige Versammlungstermine und müsse abreisen.

Die Suche nach Lebenssinn, oder was immer darunter verstanden wurde, bewegte viele Menschen, die zu uns kamen. Sie schienen Pyntarna als eine Art Fundbüro anzusehen, wenn sie dort frisch inspiriert von ihren letzten Seminaren und immerfort auf der Jagd nach ihrem Selbst, eintrafen. Warum suchten sie ihr Selbst eigentlich? Schleppten sie es nicht ständig mit sich herum?! Inzwischen etwas misstrauisch geworden, hoffe ich dennoch, nicht einmal verlorenen Menschenteilen zu begegnen, die dieses

Selbst darstellen. Ich hatte es da etwas einfacher: Jedes Mal, wenn ich nach dem Duschen den beschlagenen Spiegel wieder klar rieb, stand ich meinem eigenem Selbst mit allen Fehlern und Falten wieder gegenüber und ersparte mir so viel Zeit.

Unser eigener Versuch der Selbstfindung scheiterte leider sehr kläglich. So besuchte uns einmal eine junge Dame, die uns erklärte, sie sei durch vielerlei Initiationsriten eine »Feuerfrau« geworden. Mittels indianischer Schwitzhüttenrituale und Traumreisen war sie Seminarteilnehmern dabei behilflich, ihr Selbst zu finden. Das hörte sich sehr spannend an! Und sie erklärte sich auch bereit, mit uns an einem von ihr sorgfältig nach dem kosmischen Kalender ausgewählten Abend, eine echte Feuerzeremonie der Dakota-Indianer durchzuführen. Dakota Indianer schienen in ihrem kosmischen Kalender keine Wetterberichte vorzusehen, und so begann der Tag zunächst mit Dauerregen. Doch wir hatten uns auf einen schönen Abend gefreut und so verging der herbeigesehnte Tag mit Vorbereitungen, an denen alle gespannt teilnahmen. Beim Sonnenuntergang trafen wir uns erwartungsvoll im Wald. Jeder von uns trug einen Holzstab, mit Wollfäden in den Farben der Dakotas umwickelt und fieberte dem Kommenden entgegen. Endlich, in eindrucksvolle Gewänder gehüllt, erschien die »Feuerfrau«. Kunstvoll schichtete sie das Brennholz auf, wobei sie uns erklärte, schon der Aufbau des heiligen Feuers geschehe nach uralter Tradition und sei, wie jeder weitere Schritt, äußerst wichtig für das Gelingen der Zeremonie. Darauf wurde nach dieser langen Vorrede zu unserem Erstaunen ein hochmoderner Grillanzünder zwischen die Scheite geschoben und mit einem Einwegfeuerzeug zum Brennen gebracht – jedenfalls vorläufig. Das Holz war noch regennass, der Anzünder flackerte lustig, das Holz schwelte vor sich hin – und verabschiedete sich in unter trübseligen Rauchwölkchen. Als der letzte Würfel der Feueranzünder mit dem gleichen Resultat verbraucht war, zuckte unsere »Feuerfrau« bedauernd mit den Achseln: »Wir müssen die Zeremonie auf einen günstigeren Tag verlegen« und rauschte davon. Wir, ihre andächtige Gemeinde rangen noch mit unserer Verblüffung, als sich mitten in die ihrer festlichen Stimmung beraubten Gesellschaft unsere damals achtjährige Tochter Svanhild geräuschvoll durchs Gebüsch brach. Keiner hatte während der feierlichen Andacht bemerkt, dass sie schon seit Längerem verschwunden war. Sie kehrte mit einem Arm voller Birkenrinde und abgestorbenen Reisern zurück. Behändig räumte sie die angekohlten Holzstücke beiseite, schichtete Rinde, Äste und Holz in einem wirren Durcheinander wieder auf die Feuerstelle und blies – vielleicht nicht ganz stilecht nach der Tradition Traumreisender, aber bestimmt nach uralter Tradition knurrender Kindermägen, in die schwächliche Glut und binnen kurzem flackerte ein lustiges, für Waffelbäckerei geeignetes Feuerchen. Bald dachte keiner mehr darüber nach, dass durch etwas weniger Hochstapelei der selbstgewählte Fall unserer Feuerfrau vielleicht nicht ganz so tief ausgefallen wäre. Wussten wir selber nur zu gut wie weit auseinander gewünschte Theorie und erprobte Praxis von einander lagen und ein gelöstes Lachen die Situation gewöhnlich rettete. Schließlich gehörte Feueranmachen bei feuchtem Wetter zum Einmaleins spielender Kinder im Wald und so nahm der Abend ein schönes harmonisches Ende.

Unsere Feste, wie z. B. das Richtfest für den Stallkeller, entwickelten oft ihre eigene Dynamik. In wochenlanger schwerer Knochenarbeit hatten wir endlich die Fundamente für den neuen Stall fertig gestellt, den zukünftigen Stallkeller und eine Jauchegrube aus dem massiven Fels herausgesprengt, sowie mit Spitzhacke, Brechstange und Vorschlaghammer hartnäckige Reste, die sich einfach nicht lösen wollten, aus dem Bergmassiv herausgeschlagen. Bisweilen drängten sich uns Bilder mittelalterlicher Leibeigenschaft auf, wenn wir im Schweiße unseres Angesichtes zentnerschwere Felsbrocken aus dem Keller trugen und wir vermissten schon beinahe den dazugehörigen Aufseher mit der Peitsche. Während lang anhaltender Regenfälle verwandelte sich die Jauchegrube, an der wir gerade mauerten, in ein feuchtes Verlies, in dem wir Kerkerinsassen Zwangsarbeit zu leisten hatten. Wir lachten viel über unsere missliche Lage und uns drängte sich der Gedanke geradezu auf, den Abschnitt des Fundamentbaues mit einem zünftigen Ritterfest abzuschließen.

So dekorierten wir den halbfertigen Keller feierlich zur Festhalle um, in der wir an langer Tafel aus umfunktionieren Verschalungsbrettern zu »speisen« gedachten. Ein Teppichläufer wurde als Tischtuch zweckentfremdet und aus liegengebliebenen Steinblöcken passend unbequeme Sitzgelegenheiten geschaffen. Als wir uns abends in unseren etwas abenteuerlich drapierten Festgewändern an der mit allerlei Köstlichkeiten unserer »mittelalterlichen« Küche gedeckten Tafel einfanden, entwickelte sich schnell, unter Außerachtlassung neuzeitlicher Tischsitten, ein wildes Gelage. Behaglich laut rülpsend nach überstandener Schlacht, konnten wir uns endlich dem Gefühl überfüllter Bäuche und überstandener Tafelfreuden hingeben. Doch nicht lange, als plötzlich zwei »Raubritter« auftauchten, die uns und bald auch sich selbst in spöttischen Versen derb zu verhöhnen begannen. Schnell gerieten die Beiden in Streit miteinander und es endete, wie es enden musste: Ritter Volker warf erbost über die ihm zugefügten Ehrverletzungen, Ritter Tom seinen Fehdehandschuh zu Füßen und forderte ihn barsch zum Zweikampf im Lanzenstechen auf. Dazu erschien das drei Meter hohe Sprungbrett an unserem See gerade recht. Auf dem Weg dorthin malten wir uns in schillernden Farben aus, wie der Unterlegene unweigerlich in unserem dunklen „Moorsee" voller Ungeheuer versinken würde. Doch der Kampf verlief anders als geplant. Nachdem Ritter Volker mit einem schauerlichen Schrei von Ritter Tom überwunden in die finstere Tiefe hinabstürzte, erklomm er anschließend wütender denn je wiederum den Sprungturm, um den eben noch triumphierenden Ritter Tom gleichfalls ins kalte Nass zu stürzen. Doch auch nach vielen Runden ließ sich keine endgültige Entscheidung ihres Zweikampfes fällen, weil gerade immer der am Rand Stehende ins Wasser fiel und sich zudem gewalttätige Übergriffe auf vollkommen unbeteiligte Zuschauer, die einfach mit ins Wasser gerissen wurden, häuften. Alle schließlich tropfnass entschieden wir, dass es besser wäre, den Kampf mit Tauziehen fortzusetzen. Als Austragungsort erkoren wir eine kleine, aber umso schlammigere und nach Moder riechende Moorkuhle. Diese lag genau zwischen den beiden Kontrahenten, sodass der Verlierer unweigerlich in ihr versinken musste und es begann ein schonungsloser Kampf, der auf nichts und niemanden mehr Rücksicht nahm. Als Tom schließlich im Moor versank und Volker schmutzig, aber als strahlender Held feststand, fühlten sich unsere Urmenschengefühle, die uns während der »Zwangsarbeit« der letzten Wochen oft überfallen hatten, voll befriedigt. Saure Arbeit, frohe Feste! Am nächsten Morgen regte sich jedoch mein schlechtes Gewissen und ich wusch den »Rittern« ihr schmutziges »Wams« in meiner Waschmaschine.

Bei manchen Erlebnissen hörte jedoch selbst für mich der Spaß auf und es dauerte Jahre, bis ich in der Lage war, auch manch menschliche Tragödie, die sich auf unserem Hof abspielte, zu verarbeiten. So kam eines Tages das Paar Franz und Anja mit ihren beiden Kindern zu uns. Franzens großer Traum war es, so frei in der Natur zu leben wie wir. Doch Anja konnte sich etwas Angenehmeres für ihr Leben vorstellen. Aber auf unserem Hof angekommen hoffte sie, dass nun für all jenes Zeit blieb, das sie in ihrem bisherigen Leben vermisst hatte: Platz für die Kinder zum Spielen und einen Mann, der sich Zeit für sie nahm. Aber wie so oft ändern die Menschen ihre Lebensumstände, aber nicht sich selbst und Anja hatte ihre eigene Vorstellung von Freiheit und Kindererziehung: Sie ließ ihre Kinder sich so frei entfalten, dass sie sie nicht selten den ganzen Vormittag einfach vergaß. Ein Mal beschimpfte sie Valdemar als Rohling, weil er ihren Sohn resolut davon abgehalten hatte, einer schon vor Zorn bebenden Kuh weiterhin Steine an die Nase zu werfen. Valdemar meinte daraufhin nur achselzuckend: »Na, dann darf sie eben das nächste Mal ihren kleinen Liebling selber der Kuh von den Hörnern ziehen, wenn die vor Wut explodiert. Wie nennt man so etwas noch gleich? Erlebnispädagogik?«

Diesem kleinen Kerl war blitzschnell klar geworden, dass mit Valdemar nicht gut Kirschen essen war. Statt sich mit ihm anzulegen, flitzte er in mein Schlafzimmer, wohin ich vorsichtshalber das neue, mir von meinen Eltern geschenkte Teeservice verfrachtet hatte, um es aus seiner Reichweite zu bringen. In einem seiner vielen unbewachten Momente baute er einen Teil davon auf dem Balkon auf, eröffnete seine Kanonade mit der Teekanne und ließ anschließend jedes Geschirrteil einzeln herab sausen. Im Unsinn machen war er allen anderen mir bekannten Kindern haushoch überlegen. Ständig schwebte ich in tausend Ängsten: Spielte er schon wieder hinter dem rangierenden Traktor, hing er über dem tiefen Brunnen, von dem er den Deckel weggezogen hatte, oder kletterte er auf der wackligen Leiter hoch, um auf den Speicher zu gelangen, wo gefährliche Werkzeuge gelagert wurden? Fast hätten sich meine düsteren Ahnungen bewahrheitet: Als auf dem Hof zwei Bagger und ein Lastwagen gleichzeitig auf engem Raum hin- und her rangierten, wieselte er zwischen den riesigen Rädern und Schaufeln umher und wäre um Haaresbreite überfahren worden. Ich raste hinunter, um das Schlimmste zu verhindern. Im neunten Monat schwanger und mit meinen Kräften völlig am Ende, konnte ich mit dieser ganzen zusätzlichen körperlichen Belastung nicht mehr fertig werden. Es kam zu einer Sturzgeburt und das Kind starb. Bei Valdemar riss der Geduldsfaden und er verwies Anja des Hofes. Doch sie grinste ihn nur an und gab ihm zu verstehen, dass es noch immer sie selbst sei, die den Zeitpunkt ihres Weggehens bestimme. Darauf demonstrierte Valdemar ihr den Ernst der Lage, indem er einen Teil ihrer Einrichtungsgegenstände im hohen Bogen nach draußen beförderte. Franz blieb noch eine Weile, doch folgte er ihr einige Wochen später, um sich nach vielen vergeblichen Versuchen um ein harmonisches Zusammenleben, letztendlich doch von ihr zu trennen.

Damit hatte diese hässliche Episode ein recht unglückliches Ende gefunden. Lange Zeit quälte mich der Gedanke, den Tod meines Kindes verschuldet zu haben. Mir wurde bewusst, dass ich mich nicht hätte peinigen lassen dürfen. Mein Kind war damals die unschuldige Dritte gewesen. In meinen Träumen sah ich meine kleine Lilian in meinen Armen liegen und schlafen, als würde sie jeden Augenblick die Augen öffnen. Trauernd besuchte ich dann Ihren kleinen weißen Grabstein, um das Unfassbare zu begreifen. Das war sehr bitter für mich. Ich war noch weit davon entfernt, zu erkennen, dass auch durch eine Veränderung der äußeren Umstände der Mensch dennoch in sich selber gefangen zu bleiben schien. Lange Zeit reagierte ich ziemlich barsch und kurz angebunden, ich war komplett überarbeitet, ausgelaugt von meiner fünften Schwangerschaft und voller Trauer über meine tote, kleine Tochter, die nie die Sonne auf der Haut, nie den Wind in den Haaren würde spüren können… Heute würde man wohl sagen: Ich brannte aus. Alles erschien mir schwer und niederdrückend. Wir waren in ein fremdes Land ausgewandert und hatten alle Brücken hinter uns abgebrochen. Vier Kinder wollten tagtäglich versorgt werden, die Tiere fragten ebenso wenig danach, ob man sich wohl fühlte, auch sie forderten ihre Routinen; zudem musste das Haus geheizt werden. Wir hatten noch nicht einmal Strom, um die Situation im Winter etwas zu entschärfen. Zur Routine gehörte ebenso selbstverständlich, dass man bei Temperaturen von dreißig Grad Minus alle zwei Stunden in der Nacht die Öfen nachlegte und den Rauchabzug kontrollierte, wie dass man Hunderte von Litern Wasser in den Stall schleppte, um die Tiere zu tränken. Die Kinder mussten über ungepflügte Wege an die Straße zum Schulbus gebracht werden, nachdem man selber schon seit fünf Uhr früh auf den Beinen war.

Bei uns war der eindeutige Nachteil dass wirklich alles mit allem zusammenhing. Für manchen war dies schwer zu durchschauen. Bislang hatte ich mir nie große Gedanken über den Unterschied von Wort und Tat gemacht. Befanden wir uns nicht alle auf einen Weg der Erkenntnis. Doch langsam fehlte mir die Kraft zur Diskussion. Wenn Rolf zum vierten Mal hintereinander verschlafen hatte und die Pferdeställe, die er ausmisten wollte, sich langsam in einen Saustall verwandelten, schien für ihn überhaupt kein Zusammenhang darin zu bestehen, dass er zuvor sein eigenes Pferd wegen eines Fäulnispilzes am Bein hatte töten müssen. Er ritt zwar täglich auf den Tieren aber eine sorgfältige Betreuung der auf uns angewiesenen Kreatur hatte wenig mit Maschinen zu tun, die man nach Blieben aus dem Verschlag holten und gebrauchen konnte. Dazu kam häufig, dass jemand seine Unkenntnis im Umgang mit Tieren durch groben, rohen Umgang mit ihnen zu verdecken versuchte. Es war symptomatisch, dass vor allem unschuldige Geschöpfe unter solchen narzisstischen Naturen zu leiden hatten.

Ein nie enden wollender Verdruss waren auch die ständigen Selbstzweifler. Gestern noch mit allen erdenklichen Zusagen große Pläne machend, morgen schon ihre Koffer packend, denn von Problemen handelte dieser Traum nicht. Aber auch Menschen vom Typ „wandelnde Fusselrolle" wurden schwer zu ertragen. Bei allem und jeden fanden sie ein Haar, das nicht dorthin gehörte. Kritik war ihr Lebenselixier. Denn wenn jemand mit der Fusselrolle über das Leben eines anderen fährt, werden immer Haare daran hängenbleiben. Sich selber das Leben mit der eigenen Enge verbauend, versuchten sie mit dem einfachen Mittel: unerfüllbare Perfektion von anderen zu fordern – ihre Überlegenheit zu demonstrieren um den anderen noch unterhalb ihrer eigenen Intoleranz zu drängen. Dies war nicht immer einfach zu durchschauen.

Unsere Lebensform hatte den wunden Punkt, dass wir mit allen, die mehr oder weniger zufällig auf den Hof kamen, zeitlich und räumlich sehr eng aufeinander hockten, denn bei uns war alles in einem: Arbeits-, ebenso wie privates Umfeld. Wir produzierten gemeinsam, und wir lebten gemeinsam von dem, was wir produziert hatten. Es war ein sehr kurzer, geschlossener Kreislauf und viele machten begeistert mit. Doch es wurde nicht von jedem verstanden. Mit weit über eintausend fünfhundert Praktikanten und anderen an unserem Dasein interessierte Menschen lebten wir in den vergangenen zwanzig Jahren auf diesem Hof. Es war ein Kommen und Gehen. Oft saßen wir mit zwanzig und mehr Personen gemeinsam am Tisch und neben unseren eigenen Sorgen teilten wir auch immer die der mehr oder wenigen zufälligen Bewohner. Es gab wenig, was es nicht gab und vieles bereicherte unser Leben, aber manches ließ uns auch nachdenklich werden. Wo sonst, wenn nicht hier in der Wildnis, fielen relativ schnell die blendenden Hüllen der eigenen Selbstdarstellung und -verstellung. Der Anblick, der sich hinter diesen Hüllen bot, mochte nicht immer gefallen.

Ich ging in mich und stellte fest, dass ich auf dem besten Wege war, verbittert, womöglich sogar krank zu werden. Etwas stimmte nicht! Bei Licht betrachtet bestanden viele Probleme aus einer Ansammlung furchtbarer Banalitäten. War nicht etwas mehr Schneid gefragt, wenn man einen Lebensplan hatte? Für manchen der Anwesenden war es einfach: Wenn sie kamen, gingen sie selbstverständlich davon aus, ein Dach über dem Kopf vorzufinden, Essen, ein warmes Zimmer, Geld für persönliche Bedürfnisse, Versicherungen, eine Aufenthaltserlaubnis und natürlich eine Gemeinschaft, die ihnen ihre Sorgen abnahm. Wer hatte uns dies eigentlich alles geboten? Dabei begannen sie scheinbar mit den gleichen Träumen wie wir. Aber waren es wirklich die gleichen? Ich war auf dem besten Wege, meine gute Laune gründlich einzubüßen. Doch so ganz ohne sonniges Gemüt ist das Leben schwer zu ertragen, man wird langsam sich und anderen zur Last und die verkniffenen Gesichter mancher Zeitgenossen waren eine ernst zu nehmende Warnung. Wollte ich mich vom Schicksal zu Boden zwingen lassen? Ich sehe vor mir meine Ausbilderin, die weise Frau, grimmig lächeln: »Was willst du? Aus Fehlern wird man klug, darum ist einer davon wohl genug: Je unaufmerksamer du deinen Fehlern gegenüber bist, desto härter zwingt dich das Schicksal, sie wahrzunehmen. Du wirst immer genau dort getroffen, wo deine Schwächen sind, darum leidest du, aber nicht an deinen Schicksalsschlägen, sondern an deinen Schwächen. Du kannst diese Schicksalsschläge verhindern, indem du deine Schwächen überwindest. Fällt dir gar nicht auf, dass viele Menschen immer an den gleichen Problemen scheitern, egal in welchen Lebensumständen sie sich befinden? Es hilft Dir auch nicht, dass du darunter leidest, wenn du durch deine eigenen Fehler oder die eines anderen aus der Bahn geworfen wirst. Es verschlimmert alles nur, wenn du in die Opferrolle gerätst. Jammern und Hadern ist selbst gewähltes Schicksal, aber kein auferlegtes! Der eine Querschnittsgelähmte beginnt das Leben erst jetzt bewusst wahrzunehmen und richtig zu leben, der andere will sich in der gleichen Situation das noch verbliebene Leben nehmen, weil ihm alles sinnlos erscheint. Das Leben geht weiter, notfalls auch über dich hinweg. Analysiere lieber deine Fehler und entwickle dich an ihnen, indem du sie allmählich abstreifst und Lösungsstrategien entwirfst, anstatt Dich von ihnen knechten zu lassen. Das Universum ist so eingerichtet, dass alles, was wirklich gut und richtig ist, auf Dauer Harmonie schafft. Alles, was nur scheinbar gut und richtig ist, schafft diese Harmonie nur kurzfristig und endet stets im Chaos. Wir sind sicherlich nicht nur zu unserem Vergnügen hier auf dieser Welt, sondern auf dem Weg zur kosmischen

Vollendung. Dabei geht es darum, das Fehlende an uns zu ergänzen! Außerdem: Charakterstark ist, wer dennoch lacht!«

Mit diesen Worten hatte sie mir ausreichend Stoff zum Nachdenken gegeben. Ich begann zu ahnen, wo sich meine Fehler verbargen: Ich musste lernen, die wahren Bedürfnisse meines Gesprächspartners zu erkennen und meine eigenen, verständlich mitzuteilen. Viele Worte zu machen, bedeutet noch lange nicht, dass eine Information dadurch auch klarer wird. Außerdem beschloss ich nun, rigoros mit dem Besen durch mein Leben zu fegen und alles was auf der »nicht Spaß-Seite« landete, herauszukehren.

Unsere resolute Köchin Christel, die bei einigen unserer Kurse mitwirkte, hatte die Begabung, uns Hofbewohner schnell und zum Vergnügen aller, von unseren Fehlern zu kurieren. Als Lüder, anstatt Teekräuter sorgfältig zu pflücken, zum wiederholten Male, mit einem Büschel herausgerissener Pflanzen samt Wurzeln, in der Küche erschien, steckte sie kurzentschlossen das ganz Bündel wie es war, samt anhaftender Erde, in die Teekanne und servierte uns zu unserer und vor allem Lüders großer Überraschung ihr »Spezialgebräu«. Das half. Worte waren da nicht mehr nötig. Auch »Reinfällen« begegnete sie stets mit Humor. Einmal kam sie pudelnass von einer nächtlichen Bootsfahrt auf dem Nachbarsee zurück, stürzte sich auf Teekanne und Rumflasche und berichtete unter allgemeinem Gelächter, sie und ihre Bootsgenossen hätten leider mitten auf dem See feststellen müssen, dass ihr Boot so leck war, dass mehr Wasser hereinlief, als sie trotz aller Anstrengung herausschöpfen konnten. So seien sie dann schließlich heroisch mit Mann und Maus untergegangen. Christel hatte einen langen selbst gesponnenen Wollmantel an, der durch das Wasser bleischwer geworden war. Außerdem mussten sie ja auch das vollgelaufene Boot mitten vom See ans Ufer ziehen. »Wir haben verzweifelt versucht zu trampen, doch außer ein paar Fischen kam niemand vorbei. Anschließend mussten wir uns, nass wie wir waren, zu Fuß auf den drei Kilometer langen Heimweg machen.« Ein wenig beschwipst vom vielen Rum, schwankte sie dann mit ihrem nassen Mantel über dem Arm und eine tropfende Spur hinter sich her ziehend, ins Bett.

Taten sagen oft viel mehr als Worte und ich bin jedes Mal fasziniert, wie völlig unterschiedlich verschiedene Menschen auf dieselbe Situation reagieren. Gekentert waren schon viele bei uns, im buchstäblichen und im übertragenen Sinne. Für den einen fing hier der Spaß erst richtig an, während er für den anderen damit restlos beendet war.

Im Kentern bekamen wir alle schon recht früh Übung

Kapitel 21 - Herbst

Gestern noch schien es ein Tag wie mitten im Hochsommer zu sein, doch heute war ein besonderer Morgen: Das Licht wirkte verändert, weicher, farbenprächtiger. Es roch nach Pilzen und Erde. Die Natur hielt den Atem an, der Herbst begann.

Der Herbst war die Zeit der Ernte und des Überflusses. Der Wald stand voller Blau- und Preiselbeeren. Die Kinder brauchten immer länger für den Heimweg von der Schule. Man fand sie gewöhnlich irgendwo im Wald mit blauen Fingern und Lippen zwischen den Sträuchern schmausen. Das würde nun bis zum ersten Schneefall so bleiben, wenn die letzten Beeren des Jahres, die Moosbeeren, unter einer weißen Decke verschwanden. Auch der Reichtum an Pilzen war unvorstellbar und nur am Anfang sammelten wir noch alle Sorten, um bald gegen die Flut besonders leckerer Steinpilze, Stockschwämmchen und Pfifferlinge nicht mehr anzukommen. Nun hieß es auch, sich regelmäßig einige Tage vor wütenden Bienen in Sicherheit zu bringen, denn der Heidehonig wurde geerntet. Diese Arbeit war bei den Kindern sehr beliebt, trotz der Stechgefahr und der Anstrengung, denn Hundertzwanzig Kilogramm Honig wollten erst einmal geschleudert sein. Die Kartoffelernte war ein besonderes Kinderfest: Alle halfen mit, freuten sich am schönen Wetter, dem Gekuller der Birkhähne, die jetzt Nachbalz hielten und den vollen Säcken, die per Pferdewagen zum Kartoffelkeller transportiert wurden. Abends dufteten frisch geerntete Röstkartoffeln im

Lagerfeuer. Geröstete Würstchen aus der Räucherkammer und Kräuterquark vervollständigten das Mahl. Bei lebhaften Gesprächen und mit satten Mägen ließen wir einen arbeitsreichen Tag harmonisch ausklingen.

Wenn die ersten kühlen Vormittage kamen, gingen wir in Gedanken noch einmal die Feuerholzvorräte durch. Wir heizten nur mit Holz, sparten daran nicht und brauchten deshalb große Mengen davon – aber gut getrocknet! Spätestens jetzt mussten auch die letzten Stämme im Sägewerk verarbeitet werden, sonst trocknete das Holz vor dem Winter nicht mehr richtig durch und verdarb. Wir waren ständig mit unseren Bauten beschäftigt, und der Herbst war auch die Zeit, in der die Maurerarbeiten auf Hochtouren liefen, denn sie konnten bei Frost nicht mehr fortgesetzt werden.

Aber nicht nur wir hatten es eilig mit den Wintervorbereitungen, sondern auch die Dachse. Regelmäßig im Herbst mussten wir uns ihrer erwehren, weil sie begehrlich den Garten zerwühlten, in die Ställe eindrangen, um vielleicht Kleinvieh stehlen zu können und unsere Bienenvölker bedrohten. Es galt darum, nachts auf das Bellen unseres Wachhundes zu achten, schnell in die Kleider zu fahren, die Taschenlampe zu schnappen, den Hund loszulassen und sich auf die Suche nach dem unerwünschten Eindringling zu machen. Oft stellte unser Hund den fauchenden Unhold. Einmal wurde ich durch aufgeregtes Gegacker im Hühnerstall alarmiert und erwischte den Räuber gerade noch, als er schon mit unserem Hahn im Maul den Hof verlassen wollte. Mit nackten Beinen im Nachthemd und nur mit einer Taschenlampe bewaffnet, raste ich hinter ihm her, um meine Eigentumsansprüche geltend zu machen. Schließlich ließ der Dachs den Hahn los, ging aber seinerseits zum Angriff über und ich konnte nur knapp seinem zuschnappenden Maul ausweichen, um ihn schließlich mit einem gezielten Schlag der Taschenlampe in die Flucht jagen: Der Hund fand nach längerem Suchen den Hahn wieder, der sich völlig verängstigt sich in einer Bodenmulde verborgen hatte. Sichtlich froh über mein Erscheinen ließ er sich behutsam nach Hause tragen. Damit war der Hahn gerettet. Er sah zwar ohne Schwanzfedern etwas merkwürdig aus, war aber sonst fast unverletzt.

Nun begann wieder die dunkle Jahreszeit, die Zeit der weichen, farbigen Sonnenauf- und untergänge, der orangefarbenen Nebel und des Polarlichtes. Autofahren war manchmal fast unmöglich, weil die Sonne waagerecht in die Augen schien und man vollkommen geblendet wurde. Ende September bot die Natur einen Farbenrausch von unglaublicher Schönheit: Die Birken standen in leuchtendem Gelb, die Ebereschen wechselten von halb grün bis halb rot, als ob sie brannten. Ahorne und Espen waren in ihrem intensiven Rot zuweilen kilometerweit zu sehen. Kontrastreich setzten sich die flammenden Laubbäume vor dem dunkelgrünen Hintergrund der Nadelbäume und dem strahlenden Blau des Himmels ab.

Anfang Oktober begann die Elchjagd und hielt die halbe Bevölkerung in Atem. Die Kinder hatten schulfrei, viele Behörden waren geschlossen. Bekannte, Freunde und Nachbarn brauchte man nicht besuchen wollen, denn sie waren im Wald. Selbst im Kindergarten spielten sie Jagd und nahezu alle Gespräche wurden beherrscht durch mal spannende, mal drollige Erlebnisse im Wald. So erzählte man vom Elch, der sich während der Treibjagd ausgerechnet hinter der Scheune des schiesswütigsten Jägers verstecken musste und auf diese Weise mit dem Leben davon kam. Wieder ein anderer provozierte » ganz Mensch« die frühstückenden Jäger, indem er mitten durch sie hindurch schlenderte. Doch der Herbst war auch die Brunftzeit der Elche und nachts hörten wir manchmal ihre urweltlichen Rufe, das Brechen der Äste und Aneinanderschlagen ihrer Geweihe.

Herbst – magische Farben und tiefes Licht

Als ich den Herbst auf Pyntarna zum ersten Mal erlebte, begann ich, Herbstgedichte zu verstehen. Manchmal waren die Tage ganz still, kein Windhauch regte sich. Schwalben und andere Zugvögel waren schon weggezogen. Plötzlich lag auch der See still und verlassen, weil die Rufe der Sterntaucher verstummten. Nur Kraniche hörte man manchmal noch aus der Ferne. Es besuchten uns große Schwärme von Zeisigen. Ketten der Wildgänse waren hoch oben in der Luft zu sehen und Schwanenfamilien überflogen den Hof. Jetzt dauerte es nicht mehr lange, bis die großen Bäume in unserem Garten voller Seidenschwänze saßen, welche die Kälte aus dem Norden Schwedens vertrieben hatte und die jedes Jahr Vorboten des Winters waren.

Kapitel 22 - Winter

Winter – die Welt erstarrt in weißer Pracht

»Der schwedische Sommer ist traumhaft, aber der lange dunkle Winter muss grausig sein!« Diesen oder ähnliche Sätze hörten wir oft. In Wirklichkeit bekamen wir manchmal jedoch eine regelrechte Sehnsucht nach dem gemütlichen Winter. Meine sommerliche Arbeit, der Garten, lag begraben unter einer dicken Decke von Schnee und Eis. Die handwerklichen Tätigkeiten meines Mannes waren nicht mehr so anstrengend und fanden innerhalb der Gebäude statt, meistens in der großen, gut beheizten Werkstatt. Endlich war genügend Muße, die im Sommer geschmiedeten Pläne in die Tat umzusetzen. Dabei war es nicht so wichtig, in welcher Reihenfolge man an ihnen arbeitete oder ob sie ein paar Tage länger dauerten. Gerade für die Qualität und Schönheit handwerklicher Arbeiten war es von Bedeutung, dass man Zeit im Überfluss besaß. Dazu gehörte abends auch eine der schönsten Viertelstunden des Tages, die man die eigene Arbeit betrachtend genoss und sich wohlfühlte. Schließlich läutete irgendwann für alle, die den Weg ins Haus noch nicht gefunden hatten, die Hofglocke zum Abendbrot. Was machte es da, wenn es im Hochwinter um vier Uhr nachmittags schon dunkel war? Auch ein Schneesturm hatte seine zwei Seiten: Dann hatten wir Zeit, konnten wir uns umziehen und am Kamin versammeln. Nichts drängte mehr; man lebte von Vorräten, hatte Zeit zum Lesen und Plänemachen und fand zu sich selber. Wenn dabei der Schneesturm um das Haus tobte und an den Fensterläden rüttelte, fühlte man sich so richtig geborgen bei einem Glas Punsch, netter Unterhaltung oder einem guten Buch. Manchmal musizierten wir ein wenig, spielten Klavier, Akkordeon oder Flöte,

Gemeinsame Musikabende bereicherten lange Winternächte

oder legten eine CD auf und genossen gute Musik. Auch Tanzen gehört immer wieder dazu. Gäste waren seltener als im Sommer, aber wir hatten nun mehr Zeit füreinander. In den dunklen kalten Wintern zog es oft abenteuerlustige und ungewöhnliche Menschen zu uns, die viel erlebt hatten und denen wir Einblicke in so manch schillernde Facette ihres Lebens verdankten. Staunend hörten wir interessante Geschichten, die das Leben schrieb.

In den ersten Jahren des Aufbaus war es nicht immer möglich, die Arbeiten den Jahreszeiten anzupassen. Da konnte es schon vorkommen, dass Valdemar bei Dunkelheit und Schneetreiben die Taschenlampe im Mund auf einer Leiter stand und Bretter an die Wand nagelte. Jetzt fand im Winter normalerweise nur die Waldarbeit im Freien statt und das auch lediglich bei gutem Wetter und geringen Schneehöhen. Dafür lockten Freizeitaktivitäten nach draußen. Ritte durch den Winterwald, Schlittenrennen auf dem See oder Fahrten mit Pferd und Schlitten in die weitere Umgebung zu Nachbarn oder zur Kirche. Dafür galt es, warm eingepackt zu sein: Unter mehrere Lagen Decken, mit dicken Filzstiefeln an den Füßen und gegebenenfalls auch noch versorgt mit Wärmflaschen, hoffte jeder, dass er nicht zu sehr fror. Dann ging es in zügiger Fahrt durch die tief verschneite Bergwelt und ließ alles andere vergessen. Das Schellenband der Pferde klingelte, der Schnee staubte in glitzernden Kristallen durch die Luft – man schien ganz allein in dieser unendlichen Landschaft zu sein. Die Kinder hielten Ausschau nach Elch- und Fuchsfährten und ob nicht sogar eine Luchs- oder Wolfsspur

Skijöring durch einen weißen Märchenwald

darunter war. Die Wagemutigen hängten ihre Rodelschlitten an den großen Schlitten und es gab lautes Hallo, wenn sie auf der unebenen Bahn umkippten.

Eines der beliebtesten Freizeitvergnügen in Schweden ist das Eisangeln. Fremde schüttelten nur mit dem Kopf, wenn sie die Leute weit draußen auf dem Eis stundenlang an ihren Löchern sitzen und scheinbar frieren sahen. Aber erstens froren die Angler nicht, denn das ist eine Sache der richtigen Kleidung und zweitens saßen sie keineswegs stundenlang vor dem Loch auf dem Eis, sondern nur einige Minuten. Wenn sich kein Fisch in der Nähe befand, dann wurde ein neues Loch gebohrt. Die Barsche bissen oft gut und es bereitete unseren Männern großen Spaß, ihr (Petri) Heil zu versuchen. Außerdem behaupteten alle passionierten Eisangler, dass die Fische viel besser schmeckten als im Sommer. Und wenn sie wieder mal nicht beißen wollten, nun ja,… dann aßen wir eben Pfannkuchen mit Birkensirup.

Die Kinder wünschten sich den Winter oft sehnsüchtig herbei, weil Rodeln ihr Hauptspaß war und der erste Berg schon vor der Haustür anfing. Je älter die Kinder wurden, desto mehr spielte das Skilaufen eine große Rolle und oft unternahmen sie auf ihren Brettern lange Wanderungen in den Wald. Es gab jetzt keine Hindernisse mehr durch Moore, Sümpfe und Gewässer und man konnte sich bewegen, als wären einem Flügel gewachsen. Dabei begegneten einem vielleicht ein Elch, ein Auerhahn flog auf, Fährten von Eichhörnchen, Birkhuhn, Hermelin, Schneehase, Fuchs und Nerz zeichneten sich deutlich im Schnee ab. Geradezu fantastisch waren jetzt die Bergbäche. Kilometerweit konnte man ihnen folgen in die einsamen Bergwälder hinein, immer noch schönere und zauberhaftere Gebilde entdeckend. Man fand Eiszapfen aller Formen und Größen, sogar bewegliche, die von Ästen herabhingen und im leichten Wind klapperten oder klingelten. Eiskugeln und Figuren aller Art hingen an Ästen halb im Wasser, die farbig im Sonnenlicht schillerten. Felsen schienen wie mit leuchtendem Glas überzogen. In dunklen Schluchten perlten unter der schrägen Sonne Tropfen glitzernd von Eisvorhängen.

Im Januar führten die Kolkraben ihre fantastischen Balzflüge am hohen Himmel vor: Sturzflüge, Loopings, Rollen, Haken – und das manchmal zu zweit, absolut synchron! Natürlich war der Winter auch die hohe Zeit der Jagd. Sie begann im Oktober mit der Elchjagd, an der halb Schweden beteiligt war und endete mit der Fuchsjagd Ende März. Die dunkelste Zeit des Winters nahm man kaum wahr, weil dann alle Menschen in froher Erwartung auf das bevorstehende Weihnachtsfest lebten. Mit all den Vorbereitungen und ihren dazugehörigen Festtagen vom ersten Advent bis zum 13. Januar, war ganz Schweden dann vollauf beschäftigt. Waren erst die dunkelsten Tage der Mittwinter-Zeit glücklich »vorbei gefeiert«, nahm auch das Licht schnell wieder zu und ab Mitte Februar war es bereits wieder länger hell als in Mitteleuropa. Aber auch die dunkelste Zeit darf man sich nicht wirklich finster vorstellen. Es lag ja Schnee; die kalte Kontinentalluft war klar und der Mond schien so hell, dass in der Winternacht das Lesen einer Zeitung ohne Lampe kein Problem darstellte und man sogar Farben erkannte.

Überhaupt die Farben! Nie waren sie schöner als im Winter. Das faszinierende Nordlicht, orangefarbene Nebel, doppelte Sonnen (reflektiert in Wolken aus feinen Eiskristallen, die auch manchmal Säulen in Regenbogen-Farben erzeugten), ja sogar grüne Sonnenuntergänge hatten wir schon erlebt. Natürlich gab es auch Eiseskälte, absolute Finsternis und Schneestürme bei minus 40 Grad Celsius. So kalt wurde es allerdings nur in den Tälern. In Berglagen, wie bei uns, hatten wir nie unter 30 Grad minus gemessen – kalte Luft fällt nach unten. Aber welcher vernünftige Mensch war bei so einem Wetter schon draußen? Schneestürme konnten wir dann sogar auf eine ganz spezielle Art genießen, im Haus war es nämlich ganz besonders hell, weil die Windgeneratoren auf vollen Touren liefen. Stromausfall, wie er wegen abgerissener Leitungen in Schweden häufig vorkam, kannten wir nicht, weil wir den Strom selbst herstellten. Und zu frieren brauchten wir auch nicht, weil unser Wald weit mehr kostenloses Feuerholz produzierte, als wir je verheizen konnten. Direkt neben dem Haus stand unser großer Holzschuppen mit Brennholzvorräten bis weit ins nächste Jahr. Mit der uns zur Verfügung stehenden modernen Technik war die Feuerholzproduktion kein Problem mehr. Mit dem voluminösen Grundofen, der meterlange Holzscheite schluckte, erwärmten wir große Teile des Hauses. Nur abgelegene Zimmer wurden extra beheizt. In der von uns neu gebauten Stube stand ein aus Fels gemauerter Kaminofen mit feuerfesten Glastüren, Zügen wie ein Kachelofen und einem eingebauten Wärmetauscher für die Heizung des mit Natursteinen ausgelegten Fußbodens. Auch die Wasserversorgung war gesichert. Das Wasser wurde von einer Pumpe, die über achtzig Meter tief im konstant sechs Grad warmen Felsen saß, in ein Druckgefäß in den frostsicheren Felsenkeller gepumpt und von dort über Rohrleitungen, tief unter der Erde, ins Haus geleitet. So hatten wir praktisch kostenloses, sicheres Wasser von einer Qualität, wie sie sonst kaum in Flaschen zu kaufen ist – tief im Gebirge eingelagert, vor vielen Jahrhunderten, als es noch keine Umweltverschmutzung gab. Regelmäßig im Winter hörten wir von Versorgungsproblemen nach Schneestürmen. Auch wir waren manchmal tagelang – außer per Funktelefon und Pferdeschlitten – von aller Welt abgeschnitten. Aber wir genossen es und ließen uns, wenn die Kinder nicht zur Schule mussten, sogar freiwillig einschneien. Es war in unserer abgeschiedenen Lage ein ausgesprochen wohltuendes Gefühl, ausreichend Lebensmittel in Felsenkellern, Speisekammern und Ställen vorhanden zu wissen. Frische Milch, Butter und Käse lieferten unsere Kühe und Ziegen, Eier unsere Hühner und Enten, das Fleisch die Ochsen. Im Hauskeller lagern über tausend volle Einmachgläser, Most-, Saft-, Wein- und Sektflaschen, große Steintöpfe mit Sauerkraut, Preiselbeeren, rohen Möhren, Kohlrabi und Roter Bete, zentnerweise Honig, Säcke mit Kartoffeln, Kisten mit Äpfeln, Zwiebeln und Knoblauch, Kerzenwachs und Erdbeerrumtopf. An der Decke hingen Kohlköpfe und dort unten stand auch ein wohlgefüllter Räucherschrank.

Geistige Nahrung war auch genug vorhanden: eine gut ausgestattete Bibliothek, eine große CD- und Notensammlung, Ton-Diashows und Kassetten für die Kinder, eine Dunkelkammer, ein astronomisches Fernrohr, Mikroskope, Echolot, ein Chemie-Labor und Computer. So führten wir z.B. Pollenanalysen von Torfproben durch, um eine wichtige waldbauliche Frage zu klären, nämlich die, welcher Waldtyp in dieser Gegend eigentlich ursprünglich einmal wuchs, denn das heutige Waldbild war so gut wie überall in Skandinavien ein von Menschen künstlich hergestelltes. Uns beschäftigten aber auch ganz praktische Probleme des Alltags, so zum Beispiel PH-Analysen von Boden und Wasser, parasitologische Untersuchungen unserer Haustiere, Altersbestimmungen bei Fischen, Untersuchungen von Gesteinsproben, Nährstoffanalysen von Bodenproben – und nicht zuletzt, immer wieder rein technische Fragestellungen. Dabei war ein Telefon, mit dem der Rat von Fachspezialisten aus unserem Bekanntenkreis eingeholt werden konnte, natürlich sehr hilfreich. Selbstverständlich diente es auch zum Schwatz mit unserem norwegischen Nachbarn Jörn. Und falls wirklich einmal das Telefon ausfiel, verwendeten wir Funkgeräte. Sie dienten uns auch als Kontakt zu unserem zwei Kilometer entfernten Nebenhof Rintetorp, wo manchmal unsere Kinder übernachten oder Gäste wohnten.

Im Winter waren viele handwerkliche Arbeiten zu erledigen, für die im Sommer kaum Zeit blieb. Manch Gartengerät musste repariert werden, der Traktor gewartet, das Auto für die technische Inspektion vorbereitet, Generatoren überprüft oder Regale gebaut werden. Auch die Werkstatt selber erforderte Fürsorge. Was nutzten einem hundert Werkzeuge und tausend Bauteile, vom Holzbalken bis zum Transistor, wenn sie nicht wohlgeordnet am Platz lagen. Dass sich etwas auf dem Hof befand, bedeutete noch lange nicht, dass es auch zur Verfügung stand, wenn man es brauchte. Besucher äußerten oft ihr Erstaunen, wenn sie sahen, welche Mengen von Materialien wir in verschiedenen Magazinen aufbewahrten. Eine ganze Regalwand voller Farben, zweihundert Quadratmeter Holzlager, wo von der Leiste bis zum 30 cm dicken Balken alles aufbewahrt wurde, Fächer voller Profil-, Flach- und Rundeisen, Bleche aller Sorten und Dicken, Drehstähle, Kästen mit Schrauben, ein Nagelmagazin, Glasvorräte, Elektro- und Rohrinstallationsmaterial, Treibriemen, Bauplatten, Öle und Fette, Maschinenersatzteile, Elektromotoren, Kunststoffe, Drähte, Seile, Ketten, Schläuche vieler Sorten und Längen. All dies und noch vieles mehr wollte sorgfältig an seinem ihm bestimmten Platz gelagert sein, sonst verwandelte sich der Hof sehr schnell in ein riesiges Chaos. Wenn aber alles wohlgeordnet vor einem lag, stellte sich ein richtig gutes »Eichhörnchengefühl« ein. Wir konnten und vor allem wollten nicht »mal eben« in die Stadt fahren, um eine fehlende Schraubensorte zu kaufen. Es war ein wunderbares Gefühl, eine schöne alte Kutsche in dem Bewusstsein renovieren zu können, alles parat zu haben, was in den kommenden Wochen gebraucht wurde. Für Ergänzungen an Werkzeug und Material reichte uns vollauf alle zwei bis drei Wochen eine Fahrt in die Stadt.

Eine Frage, die wir oft hörten, lautete: »Und wie steht es mit der medizinischen Versorgung so weit ab von aller Welt?« So weit abgelegen lebte in Schweden niemand, so dass im Notfall nicht ein Krankenwagen oder Hubschrauber zu einem gelangten konnte. Aber eine Folge unserer Lebensweise war, dass selten jemand von uns ernsthaft krank geworden war. Womit ich aber nicht sagen will, dass ich als Heilpraktikerin hier arbeitslos gewesen wäre. Zum einen behandelte ich Patienten aus der Umgebung und zum anderen unsere kleinen Wehwehchen, die ja auch lästig genug sein konnten. Meine Apotheke war der Wald, dort sammelte ich im Sommer große Vorräte an Heilpflanzen, die jetzt getrocknet waren. Auch sie wollten gepflegt werden, Salben und Tinkturen waren herzustellen, Wirkungen zu erproben und zu durchdenken. Viele Krankheiten waren auch erst die Folge von geistigen Ursachen, die in uns selber lagen oder auch in unserer Umgebung – falsche Ideen und Gedanken. Der Winter war die Zeit, auch in dieser Hinsicht Ordnung zu schaffen. So war es ganz heilsam, dass man draußen nichts machen konnte, denn »drinnen« gab es genug zu tun. Wenn wir etwas gelernt hatten in diesem Leben »am Rande der Welt« und auch von den wenigen Menschen, die hier noch wohnten, dann war es, uns zu entspannen: »Det ordnar sig allt!« (das ordnet sich schon!) Vielleicht musste man es erst erlebt haben, dass uns die Erde und die Natur buchstäblich alles, was wir zum Leben brauchten gab und Geldmangel, Wirtschaftskrisen und Arbeitslosigkeit unsere Existenz gar nicht bedrohen konnten.

Winterzeit – Besinnungszeit, bei uns wie in der Natur um uns herum. Sie war ja nicht etwa untätig, sie träumte, plante, bereitete im Stillen vor, was sich entwickeln sollte. Im Stillen – diese mächtige, erhabene Ruhe da draußen, dieses absolute Schweigen, das reine Sein, das war wohl das Eindrucksvollste an Pyntarna. Die Natur meditierte, sie lag da, gab keine Regung von sich, hörte aber alles, war ganz geöffnet in ihrem Traum. Man spürte, dass sie lebte. Manchmal hörte man Schnee von einem Ast rutschen oder das Eis des Sees seufzen. Nachts mochte ein Raufußkauz rufen, ganz weit entfernt heulte vielleicht ein Wolf. Bei plötzlich einsetzenden Temperaturschwankungen war es allerdings vorbei mit der Stille: Das Eis des Sees krachte wie Gewitter und Kanonendonner, und ungeheure Spannungen entluden sich.

Alles um uns herum war Stille und Bewegung, Aufnehmen und Abgeben. Auch wir genossen gern einmal den Trubel einer Großstadt. Außerdem sorgten vier Kinder und viele Haustiere schon ganz von allein dafür, dass es einem nicht zu still wurde. Ein ewiges Gleichmaß ist unnatürlich und tötet Geist und Leben. Das gilt für dauernden Lärm ebenso wie für ständige Stille, gleichbleibende Temperatur oder unausgesetzte Helligkeit. Der Wunsch nach hellen, immer gleichmäßig temperierten Wohnungen ist menschlich verständlich, aber die Natur handelt anders. Wenn wir uns den Tages-, Monats- und Jahresrhythmen widersetzen, indem wir alles gleichmachen, zerstören wir damit zuletzt auch unsere inneren Rhythmen und werden krank. Ist es wirklich schlimm, im Winter einmal zu frieren? Umso wohliger und bewusster empfinden wir anschließend auch die Wärme des Hauses. Bekämen die Menschen ihren Willen und immer nur »schönes« Wetter, wäre es bald gar nicht mehr schön, weil alles verdorren würde. Die Härte des Winters war für uns so wichtig wie die Weichheit des Sommers. Leben entsteht aus Gegensätzlichem, das sich trotzdem zu einer Gesamtharmonie vereint. Die Natur sorgte für Ausgleich. Die niedrigen Temperaturen waren wegen des Kontinentalklimas besser zu ertragen, denn trockene Kälte kühlte nicht so aus und je kälter es wurde um so mehr schien die Sonne.

Außerdem – jeder Winter ging einmal zu Ende und der Frühlingsrausch, der dann über unsere nordische Heimat hereinbrach – davon konnten Südländer noch nicht einmal träumen.

Winter – Zeit der Meditation und Einkehr

Kapitel 23 - Weihnachten

Der erste Advent – Hoffnung des wiederkehrenden Lichtes

Weihnachten in Schweden, das war für uns das Fest der Feste, in den ersten Jahren, als wir noch in Deutschland wohnten, allerdings auch eine recht strapaziöse Angelegenheit. Nach langer ermüdender Fahrt von Deutschland, ließen wir unser Auto an der weltfernen Landstraße weit vor unserem Hof stehen und kämpften uns mit schwerem Gepäck bei Nacht und Kälte durch meterhohe Schneeverwehungen den langen Weg hinauf. Der Empfang war dann manchmal recht kühl. So fanden wir einmal bei unserer Ankunft im Haus eine Temperatur von minus zweiundzwanzig Grad vor und es dauerte Tage, bis es einigermaßen warm war. Manchmal fuhren wir auch mit Schiff, Bahn und Bus bis zu unserem Freund, dem norwegischen Bauern, um dann die zwanzig Kilometer bis zu unserem Hof mit unserem Pferd, das bei ihm in Pension stand, per Schlitten zurückzulegen. Das war mehr als kalt und so wurden wir ganz schön durchgepustet nach der langen Reise von Deutschland. Doch bald lebten wir ständig hier; der Stall war voller Tiere und das Haus nie mehr kalt. Schnee lag zu Weihnachten jedoch immer, manchmal einen Meter hoch!

Das schwedische Weihnachtsfest hat eine sehr lange Tradition und ist eine Mischung aus heidnischen Bräuchen und christlichem Glauben. Es war und ist das Fest der Wintersonnenwende und des wiederkehrenden Lichtes. Diese dunkelste Phase des Jahres bot sich geradezu an, mit Feiern überbrückt zu werden. So war man schon ab Ende November eifrig dabei, dem ersten Advent gut gerüstet entgegenzusehen. Ein nur für skandinavische Länder, aber vor allem für Schweden typischer Brauch war die Feier des Lucia-Festes. Auch zu uns kam am Morgen des 13. Dezembers, dem Gedenktag der heiligen Lucia, der Lichterzug der Kinder ins elterliche Schlafzimmer. Es wurden selbst gebackene »Lussekaka« – ein traditionelles Gebäck, in den seit Jahrtausenden immer gleich gebliebenen alten heiligen Formen – angeboten. Abends fuhren wir gemeinsam zum traditionellen Luciafest in die Kirche. Wenn Lucia, die Lichtbraut, im langen weißen Gewand, mit roter Schärpe umgürtet und der Lichterkrone im Haar, mit ihrem Gefolge in hoheitsvoller Haltung, singend die dunkle Kirche betrat, war Weihnachten nicht mehr fern. Lucia schritt feierlich den Mittelgang entlang bis zum Altar. Ihr Gefolge, gekleidet wie sie, trug statt einer Lichterkrone auf dem Haupt, eine brennende Kerze in der Hand und entzündete an jeder Bank ein Licht. So wurde es überall hell, wo Lucia vorüberschritt. Ihr Gesang füllte den Raum:

»Die Nacht bewegt sich mit schwerem Schritt um Hof und Hütte. Auf der Erde, welche die Sonne verließ, brüten dunkle Schatten. Da betritt unser dunkles Haus mit brennendem Licht
Lucia, heilige Lichtbringerin, Lucia.
Noch ist die Nacht groß und stumm, doch hört es schwingen, in allen dunklen Räumen, rauschen wie von Flügeln. Seht, in unserer Halle steht, weiß gekleidet mit Licht im Haar
Lucia, heilige Lichtbringerin, Lucia.
Die Dunkelheit soll fliehen jetzt, aus den Tälern der Erde. Das ist ihre wunderbare Botschaft an uns: aus rosiger Morgendämmerung soll es Tag wieder werden nun.
Lucia, heilige Lichtbringerin Lucia.«

Nun sangen Lucia mit ihrem Gefolge, zu dem auch einige Sternenjungen gehörten, traditionelle schwedische Weihnachtslieder, bis sie im feierlichen Zug die Kirche wieder verließen und wir in stiller Versunkenheit folgten.

Die Lucia-Feier war ehemals Beginn und gleichzeitig Höhepunkt des schwedischen Weihnachtsfestes. Dass es heute nicht mehr mit der Sonnenwende, der längsten Nacht des Jahres, zusammenfällt, sondern früher stattfindet, liegt an der Kalenderreform unter Papst Gregor XIII. im Jahre 1582. Das Jahr nach dem bis dato gültigen Julianischen Kalender entsprach nicht mehr dem astronomischen Sonnenjahr, sondern war zu lang geworden: Die Differenz betrug zehn Tage und wurde dadurch ausgeglichen, dass man auf den 4. Oktober jenen Jahres gleich den 15. Oktober folgen ließ. Im Jahr darauf führte man diese Reform auch in Schweden durch. Bis 1583 fiel die Feier der Wintersonnenwende dem damaligen Weihnachtsfest auf den 13. Dezember. Das christliche Weihnachtsfest wurde nun auf den 24. Dezember verlegt, der ja rein rechnerisch auf den Tag der Lucia fallen musste. Damit gelang es der Kirche nicht nur die heidnische Sonnenwendfeier aus dem christlichen Weihnachtsfest zu entfernen, sondern auch die Feier der Sonnenwende ihres wichtigsten Symbols, der lichtbringenden Frau Lucia, zu berauben und diese zudem noch in eine sizilianische Märtyrerin und Heilige zu verwandeln. Die ursprüngliche lichtbringende *Frau* Lucia – Luzifer (übersetzt: Lichtbringer) wurde nun zum Inbegriff des Bösen und durch einen heilbringenden *Mann*, Jesus, ersetzt – in einer mittlerweile von Männern dominierten Gesellschaft ein logischer Schritt.

Zwölf Tage nach Lucia feierten die Germanen ihr altes Neujahrsfest als Abschluss der »Zwölf Heiligen Nächte«. Auf diesen Tag nun wurde das christliche Weihnachtsfest verlegt, das bis heute mit seinen heidnischen Bräuchen, wie dem Weihnachtsbaum und dem gabenspendenden Gott Thor mit seinem Ziegenbock, dem später der Gott Wotan als Knecht Ruprecht diente und ihn dann als Weihnachtsmann ersetzte. Die ältere Gottheit Thor ist uns in Schweden durch die Tradition des aus Stroh gebundenen Ziegenbocks erhalten geblieben, der in keiner Weihnachtsstube fehlt. Bekannter ist noch der Julklapp, einem kleinen Geschenk, das durch den Türspalt dem Empfänger unverhofft zugeworfen wird.

Bei den Germanen war die Zeit zwischen Sonnenwende und Neujahr, die »Zwölf Heiligen Nächte«, die heiligste des Jahres. Alle Arbeit ruhte. Es durfte sich kein Rad drehen, weil auch die Sonne »stillstand«, kein Eisen benutzt und nicht gewaschen werden. Es war zwar eine Zeit der Wettspiele, der Gelage, des Spaßes, aber auch eine der inneren Einkehr, des Ablegens der Rechenschaft und der Arbeit an sich selbst. In den Heiligen Nächten besuchten die Toten wieder die Lebenden, um nach dem Rechten zu sehen. Für sie, die Ahnen, wurden zur Sonnenwende - am »heiligen Abend« der Weihnachtstisch gedeckt, ein warmes Bad bereitet und die Betten gemacht. Familie und Gesinde schliefen in dieser Nacht gar nicht oder auf Stroh in der Küche. Lucia und ihr Gefolge, die das Fest der Wintersonnenwende eröffneten, waren für die Germanen vergöttlichte

Weihnachten – für uns das Fest der Feste im dunklen Norden

Stammmütter der Geschlechter: die Disen. Sie brachten ihren Angehörigen das Licht zurück und forderten Rechenschaft darüber, ob sie im vergangenen Jahr ihrem Geschlecht Ehre gemacht hatten. Manch einem mag dabei nicht ganz wohl gewesen sein und er hatte Grund, den Disen ein »Neujahrsversprechen« zur Besserung zu geben.

Die Zeit der Heiligen Nächte stellte das kommende Jahr in Kurzform dar. Jeder Tag entsprach einem Monat. In dieser Zeit konnte man auch auf das Gelingen des Jahres Einfluss nehmen, indem man sich mit den Ahnen, den Disen, gut stellte. Ein Glück- und Segenswunsch von ihnen war das Beste, was einem zum neuen Jahr passieren konnte. Sie halfen auch bei der Vorbereitung der Arbeit des kommenden Jahres: Für den Bauern war es eine entscheidende Hilfe, wenn er lange im Voraus wusste, wie das Wetter im kommenden Jahr werden würde. Das erfuhr er in den »Zwölf Heiligen Nächten«, den so genannten Lostagen. Man malte Kreidekreise an die Decke und notierte sich innerhalb dieser Zeichen das Wetter. Jedem Lostag war ein Monat des neuen Jahres zugeordnet und so ließ sich vorhersagen, welches Wetter in dem entsprechenden Monat herrschen würde. Wir sagen noch heute: »Wenn nicht alle Zeichen täuschen.« In diesen Tagen erforschte man aber nicht nur das kommende Wetter (unser Nachbar, ein kluger und gebildeter Mann, schwört noch heute darauf und richtet sich danach), sondern man versuchte auch, sein Schicksal zu erkennen. Allerhand Aberglaube blühte, vom Bleigießen bis zum Loswerfen. Die Mädchen kannten allerhand seltsame Methoden, um zu erfahren, wer ihr Zukünftiger sein würde. Und auch wer im

Laufe des Jahres sterben würde, glaubte man vorhersehen zu können. Am ersten Weihnachtstag hielt man sich streng zuhause, Besucher waren unerwünscht. Verständlich, denn man hatte ja Besuch von den Ahnen. Am zweiten Weihnachtstag dagegen gab es ein Dorffest. Höhepunkte waren das mittwinterliche Pferdeopfer und die anschließende Festmahlzeit. Pferde waren den Germanen heilig. Die Opfermahlzeit entsprach in etwa dem christlichen Abendmahl. Die kommenden Tage wurden ausgefüllt mit gegenseitigen Besuchen, Tanz und Spiel. Die Erwachsenenspiele verband man mit manchem Spaß. So gab es zum Beispiel kein größeres Vergnügen, als sich in aller Frühe zum Nachbarn zu schleichen und dort den Stall auszumisten. Gelang es, machte sich der Nachbar zum Gespött des ganzen Dorfes. Wurde man erwischt, musste man hereingeholt und mit Weihnachtsbier, dem Julöl, das ganz besonders gut und stark ist und Brot bewirtet werden.

In der Heiligen Nacht kamen nicht nur die Ahnen zu Besuch, auch die Haustiere konnten zu Mitternacht mit den Menschen sprechen. Sie wurden extra gut gefüttert. Dabei durfte auch der »Haustomte« nicht vergessen werden. So ein kleiner Kerl gehörte zu jedem Hof. Er lebte meist im Stall bei den Tieren, sammelte Nägel aus dem Heu der Futterraufe und versorgte seine Schützlinge, wenn der Bauer es seiner Meinung nach nicht sorgfältig genug getan hatte. Er war auch sonst zu allerhand nützlich. Er zeigte sich nur selten, aber es heißt, jeder hätte eine Chance, ihn zu sehen zu bekommen, wenn er sich nur einige Minuten bis hin zu Stunden *völlig regungslos* an

Magie liegt in der Luft

den Waldrand mit Blick zur Scheune stellte. Irgendwann würde dann der Tomte vorüberhuschen. Ein Tomte konnte sehr böse werden, wenn er nicht am Weihnachtsabend seine Schale mit Grütze bekam, einem großen Stück Butter darin und einer Mandel obenauf: Es war dann im kommenden Jahr nicht gut um den Hof bestellt. Unsere Kinder brachten zu diesem Zweck kleine Teller mit Grütze und Weihnachtskuchen in die Ställe und kontrollierten am nächsten Morgen, ob sie der Tomte auch wirklich aufgegessen hatte. Grütze und nicht etwa Fleisch ist auch heute noch im Norden das traditionelle Weihnachtsessen. Fleisch und Fisch gab es früher in eingesalzener oder getrockneter Form im Überfluss und war daher nichts Besonderes. Die Getreideernten hingegen missrieten des Öfteren, weshalb an Mehl regelmäßig gespart werden musste.

Auch heute noch ist in Schweden das »Julbord«, der Weihnachtstisch, von großer Bedeutung. Jedes bessere Restaurant oder Hotel wirbt mit ihm in der Vorweihnachtszeit. Die Wochen vor dem Fest waren ausgefüllt mit Schlachten, Backen und Bierbrauen, denn ab Heiligabend sollte auch die Arbeit der Essenzubereitung vollkommen ruhen. Die fertigen Gerichte, auf dem großen Festtagstisch angerichtet, spiegelten den ganzen Reichtum des Hofes wider. Daraus entwickelte sich das »Skandinavische Büfett«. Auch unser Weihnachtstisch war riesengroß, aber beladen mit verschiedenen Kuchen, Marzipan und den Erzeugnissen höherer Konditorkunst – natürlich alles aus eigener Herstellung.

Am germanischen Neujahrsfest, unserem heutigen Weihnachten, fanden allerorts Pferde- und Schlittenrennen statt, denn an diesem ersten Tag des neuen Jahres galt das Wasser als besonders »kräftig«. Vor Sonnenaufgang machten sich die Burschen des Dorfes mit ihren Pferden auf den Weg zur Tränke. Wer zuerst dort ankam, dem sollte im neuen Jahr alles gelingen und er würde alle landwirtschaftlichen Arbeiten als Erster fertig bekommen. Die Reiter trugen Fackeln und zogen nachher mit viel Radau und derben Späßen von Haus zu Haus, wo sie überall bewirtet wurden. Diese heidnischen Wettfahrten zur oder von der nun allerdings weihnachtlich- christlichen Kirche, waren noch vor fünfzig Jahren in Schweden allgemein verbreitet. Auch wir fuhren am 25. Dezember mit unseren Pferden und speziellen kleinen Rennschlitten in wildem Tempo auf dem See herum und unternahmen während der Feiertage viele Schlittenfahrten in die schöne Umgebung – in der Silvesternacht auch ins sieben Kilometer entfernte Dorf, um uns das Feuerwerk anzusehen.

Am 6. Januar hatten die Sternenjungen ihren Tag. Sie zogen von Haus zu Haus, wünschten Segen und sammelten Gaben für die Armen. Dabei führten sie einen Stern an einer langen Stange mit sich. Diese uralte Zeremonie überlebte mancherorts bis heute. Der Stern stellte die Sonne dar, die sich drehte. Denn ihr Bogen am Himmel wurde nun nicht mehr kleiner, sondern täglich wieder größer. Weihnachten endete jedoch erst mit dem Knuts-Tag am 13. Januar. An diesem Tag werden noch heute die meisten Weihnachtsbäume abgeschmückt und aus dem Haus geschafft. Und die Kinder verkleiden sich und ziehen von Haus zu Haus, um die Reste vom Fest zu sammeln und sich daran gütlich zu tun. Ursprünglich

Weihnachtliches Schlittenrennen
auf unserem zugefrorenen See

kamen nicht die Kinder, sondern die Armen, dies war ihr Tag.

Damit ist Weihnachten offiziell zu Ende, doch früher lautete ein alter Weihnachtsgruß: »Gott segne euer Weihnachtsfest, Weihnachten bis Ostern wünsche ich euch.« Das muss man richtig verstehen: Dieser Gruß stammt aus einer Zeit, in der es noch kein Fernsehen gab, kein Auto und kaum Ablenkungen für die Menschen. Wenn etwas los war, dann oft für das ganze Dorf. »Saure Wochen, frohe Feste!« Die sauren Wochen rissen nie ab, aber die frohen Feste auch nicht. Das ganze Jahr war durchsetzt von festlichen Höhepunkten und dadurch wurden sie nie eintönig. Entweder feierte man oder war mit Vorbereitungen dazu beschäftigt. Festzeiten endeten nicht, sie änderten sich nur: Sie waren so ewig wie das Leben.

Mit Weihnachten schließt sich der Kreis des Jahres, um immer wieder von neuem zu beginnen. Ein Moment aus der Ewigkeit, der wieder in ihr versinkt. Auch mein Jahr folgte diesen unendlichen Zyklen des Wetters, der Jahreszeiten, der Feste und dem eigenem Befinden. Wenn die Sonne schien, genoss ich unsere Arbeit in Wald und Garten. Wenn es stürmte, regnete oder schneite, saß ich gerne drinnen am Kamin oder hielt mich auch einmal in der Blockhütte am See auf. Je ungemütlicher es draußen wütete, umso wohler fühlte man sich drinnen. Jede Schneeböe hörte man, wenn sie gegen die Wand drückte und sie knarren ließ. Man fühlte sich etwas ausgeliefert, etwas bedroht. Aber umso stärker wirkte die wohlige Wärme des Holzfeuers, die Geborgenheit, welche die dicken Balken der Wände ausstrahlten und der Duft des Kiefernholzes. Bei Dunkelheit und Schneetreiben würde niemand auf den Hof kommen. Kein menschlicher Laut war zu hören – nur der Wind und das Knistern des Feuers. Es war wie ein Wohlfühlrausch, eine wunschlose Zufriedenheit.

Was war anders in meinem Leben? Ja, wohl vor allem, dass ich selbst mein Dasein bestimmte. Ich machte mir wenige Gedanken um meine Existenz und meine Arbeit. Wir waren weitgehend autark, konnten unsere Grundbedürfnisse gut mit eigenen Mitteln decken: Unser Essen wuchs im Garten, Feuerholz produzierte unser Wald und Kleidung ließ sich bei Bedarf gut selber herstellen. Beschäftigung hatte ich mehr als genug, doch weniger, um Geld zu verdienen – ich brauchte ja nicht viel –, sondern vor allem, weil wir so viele Ideen hatten. Weil ich wusste, warum und wofür ich tätig war, machte die Arbeit Spaß und erhielt einen tiefen Sinn.

Kapitel 24 - Der große Umbruch

Fast fünfundzwanzig Jahre intensives enges Zusammenlebens, davon über zwanzig Jahre verheiratet, können eine lange Zeit sein. Manche lernen es in dieser Zeit, sich aneinander abzuschleifen; doch für zwei Individualisten, wie Valdemar und mir, ist es nicht ungewöhnlich, dass man sich mit der Zeit voneinander entfernt. Genau das trat ein und führte zu manchen Konflikten. Für uns zwei galt wohl tatsächlich manches Klischee: Ein jahrelanges Zusammenleben, Kinder, materielle Verpflichtungen und einfach das Recht auf Gewohnheit schützte vor absolut nichts. So wurden wichtige Aussprachen versäumt und trotz der großen Nähe begann Valdemars Blick nach anderen Ufern zu schweifen. Denn obwohl wir beide große Träumer waren und trotz vieler gemeinsamer Schnittflächen hatten wir einen wichtigen Nenner nicht gemeinsam – Schweden. Valdemar war all die Jahre mehr mir als dem Land zuliebe hier ansässig gewesen, seine wirkliche Zuneigung lag im Osten Europas und in häufigen Reisen im Laufe der Jahre versuchte er mich für diesen Teil der Welt zu begeistern. Doch wahrscheinlich ging es mir hier genauso wie ihm, nur genau umgekehrt. Sein Traum von einem Hof in Polen wurde nicht zu meinem eigenen, so schön ich dieses Land auch fand. Innerlich blockierte alles in mir, die gleichen Gefühle in mich hineinzulassen wie ich für mein geliebtes Schweden empfand. Hier hatte ich tiefe Wurzeln geschlagen und fühlte mich wohl, warum sollte ich das Land wieder verlassen? Valdemar wäre wahrscheinlich lieber einen zweigleisigen Weg gefahren, denn diesen hatte er schon vor Jahren gewählt: Oftmals war er monatelang in den Osten Deutschlands, Polen oder Estland gereist, mich auf unserem schwedischen Hof in alleiniger Verantwortung für die Kinder und die außerdem noch zu versorgenden Tiere zurücklassend. Besonders im Winter hatte ich das Gefühl, festgefahrene Wege verlassen zu müssen. Eine Frau möchte mehr als das nützliche Auto in der Garage sein, bei dem man ganz genau weiß, wann die Bremsen quietschen und wie man fahren muss, um es zu vermeiden. Sobald der Verdacht entsteht, dass wir unter bequemes Mobiliar eingeordnet werden, ist Gefahr im Verzuge, auch wenn sie sich zunächst nur durch kleine Zeichen bemerkbar macht. Schlimmer konnte es also nicht mehr werden. Als Valdemar dann tatsächlich einen Hof in dem mittlerweile grenzoffenen Estland kaufte, stellte ich meinem Mann die Frage aller Fragen: »Ich und unser Leben hier - oder der andere Hof?« Die Antwort bleib aus,... und so beantragte ich im Winter 2002 nach zwanzig Jahren Ehe die Scheidung. Im Juli 2003 waren wir mit allen Formalitäten der Trennung durch: Ich blieb mit den vier Kindern in Schweden auf Pyntarna zurück, während Valdemar nun doch in Ostdeutschland seine neue Wahlheimat fand. Schon ein viertel Jahr später war er wieder verheiratet und gründete auf einem von der ehemaligen Treuhandgesellschaft erworbenen Gutshof eine neue Familie.

Irgendwie frei und eigentlich doch nicht, sah ich ein wenig angespannt, aber nichts bereuend, wieder einmal voller Neugier einer sehr ungewissen Zukunft entgegen. Der Hof war durch die Trennung hochverschuldet, eine Menge Tieren wartete im Stall und vor allem drei minderjährige Kinder verlangten meine Aufmerksamkeit: Fridtjof war erst neun Jahre alt, Elke benötigte viel extra Zuwendung wegen Ihres Autismus und durch einen Gehirninfarkt bedingte Epilepsie und Dietrich hatte seine eigene Auffassung von allem, was mit dem Thema Schule zusammenhing. Nur Svanhild war inzwischen volljährig und ging ihre eigenen Wege.

Meine ersten Wahrnehmungen bestanden darin, dass mich Probleme nun mit großen Augen anstarrten, die meine »bessere Hälfte« sprich Valdemar, bisher wie selbstverständlich und für mich fast unbemerkt gelöst hatte. Ich fühlte mich wie im Märchen der Frau Holle, wo das Brot aus dem Ofen rief, der Apfelbaum geschüttelt werden wollte und unzähliges mehr, von deren Lösung ich keine Ahnung hatte. Hier Probleme mit Maschinen, dort mit einem Gebäude – und eben ging das verflixte Elektrogerät doch noch! Die Aussicht auf den nächsten schneereichen Winter, mit einem Kilometer privater Zuwegung bis zur nächsten vom Schneepflug geräumten Straße, warf ein nicht gerade rosiges Licht auf die bestehende Situation. Dazu kamen die auch zuvor schon bestehenden Pflichten: Die Kinder waren zu betreuen, der Stall voller Tiere zu versorgen, der Garten wartete auf meine pflegende Hand und von irgendwoher musste auch das leidige Geld noch hereinkommen. Das Gerücht von meiner Scheidung verbreitete sich wie ein Lauffeuer und der Hof wimmelte bald nur so von heiratswilligen Junggesellen, die mir meine sowieso viel zu kurze Zeit stahlen. Denn wie so üblich ist das leicht zu jagende Wild nicht immer das, worauf ich es abgesehen hatte. Vernünftig war ich nun lange genug in meiner letzten Ehe gewesen und so lautete meine Devise: Lieber im Schnee erfrieren als klein beigeben!

Doch wie so oft im Leben, wenn ich an eine neue Abzweigung meines Lebensweges kam und nur furchteinflößende Ungewissheit vor mir lag, reichte es für mich, diesen gewählten Weg weiter zu gehen, denn nur so bekam ich mit jedem gemachten Schritt die Chance, neue sich öffnende Perspektiven zu entdecken.

Eine erste spürbare und deutliche Veränderung war ein Anschluss an das öffentliche Stromnetz. Mit einem lachenden und einem weinenden Auge nahm ich diesen hier bislang unbekannten Luxus wahr. Über zwanzig Jahre hatten wir unseren persönlichen Strombedarf hauptsächlich mit zwei kleinen Windrädern und einigen Solarzellen gedeckt. Das konnte im Winter aber bedeuten, dass wir monatelang kaum Elektrizität erzeugten und praktisch keine einzige Glühbirne im Haus mehr leuchtete, weil die Batterien erschöpft waren. Den Stromgenerator für ein bisschen Licht anzuwerfen, war einfach zu teuer und zerstörte durch sein penetrantes Motorengerumpel meine innere Ruhe. Was für andere vielleicht romantisch ist, war für mich winterlicher Alltag: ein Leben mit Petroleumlampen und Kerzen. Ich genoss es sehr, doch manchmal entstand ein regelrechter Heizhunger nach Licht und ich rannte in den wenigen Sonnenstunden der dunklen Wintertage ins Freie, um »aufzutanken«, denn auch die eigenen Batterien leerten sich in der dunklen Jahreszeit recht bald. So begannen wir mit der Planung eines kleinen Wasserkraftwerkes, um unseren Energie- und Lichthunger ein Ende zu bereiten; eine Turbine und entsprechende Rohrleitungen lagen bereits auf dem Hof. Wieder wurde ein unendlich langer Genehmigungsweg bei den Behörden zum leidigen Pflichtprogramm. Die Kommune, die Landesregierung, die Umweltbehörde, das Amt für Denkmalsschutz, angrenzende Eigentümer, der Fischereiverbund, jeder wollte mitbestimmen... Aber jeder wollte erst *dann* seine Genehmigung geben, wenn der andere es vor ihm getan hatte... Die Katze biss sich wieder einmal in den Schwanz und es entwickelte sich ein mehrjähriges Bürokratengerangel. Mitten im schönsten Kampfgetümmel kam unverhofft die Ansage des schwedischen Staates an alle restlichen fest bewohnten Höfe in Schweden – es waren damals noch etwa hundertfünfzig – sie würden wenn gewollt und soweit die vorgesehenen Gelder dafür reichten, ans Stromnetz angeschlossen. Warum nichtzweigleisig fahren? Denn solches Angebot kam nur einmal, noch war der Kampf um unser Wasserkraftwerk nicht entschieden. Das zeitliche Kopf- an Kopfrennen mit unserer Stromversorgung gewann dann am Ende der Staat. Uns blieb nur die Wahl, den Anschluss ans öffentliche Stromnetz anzunehmen oder vielleicht für alle Zeit abzulehnen. Unser kleines Wasserkraftwerk dagegen setze langsam Rost an, denn nun lehnte eine der letzten noch übrigen Behörden die Genehmigung für den Aufbau ab und in einer wahrhaft titanischen Aktion wurde Pyntarna und gleichzeitig unser Nebenhof Rintetorp ans sechs Kilometer entfernte Stromnetz angeschlossen.

Ich freute mich fast ein wenig urmenschenhaft über die neue Helligkeit: Die Lichtfülle wirkte auf meine Lebensgeister wie eine heiße Dusche nach einem durchfrorenen Wintertag.

Nachdem ich einmal meine Abzweigung gewählt hatte, rollte das Leben weiter. Meinen ersten Winter verbrachte ich nicht wie erwartet allein in meiner Waldeinsamkeit, sondern Rainer, ein Hamburger Journalist und langjähriger Bekannter beschloss eine »Auszeit« von seinen bisherigen Lebensumständen zu nehmen. Seit Jahren ein Doppelleben in seiner Zeitungsredaktion und auf dem eigenen Hof in Spanien führend, wurde ihm plötzlich eine schwere Krankheit diagnostiziert. Rainer verblieb damit vielleicht nur eine Lebenserwartung von noch zwei Jahren. Wir kannten uns schon lange und schätzten einander dafür, dass die Gespräche zwischen uns nie banal und langweilig wurden. Wir lebten zwar in grundverschiedenen Wirkungsbereichen, aber beide gleich intensiv in der jeweils eigenen – faszinierend für mich, die ich mich immer auf der Suche nach dem Neuen und Spannenden in der Welt befand. Außerdem sah er verdammt gut aus, wenn das nicht schon genügte. Ich warf meine weiblichen Schlingen aus, ohne in der Hitze der Gefühle bemerkt zu haben, das Rainer schon längst eigene Fallstricke auf meinen Weg ausgelegt hatte, die nur darauf warten, dass ich in sie hineintappte.

Es kam, wie es kommen musste – ich verfing mich hoffnungslos rasant in Liebestricke und stellte dabei ebenso schnell fest, dass Rainer von der Art von Landleben, wie ich es bislang geführt hatte, komplett keine Ahnung hatte und außerdem so pleite war wie ich selber – also beste Vorrausetzungen für einen Neuanfang.

Eine neue Liebe ist wie ein neues Leben,…♪

Unser erster Winter bestand dann in einem Gemisch aus mich-fast-totlachen-Wollen über Rainers effektvolle Melkversuche an unserer vierbeinigen Milchbar und anderen vergeblichen Versuchen, aus

Nutztieren Gebrauchswert herauszulocken. Aus stundenlangen Pferdeschlittenfahrten durch eisige Winterlandschaften und ewiger Reparaturen an Haus und Hof. Aus der Diskussion, ob wir den Pfennig drei oder lieber fünfmal drehen wollten, bevor wir Ihn ausgaben, langen bangen Perioden von Rainers Kranksein und dennoch unglaublich viel Wohlfühlen. Eis und heiß, süß und sauer – Gegensätze machten das Leben für mich begehrenswert.

Im nächsten Sommer reifte der Plan heran, einen Winter auf Rainers Hof in Spanien zu verbringen. Südlicher Flair, den Bauch sorglos in der Sonne braten lassen – warum nicht einmal des Nordens Mystik dagegen eintauschen? Ich bereitete unseren zeitweiligen Auszug aus Pyntarna vor. Die Anzahl der Pferde hatte sich schon seit der Scheidung auf vier reduziert. Nach und nach wurden sie bei pferdeliebenden Mädchen ein Jahr in Futter gegeben und die Kühe nach vielen, innerlich vergossenen Tränen verkauft. Jetzt galt es nur noch, den Restbestand zu versorgen. Bienen waren pflegeleicht und alles andere, kam... ins Auto. Sorgfältig hatten meine beiden Söhne Käfige für ihre und Rainers Lieblinge gebastelt. Und so präsentiert man mir stolz eine Fuhre von drei Katzen, einer Elster, fünf Hühnern und einem Hahn. Die Käfige waren sorgfältig so angepasst, dass neben Rainers Stereoanlage nur minimalst Platz für unwichtige Lebensdinge, wie Kleidung und anderer unbedeutender Sachen blieb. Aber wir besaßen ja noch einen uralten Anhänger... Mein Sprösslings-Duo mobilisierte ihn fachgerecht, und so kamen auch meine eigenen Wünsche zu ihrem Recht.

Jetzt fehlte eigentlich nur noch die Schule, aus der die Kinder – wie auch immer – heraus geeist werden mussten. Theoretisch dachte ich es wäre alles geklärt, als ich vor unserer Abfahrt die Lernaufgaben abholen wollte. Dies bereitete bei Fridtjofs und Elkes Lehrern auch nur mittelgroße Schwierigkeiten. Doch bei Dietrich blockierte eine Lehrerin meinen Versuch ihn aus dem Unterricht zu befreien vollständig. Trotz meiner Genehmigung von der Schulbehörde, drohte sie mit massivem Nachspiel und bestand darauf, dass Dietrich blieb. Man konnte diese Frau zwar irgendwie verstehen: Dietrich hatte nur noch zwei Jahre bis zu seinem Grundschulabschluss und leider war die Schule in seinen Augen eine recht überflüssige Einrichtung, die seinem „die Welt entdecken" doch recht misslich im Wege stand. Was blieb mir also zu tun übrig? Ruhig alle Argumente anhören, sie einen Moment sacken lassen, um dann innerlich mit den Achseln zucken und mich sagen zu hören: »Er kommt mit! Es muss eine Lösung geben!«

Wutentbrannt und mit Konsequenzen drohend, dampfte Dietrichs Klassenlehrerin aus dem Schulzimmer, die Rektorin und mich ratlos zurücklassend. Kleinlaut herumdrucksend konnte ich mir nicht verkneifen noch etwas Öl in Feuer zu gießen: »In ein paar Tagen geht es doch schon los,... « Lange Überlegung der Rektorin – noch längere Stille. Deprimiert machte ich mich auf den Heimweg. Das war ja ein schönes Dilemma: Alles war fertig für die Abfahrt und nun das! Also am besten weiter packen... man würde ja sehen... Kurz vor unserer Abreise kam dann der Tipp der Schulchefin, Dietrich von einer Internetschule betreuen zu lassen, die sich schwedischer Kinder im Ausland annahm. Das war's! Bevor es sich jemand anders überlegte, packten wir unseren ganzen Tierpark ein, wühlten uns mit unserem Gefährt durch einen halben Meter frischgefallenen Schnee bis an die Straße –und ab ging die Reise ins Ungewisse! Natürlich wie üblich mit den unabwendbaren Unterbrechungen: die erste schon im dreißig Kilometer entfernten Ort, wo Spikesreifen gegen herkömmliche ausgetauscht werden mussten – sehr zur Erleichterung von uns Autoinsassen, da wir aus Platzmangel auf der Ladefläche, alle einen riesigen Autoreifen auf den Schoss gelegt bekommen hatten und die Welt, außer dem Anblick auf Gummi, recht eintönig geworden war. Nachdem wir beim Reifenwechsel erfolgreich die Klinge von Rainers Lieblingsmesser abgebrochen hatten, konnte es endlich auf die Expedition in den Süden gehen.

Zunächst verlief unsere Fahrt dann auch ungewöhnlich ereignislos: Einige Zwischenstopps an Raststätten, um den Katzen und uns etwas Auslauf zu verschaffen, bis wir dann an einer schicksalsträchtigen Raststätte in Freiburg tankten. Als wir mit dem altersschwachen Anhänger ungeschickt und vollkommen übermüdet über eine Bordsteinkante gefahren waren, rollte plötzlich wie in einem schlechten Film ein Rad des Anhängers an unserem fahrenden Auto vorbei, nicht ohne einen riesigen Funkenregen, der auf dem Asphalt schleifenden Achse hinter sich zu lassen. Das sah nun wirklich nicht gut aus.

Achse kaputt, Anhänger kaputt und wir auf der Suche nach einer Pension mit unser gesamten Hühner-Elster-Katzen Menagerie! Feine Situation! Aber fünf Tage Zwangsaufenthalt im Schwarzwald ließen unsere Kinder wunderschöne Landschaften Deutschlands kennenlernen und nötigten uns, in Zukunft doch besser inkognito diese wundervolle Gegend zu bereisen. Denn endlich erfolgreich eine billige Bleibe für fünf Personen gefunden, hieß es, zweimal am Tag mit Hühnern und Katzen unter freiem Himmel zu flanieren, da unsere an Freilauf gewohnten Tiere nachdrücklich ihr gutes Recht auf etwas „Motion" einforderten. Noch heute sehe mich etwas verschämt, auf einem dorfnahen Acker im Schwarzwald, als Hühnermagd agieren.

Endlich konnte es weitergehen und schnell suchten wir das Weite. Im Morgengrauen endlich an der spanischen Grenze angelangt, begrüßte der glücklich seinem Gehege entronnene Hahn, stolz auf der vollgekoteten Stereoanlage Rainers thronend, mit lautem Gekrähe die kontrollierenden Zöllner. Einem Blick auf die Ladefläche unseres Autos und einem zweiten auf die Kinder folgte eine etwas krampfhaft zuckende Handbewegung und das resignierte Kommando: »Márchense!« Was in meinen Ohren so viel klang wie: »Marsch, haut bloß ab von hier!« Das ließen wir uns nicht zweimal sagen.

Nach Stunden der Fahrt, erschöpft aber glücklich, gelangten wir endlich an unser Ziel. Spanien. – Jaaaa, soooo hatten wir es uns vorgestellt! Rainers Finca lag in der Nähe der Mittelmeerküste traumhaft einsam, neunhundert Meter hoch in den Bergen – das Gegenstück zu meinem schwedischen Pyntarna. Über fünfhundert Mandel- und Olivenbäume warteten nur auf mich! Zwischen ihnen wuchsen Feigen und am Hauseingang stand eine uralte Weinrebe, unter der man jedes Mal beim Betreten des Hauses mit dem Kopf an die vollreifen Trauben stieß. Sogar bis in den ersten Stock in unser Schlafzimmer hatten sich einige vorwitzige Ranken gewagt. Das Natursteinhaus war wie in einem Dornröschenmärchen von blaublühenden Passionsblumen umschlungen. Der Blick aus dem Fenster fiel in ein tiefes Tal, so dass einem fast schwindlig wurde, während zu linken Seite alter Pinienwald ebenso schwindelerregend den Berg hochwuchs.

Hier ließ es sich wirklich leben! Wie viele schöne Plätze gab es doch auf dieser Welt! Flugs eroberten wir Rainers geheiligtes Reich. Mit zwei tatkräftigen Söhnen und einer begeisterten Elke an meiner Seite brachen wir wie ein Wirbelwind in sein bisheriges, beschaulich ruhiges Leben herein. Mandelbäume und Oliven wurden ausgesägt, Terrassen gepflügt, Schäden am Haus repariert, ein großer Brandschutzstreifen ums Haus angelegt. Zwischendurch lagen wir dafür faul auf der Hausterrasse, schmausten Weintrauben, Mandeln und spanisches Gebäck in einem wilden Durcheinander oder feierten mit in den unzähligen Festen der spanischen Nachbarschaft, die den Kindern stilles Erstaunen über ihre Essensfülle und sagenhaften Zeitdauer abrangen. Regelmäßig fuhren wir zum Baden ans Mittelmeer, das nur dreißig Kilometer entfernt lag. Dort tobten unseren kältegewohnten Jungs an dem in der späten Jahreszeit fast leeren Strand herum oder tollten ausgelassen in dem nach schwedischen Maßstäben immer noch warmen Wasser. Die Kinder besuchten täglich die fünf Kilometer entfernte Dorfschule und lernten bald, fließend Spanisch sprechen. Es war eine wunderschöne Zeit. Und wir genossen sie sehr.

Nach einem wilden Vierteljahr, an einem Abend im Februar, machte mir dann Rainer vorm hell brennenden Kamin, mit Kniefall - einen Heiratsantrag. Ich wäre nicht ich, wenn ich nicht sofort und freudig – »Ja« - gesagt hätte.

Der Winter verging und getreu mit den Zugvögeln packten wir im Frühjahr Elster, Hühner und Katzen wieder ein und ließen uns gen Norden treiben. Meine älteste Tochter wollte heiraten und mich zog die Sehnsucht wieder in den kargen Norden und zu meinen vierbeinigen „Wollies", den Pferden. Oft hatte ich mich gefragt, was Zugvögel wohl dazu bewegen mochte, den langen Flug in den Norden, Jahr um Jahr, zu wagen. Doch Sehnsucht ist mehr als nur ein Gefühl: Sie reicht viel tiefer als eine einzelne Empfindung wiedergeben kann

In Schweden angekommen, fühlten wir uns, einer treuen Geliebten gleich, von Problemen liebevoll umschlungen. An ein durchkommen auf den Hof war zunächst überhaupt nicht zu denken. Nach einem schneereichen Winter lag selbst jetzt, Anfang April noch beinahe ein Meter hoher Schnee auf unserer Zufahrt. Verzweifelt telefonierte ich nach einem Baggerfahrer mit seiner Maschine. Mein Drohung, das ich sonst die Hühner bei ihm in die Küche einquartieren würde ließ meinen Bekannten die zwanzig Kilometer Entfernung zu uns, mit seiner Maschine recht hurtig überwinden. Doch wie so oft sind bekanntlich aller guten Dinge drei und in der Zwischenzeit hatten wir feststellen müssen, dass nicht nur der Hofweg tief unter dem Schnee begraben war sondern auch unser Sägewerk. Besser gesagt es war nichts mehr davon übrig. Durch die Schneelast war das Gebäude zu einer flachen Flunder zerdrückt worden und hatte alles unter sich bestattet, sodass nun nur noch traurig zerbrochene Balkenreste anklagend aus dem Schneegebirge hervorstachen. Doch als wäre dies nicht genug, stellten wir recht schnell fest, dass wir nun zwar überall im Haus duschen konnten aber leider nicht da wo erwartet. Irgendwie war etwas Wasser in den Rohren geblieben, die beim Frost zerplatzten und nun nachdem wir das Wasser wieder aufdrehten, vergnügt vor sich hin sprudelten. Im Grunde passte alles ganz famos, denn am nächsten Tag schon erwarteten wir aus Deutschland zahlreiche Hochzeitsgäste meiner Tochter Svanhild, die einquartiert werden sollten. Und wieder wurden wir unserem Ruf gerecht, das auf Pyntarna Vergnügen: sprich Hochzeit feiern, mit Aktivurlaub: sprich Wasserleitung reparieren, willkürlich gekoppelt sind.

Dementsprechend erwartete uns wie üblich eine Fülle von Beschäftigungen. Doch so anstrengend die Tage manchmal auch waren, eigentlich empfand niemand sie wirklich als Arbeitstage im herkömmlichen Sinne – taten wir doch den ganzen Tag nur das, worauf sich andere sich erst nach Feierabend freuen dürfen. Uns war dieses Geschenk jeden Tag wohl bewusst, deshalb genossen wir den Gartenbau, der ja auch unsere Lebensgrundlage war, den Umgang mit den Tieren und unsere Bauaktivitäten. Rainer, in seinem Herzen dem Norden wie dem Süden gleichermaßen zugewandt, verwurzelte sich immer mehr in Schweden und wir beschlossen auf Pyntarna zu bleiben.

Rainer entschied zunächst sich dem kaputten Sägewerk zu widmen. Puristisch nur mit Latthammer,

Säge, Kuhfuß und Kneifzange, vielen Nägeln und einer Thermoskanne mit Kaffee machte er sich auf, in den Wald hinein zum übriggebliebenen Trümmerhaufen was eins die Grundlage zu all unseren Fertigstellungen gewesen war. Über Wochen wanderte er nun so den meditativen Weg durch den Wald zu seinem Arbeitsplatz. An der Säge angekommen brauchte er nur noch sein Werkzeug aus dem Rucksack zu räumen und errichtete damit das Gebäude völlig allein, komplett wieder auf. Unendliche Weite des Waldes nur von Lauten der Natur und den eigenen Arbeitsgeräuschen umgeben - einmal fragte ich Rainer, warum er so völlig ohne technisches Gerät arbeitete? Doch für Rainer war der Weg das Ziel. Materie ließ sich überall schnell erschaffen, Geld mit den richtigen Ideen verdienen, indessen …. wie und wo empfand man, dass man lebte?

Wir begannen danach, das Wohnhaus komplett auf neuen Stand zu bringen, denn die letzte Renovierung war nun schon über zwanzig Jahren her, und vieles hatte sich an baulichen Erkenntnissen geändert. Baubiologie war uns immer sehr wichtig gewesen. Doch leider bedeutete es damals auch relativ schlecht abgedichtete Wohnräume. Dies war nun aufgrund besserer Isoliertechniken vorbei – wir mussten nur anpacken. Nach einer kurzen Beratung beschlossen wir, nicht noch einmal die kalte Jahreszeit bei morgendlichen Minustemperaturen im Haus erleben zu wollen. Eingefrorene Wärmflaschen der Kinder und eine Küche, die erst eine Stunde lang vorgeheizt werden musste, bis jemand Lust aufs Frühstück bekam, sollten nur noch Erinnerungen bleiben. So ging es frisch ans Werk und die Wände, Fußböden und Decken wurden komplett aufgerissen. Das Kochen am Kohleherd in der Küche erwies sich eine Zeitlang als akrobatischer Akt, weil wir auf den freiliegenden Balken, über einen zwei Meter tiefer liegenden Keller, herumturnen mussten. Doch das Ergebnis sprach für sich: Der Raum, in dem wir die alten Elemente des Küchenherdes und des Steinbackofens bewusst erhalten hatten, war hell, warm und freundlich geworden. Eine große Glastür zur angrenzenden Veranda ließ viel Sonne in die Küche und lud uns zum Verweilen im lichtdurchfluteten Vorbau ein. Unser Lebensgefühl bekam einen gewaltigen Kick: Das Haus war durch die Umbauten noch viel schöner geworden, als wie wir uns vorgestellt hatten. Nach dem gleichen Prinzip rissen wir Raum für Raum des Hauses auf – eine aufwendige Angelegenheit, wenn man bedenkt, dass das Wohngebäude etwa 350 qm Wohn- und Wirtschaftsfläche maß.

Die Renovierungsarbeiten kamen uns nicht allzu teuer, besaßen wir schließlich ein eigenes Sägewerk und vielerlei Handwerks-Maschinen, mit denen wir vom Baum bis zum Profilbrett alles nur Erdenkliche herstellen konnten. Ab und an besuchte mich mein Bruder Manfred, der in Deutschland inzwischen Bauunternehmer geworden war, aber dessen Herz immer noch an Pyntarna hing. Zusammen machten wir uns ans Zersägen tonnenschwerer Baumriesen, die bei einer Durchforstung unseres Waldes angefallen waren. Als Vollblut-Ökonom überschlug Manfred bei jedem von uns hergestelltem Brett, was es nach dem üblichen Stundenlohn wohl kosten würde, bzw. wie hoch unser eigener Stundenlohn wäre, müssten wir diese fertig im Baumarkt kaufen. Wir kamen in etwa auf ein Euro und fünfzig Cent, aber nur für Rainer und ihn, ich als Hilfsarbeiter bekam leider nur Fünfundneunzig Cent. Mein Meckern, dass ich das größere Risiko, wegen der Gefahr Pfannkuchen-platter Füße trug, falls der Stamm ins Rollen geriet, wurde nach patriarchalischem Muster komplett ignoriert. Die Sägerei bereite uns so viel Spaß, dass Manfred seinen nächsten Urlaub gleich wieder bei uns einplante und ihn mit der Forderung verband, auch ja für genügend Stämme zum Zersägen zu sorgen. Es erwies sich für uns als segensreich, dass wir ab und zu einen Fachmann vor Ort hatten, der uns bei unseren Renovierungsarbeiten auf die Finger schaute, denn als wir Pyntarna in den Jahren des Anfangs renoviert hatten, waren uns blutigen Laien doch so manche Fehler unterlaufen, die sich im Laufe der Zeit mehr oder weniger fatal auswuchsen. Aber wie sagt man so schön: »Kein Meister fällt vom Himmel – er hätte sich dabei nur die Knochen gebrochen.«

Im Juli kam dann unser ganz persönlicher Tag: Rainer und ich heirateten! Die Woche vor der Trauung hatte sich wettermäßig sehr ungemütlich gezeigt: Es gab Regenschauer bis zum Abwinken und die Schotterstraße vom Hof zur Kirche wurde von den Wassermassen einfach weggespült. Wir überlegten ernsthaft, ob es überhaupt einen befahrbaren Weg zur Kirche gab. Aber Probieren geht über Studieren und so schafften wir es, über riskante Straßenklüfte hinweg, am Ende doch zu unserem Ziel. Unsere Hochzeitsgäste wohnten günstiger und warteten schon auf uns. Wer nicht kam, war mein Bruder Manfred mit seinen Söhnen. Dabei durfte sich doch eigentlich nur die Braut verspäten! Endlich stieg er in seinem guten

Festanzug ein wenig zerknittert und erhitzt aus dem Auto – er hatte sich bei den schlechten Straßenverhältnissen einen platten Reifen geholt. Während unserer Fahrt zur Kirche äugte ich misstrauisch zum Himmel. Es regnete dermaßen, dass die Scheibenwischer kaum gegen die Regenflut ankamen. Doch kaum parkten wir vor Kirche, riss wie durch Zauberhand der Himmel auf und die Sonne brach durch die Wolken. Wenn das kein gutes Omen war!

Es wurde eine wunderschöne Trauung in einer romantischen und malerisch am See gelegenen Kirche. Andreas, ein Freund Rainers begleitete die Zeremonie auf seiner Gitarre mit klassischen Klängen und wir ließen den Tag in einem nahegelegen Restaurant bei einem opulenten Mahl ausklingen. Zur Ehre des Festes wurde uns sogar ein Bär aufgebunden – pardon: aufgetischt, allerdings nur der Hinterschinken.

Unsere Hochzeitsreise führte uns in die norwegische Fjordlandschaft. Das Wetter hielt sich die ganze Zeit über, als würde es nie wieder regnen können und ich war begeistert von der grandiosen Landschaft. Stahlblauer Himmel leuchtete auf ein wenig unheimlich wirkende Fjorde, die von hohen klippigen Bergen umrahmt wurden. Hunderte Meter tiefe Abgründe taten sich vor uns auf. Vorsichtig tasteten wir uns bis an ihre Kanten heran. Alles war so irreal schön, dass ich glaubte, ich befände mich auf dem höchsten Punkt meiner Gefühle. War mehr überhaupt noch möglich?

Aufgetankt, voller Tatendurst und Pläne, kehrten wir wieder in unseren alten Wirkungskreis auf Pyntarna zurück. Als jedoch der Winter sich nahte, ließen wir das Werkzeug aus unseren Händen fallen, brachten unsere Pferde in einem Gasthof unter, verstauten

Hühner, Katzen, Elster und nun auch unseren Hund Niko zwischen Kinder und Klamotten im Auto und machten es den Zugvögeln gleich, uns wieder auf den Weg gen Süden in spanische Gefilde.

Für Fridtjof und Elke ließ sich das Schulproblem schnell wieder klären. Dietrich hatte im vorigen Sommer beschlossen, seiner alten Schule in Schweden den Rücken zuzukehren, weil er sie als reine Zeitverschwendung betrachtete. Stattdessen wandte er sich der Internetschule zu und war bald mit Feuereifer dabei. Aus einem Kind, das mühsam am unteren Rand des Lernniveaus herum geschlingert war, wurde bald ein notorischer Einser-Schreiber. Mit einem Buch unter dem Arm, den Hund hinter sich herlockend, sah ich ihn einmal auf unserem See im Ruderboot und dann wieder hoch oben in einer Baumkrone lernen. Unverhofft ergriff er plötzlich eine Hand voll Knallkörper, ballerte über verwundert dreinschauende Pferde hinweg, - Was? Diesmal keine Kartoffeln? Sie kannten diese Geräusche doch nur zu gut von Fridtjof und seinen Sprengversuchen mit der Kartoffelkanone. Tauchte danach übermütig über Kopf in hohe zusammengerechte Laubberge ein, um nicht lange danach ein wenig mit Blättern paniert aber hochmotiviert weiter zu lernen.

Nicht jede Lernmethode passt für jedes Kind und für unsern überaktiven Dietrich schien endlich die passende Nische gefunden worden zu sein. Ein wenig misstrauisch über die völlig unerwarteten Schulergebnisse, empfahl ich ihm, nach Beendigung der Schule erst einmal Tischler zu lernen. Handwerkliche Ausbildung wird in Schweden nicht im Betrieb, sondern in extra dafür eingerichteten Fachschulen

Dietrichs neues „Klassenzimmer"

gelehrt. Holzbearbeitung war für Dietrich durch unsere vielen Bautätigkeiten logisch und mit viel Lebensspaß verbunden, denn vom Baumstamm aus dem Wald bis hin zum fertiggestellten Gebäude kannte er alle Arbeitsschritte in- und auswendig. Im Unterricht der Schule sah er nur eine Fortsetzung und Ergänzung seiner Fähigkeiten. Seine Zeugnisse blieben auf höchstem Niveau und er investierte noch einen Teil seiner Freizeit dafür, fehlende Kurse für ein Studium nachzuholen. Inzwischen ist er zum Bauingenieur herangereift und teilte mir vor zwei Tagen voller Stolz am Telefon mit, dass man ihm gleich von zwei Fakultäten eine Doktorandenstelle mit traumhaft hohem Einstiegsgehalt angeboten hätte. Ob er eines der Angebote annehme werde, wisse er aber noch nicht. Vielleicht würde er auch nach Pyntarna kommen, mich hier ein wenig zur Seite kicken und ausbreiten wollen, um sich eine eigene Zukunft zu gestallten. OK, von mir aus! Da ich selber immer ein Träumer war, bin ich für alles offen.

Nach einem wunderschönen Winter in Spanien zog es uns wieder zurück in unsere Wahlheimat Schweden. Dringendst musste an unserer finanziellen Lage gebastelt werden. Mit den uns zur Verfügung stehenden monatlichen fünfhundert Euro waren keine großen Sprünge zu machen. Durch Rainers Anwesenheit wehte ein neuer Wind auf Pyntarna. Mit Rücksicht auf seine angeschlagene Gesundheit beschlossen die Kinder und ich stillschweigend, einen körperlich etwas leichteren Weg unserer Lebensweise zu wählen als wie wir sie vorher auf Pyntarna praktiziert hatten. Vieles, was wir früher selber produzierten, wurde nun dazugekauft. Wir machten jetzt im Sommer nicht mehr wochenlang Heu für unsere vielen Tiere. Der Stall hatte sich inzwischen bis auf vier Pferde, jede Menge Geflügel und eine Milchkuh geleert. Stattdessen verwandelten wir fünfzig Quadratmeter unseres Wohnhauses in eine Einliegerwohnung für zahlende Gäste und richteten zwei idyllisch auf unserem Grundstück gelegene Blockhäuser als Ferienquartier für weitere Urlauber her. Mit Gästebetrieb und Kursen waren wir schon lange auf Pyntarna vertraut – wir mussten also nur auf einem uns schon bekannten Gebiet weitermachen. Unsere Gäste waren für uns nie nur anonyme Kunden, sondern wurden als Teil unseres Lebens in die alltäglichen Abläufe integriert, wenn sie nicht gerade etwas anderes vorhatten. Wir ernteten gemeinsam Heu mit einfachstem Gerät um Abends dann erschöpft und glücklich zu feiern, dass die Milch unserer Kuh weiter fließen konnte und auch jeder seinen Anteil für die Pferde beigetragen hatte, wenn er wieder einmal auf ihnen ritt. Wir buken zusammen Brot für die nächste Mahlzeit und die Herstellung vom eigenen Käse aus gerade frisch gemolkener Milch verlor nie seinen Reiz. Für immer wieder auftauchende »Wehwehchen« begaben wir uns hinaus in die Natur, um dort festzustellen, das nicht nur fertiggedrehte Pillen aus der Apotheke zum Wohlfühlen benötigt wurden, sondern manchmal auch ganz andere Wege offen standen. Die Lebensumstände auf Pyntarna waren denkbar einfach: In einem unserer Häuschen befand sich nicht einmal ein Bad, in dem anderen zwar eine Dusche, aber nur eine Trockentoilette. Die Ursprünglichkeit unseres Lebens faszinierte die Gäste. Sie wurden schnell ein Teil unseres Lebens und wir ein Teil des ihrigen; sie verschmolzen mit unserem Hof, als wären sie immer dagewesen; manch tiefe Freundschaften entstanden dabei.

Die große Blockhütte . – urig und idyllisch zugleich

Kapitel 25 - Zu Spontan?

Rainer und ich glichen uns in zwei, vielleicht sogar negativen Eigenschaften: Wir waren schwärmerisch und oft zu spontan. Als ich eines Tages Geschäfte im nahegelegenen Sunne zu erledigen hatte, flanierte er gelangweilt durch das »Einkaufszentrum« des Ortes, in dem sich etwa ein Dutzend kleiner Kramläden aneinander reihten, als ihn wieder einmal der Mantel des Schicksals, dieses Mal in Form einer kleinen Verkaufsauslage in Schaufenster des örtlichen Maklerbüros, umwehte. Von der ihm kaum fassbaren Grundstückslage wie elektrisiert, zerrte er mich gleich zum Makler. Wir nahmen sofort den Lageplan mit und binnen Kürze befanden wir uns auf dem Weg zum Grundstück. Es bestand aus einer kleinen, komplett zu gewucherten Wiese am Rottnansee – einer Perle Värmlands. Sogar das schwedische Königshaus besaß an dem See ein Ferienhaus. Ein wenig schüchtern klopften wir beim Besitzer an die Tür. Ein alter Bauer öffnete uns. »Ihr wollt euch das Stück Land tatsächlich ansehen?« Er musterte unsere feinen Ausgeh-Klamotten. »Das geht schon«, entgegneten wir hastig. Und los ging es! Zweihundert Meter bergab durch ein Gemisch aus hüfthohen Brennnesselsumpf und haushohem verwilderten Erlendickicht. Verzottelt und zerzaust prallten wir fast mit unserem Bauern zusammen, als er mit einer ausladenden Armbewegung, aber ein wenig verlegen, ausrief: »Hier ist es. Wir sind da. « - »Aha?! Öh,...hier? « - »Ja, ich gebe zu, es ist nichts Besonderes, aber ich bin nun älter, schaffe nicht mehr alles, brauche das Geld – und ehrlich gesagt ...«, er grinste ein wenig verschmitzt: »...wollte ich natürlich zuerst mein schlechtestes Stück Land loswerden.« - »Hmmm ...«, ich drehte mich ein wenig ratlos um meine eigene Achse: »War hier nicht irgendwo der See?« - »Doch da! Immer den Berg runter! « - »Ok, wir schauen uns ein wenig um und kommen nachher wieder hoch!« Froh, dass wir nun ungehemmt unter uns über die komische Situation lästern konnten, stolperten wir, uns an den Zweigen der Büsche festhaltend, den Berg zum angeblichen See hinunter. Unsere Füße waren ohnehin tropfnass, meine Arme brannten von den Brennnesseln und Rainers Hose hatte schon einen Riss: Viel schlimmer konnte es also nicht mehr kommen. Plötzlich und völlig unerwartet standen wir am Ufer – und was wir sahen, war einfach unbeschreiblich, unerwartet und wunderschön: Ein langgestreckter, fjordartiger See präsentierte sich uns; Wellen klatschten wie bei einer richtigen Meeresbrandung um unsere Füße und um alles perfekt zu machen, leuchtete uns der gegenüberliegende Berg in tausenden Farben der Abendsonne entgegen. Still staunend sahen wir uns an. An unserem, innerhalb von wenigen Sekunden gefassten Entschluss, konnte auch der zermürbende Weg zurück in die Zivilisation nicht mehr rütteln. Cool bleiben und uns nichts anmerken lassen, hieß nun die Devise. Bald darauf fanden wir uns wieder bei unserem Bauern ein; seine Frau öffnete uns, etwas besorgt blickend und mit deutlich schlechtem Gewissen über unser mitgenommenes Äußere die Tür. Ob wir vielleicht zu einem Kaffee bleiben wollten? Die Köpfe bedächtig hin und her wiegend gaben wir schließlich unser Interesse an dem Grundstück kund – aber nur, wenn wir ein paar Bäume zum See hinunter fällen dürften – nicht viele, aber eben doch so, dass man den See erahnen könne. Kjell und Britta, heilfroh über die unerwartete Wendung, begannen nun, mit unerwarteter Bauernschläue zu verhandeln: »Verkaufen könne man ja nicht das ganze Land bis zum See... « (warum eigentlich nicht?) »Aber vielleicht Nutzungsrechte für, sagen wir,.... « - ».....fünfzig Jahre!?« machte ich einen schnellen Vorstoß. Nach einigem Hin und Her wurden wir uns handelseinig. Und bevor es sich die beiden anders überlegen konnten, nahmen wir sie, stets eine gleichmütige Miene wahrend, doch ziemlich eilig mit zum Notar. So waren wir dann abends stolze Besitzer eines unwirtlichen, matschigen, mit Zecken und Brennnesseln verseuchten Wiesen-Wald- und Sumpflandes irgendwo im Nirgendwo. Noch nicht einmal ein Weg führte aufs Grundstück, das vernünftig betrachtet, höchstens als Hubschrauberlandeplatz zu gebrauchen war. Ganz zu schweigen davon, dass es noch nicht einmal Strom, Wasser oder andere nicht ganz unwichtige Zivilisationsattribute gab. Unwillkürlich kam mir einer der ersten gemeinsamen Ausflüge von Rainer und mir, auf den Hamburger Dom in den Sinn. Begeistert über die tolle Achterbahn zerrte ich ihn zu einem der offenen Wagen und platzierte mich gleich in die vorderste Reihe. Rainer setzte sich, ohne Miene zu verziehen neben mich. Erst viele Jahre später gestand er mir, er würde *NIIIE* in einer Achterbahn fahren! Er hätte bei dieser Höllenfahrt gedacht, dass jetzt sein Ende gekommen wäre. Dafür warf er mir dann in einer Wurfbude den Hauptgewinn mit freier Auswahl über den ganzen Jahrmarktsstand. Fasziniert griff ich nach einer leicht überdimensionierten, aber unglaublich schrullig aussehenden, rosaroten Maus, die ich fast vor Stolz platzend über den ganzen Jahrmarkt schleppte und die später zur roten Couch unseres Schlafzimmers einen farblich bissigen Kontrast bildete. Dieser Abend auf dem Hamburger Dom und die rosa Maus trugen sich symbolträchtig durch unser gemeinsames Leben.

Glückliche Besitzer von unserem »Strubbelwald«, wie wir unser Grundstück liebkosend nannten, handelten wir Wegerechte und natürlich auch eine Baugenehmigung in einer für Schweden typischen, aber von uns als endlos empfundenen Zeitspanne ein. Und so wie andere zum Einkaufsbummel in die Stadt gehen, sah man uns regelmäßig mit der Motorsäge am Rottnan flanieren, um unser kleines Grundstücksbaby zu „frisieren". Wir tankten Energie am Strand, waren voll von tausenden Ideen und kehrten abends erschöpft, aber erfüllt heim. Im September 2009 war es dann soweit. Das Geld reichte inzwischen für den Hausbau, ein Weg war gebaggert worden, und sogar einen Stromanschlusskasten in Nirgendwo gab es schon, als der erste Laster vorfuhr und unser zukünftiges Häuschen auf die gerade fertige Betonplatte ablud. Wir platzen beinahe vor Besitzerstolz. Manches war zwar anders angeliefert worden als geplant, aber aus einer bloßen Idee entstand nun konkrete Wirklichkeit: Unser erstes, komplett gemeinsames Projekt! Bald wurden aus bislang nur gedachten Wänden, einem Berg von Balken, Dachpfannen, Platten und unzähligen geheimnisvollen Kisten, ein Haus, das wir liebevoll und ein wenig bescheiden: »Sjöängen«

(Seewiese) nannten, wegen der phantastischen Wiese oben vom Haus bis hinunter ans Seeufer. Wir bastelten mit Feuereifer an unserem gemeinsamen Werk. Und bereits im Januar 2010 konnten wir es als fertig bezeichnen. Eigentlich waren wir uns nicht richtig klar darüber, was wir am Ende damit anfangen wollten – zunächst vielleicht an Touristen vermieten, darin hatten wir schließlich Erfahrung. Später könnte es auch unser Alterswohnsitz werden, wenn wir einmal auf Pyntarna nicht mehr gegen die Schneemengen würden anschaufeln können. In Wirklichkeit machte es uns einfach nur Spaß, uns am Rottnan zu beschäftigen und Gründe dafür ließen sich jetzt immer schnell finden.

Als zwei meiner Brüder, beide im Baugewerbe, einmal wieder zu Besuch kamen und wir ihnen stolz unser Kleinod vorstellten, kam gleich der Gedanke auf, noch zwei weitere Häuser zu bauen. Die Grundstücksgröße erlaubte es, auch wenn die Erschließungskosten astronomisch sein würden. Aber Geld würde auch so in diverse Kanäle verschwinden, da konnte man es lieber langfristig rentabel investieren. Warum also nicht? Und so begannen wir neu zu planen. Finanziell brauchte ich mir keine großen Sorgen zu machen, meine Brüder sahen die Bezahlung ganz entspannt: »Notfalls sind es dann eben unsere Häuser, wenn es bei euch schief läuft. An einem Ort wie diesem würde wohl jeder gerne ein Hüttchen besitzen.«

Unser Versuch, »Sjöängen« an Touristen zu vermieten, startete unerwartet gut. Die Nachfrage war viel höher, als wir es uns erträumt hatten. Überglücklich und erwartungsfroh sahen wir dem nächsten Jahr 2010 entgegen.

Sjöängen – ruck zuck fertig.
Bau und Anlage bereiteten uns enorm viel Spaß

Kapitel 26 - Viele kleine Tode

2010 wurde ein schicksalsträchtiges Jahr. Die Achterbahnfahrt, die so symbolisch für den Wagen unseres Lebens stand, begann von neuem. Nur den kleinen Abschnitt der Schienen vor den Augen, ging es immer weiter empor ins Freie. Was für ein Blick auf das kunterbunte Leben des Jahrmarktes, die hellbeleuchtete Stadt! Dein Herz öffnet sich all dieser glitzernden Schönheit und da! ... Der Sturz in die Tiefe! Du willst schreien und kannst es vor Entsetzen nicht, klammerst Dich an das kalte Eisen des Wagens, dem einzigen Halt, der dir noch bleibt und stürzt und stürzt... und wäre auch dies nicht genug, dreht sich die Welt im Looping von unten nach oben!

Unglücke werfen manchmal lange Schatten voraus. Doch selten versteht man diese richtig zu deuten. Bereits im Herbst 2009 war es zu unerklärlichen Störungen in unserem Festtelefon gekommen. Mal rauschte es im Hörer oder die Verbindung brach ganz ab; dann war alles wieder in Ordnung wie vorher. Irgendwann entdeckte ein Techniker der Telefongesellschaft das Problem. Ein wenig verschwitzt erschien er abends bei uns im Haus und berichtete, dass in unsere Telefonleitung wenigstens acht Mal der Blitz eingeschlagen wäre. Bei der gerade herrschenden Kälte hätte sich der Kunststoffmantel der Leitung zusammengezogen und die eindringende Feuchtigkeit die Störungen und letztlich den Kurzschluss erzeugt. Nun aber wäre alles wieder in Ordnung. Wir vergaßen den Vorfall, bis plötzlich zu Weihnachten der Strom im Haus zu flackern begann. In höchster Alarmbereitschaft bestellten wir wieder einen Techniker, der auch – ungewöhnlich für Schweden – noch am gleichen Tag erschien. Er war völlig nass und durchgefroren, denn ein vorwitziger Biber hatte einen Baum über eine Stromleitung so zielgerecht gefällt, dass sie gerissen und im Nachbarsee versank. Der Techniker musste das gerissene Kabel erst mühsam aus dem See fischen und begreiflicherweise müde und etwas unlustig, stellte er einen großen Schmorschaden in unserem Hauptsicherungskasten fest. Er vermutete, dass ich wohl beim Wechseln der Sicherungen vorher nicht den Strom abgestellt hätte – eine etwas gewagte Unterstellung. Er wechselte den Kasten aus und der Strom funktionierte wieder, wie er sollte. Es kam ein eisiger Winter und als es im März wärmer wurde, machten wir uns auf die Reise nach Deutschland, um dort, wie jedes Jahr, ein paar Tage bei meiner Familie zu verbringen und den Geburtstag meines Vaters zu feiern.

Eines Abends ergriff mich eine heftige Unruhe und ich versuchte wieder und wieder den Betreuer unseres Hofes telefonisch zu erreichen, doch vergeblich. Stimmte etwas nicht? ... Endlich klingelte mein Telefon. Eine mir unbekannte Stimme meldete sich, redete,... druckste,... schlimmes ahnend, wurde mir elend zumute! Konnte er nicht einmal sagen, was er überhaupt wollte? Endlich rückte er mit der Wahrheit raus: »Sie« (wer war denn – „sie"?) »befänden sich auf Pyntarna, der Stall würde brennen.« Entsetzt konnte ich nur hervorstoßen: »Rettet wenigstens die Tiere!« - »Dafür ist es schon zu spät, der Stall brennt lichterloh und wir wissen noch nicht einmal, ob wir die übrigen

Gebäude retten können.« Schnell und unter einem Vorwand legte er auf und ließ mich mit eiskaltem Entsetzen und tausend Fragen zurück. Laut aufschluchzend lief ich zu meiner Familie: »Der Hof brennt, ich fahre nach Hause!« In nicht einmal einer Viertelstunde befanden wir uns auf den Weg nach Schweden. Im Nachherein eine idiotische und sicherlich auch gefährliche Entscheidung. Was wollte man in tausend Kilometer Entfernung schon ausrichten. Die Gefahr, dass uns selber etwas passierte könnte, war dafür umso grösser. In aller Eile hatten wir außer unseren Papieren und dem, was gerade griffbereit gelegen hatte, nichts mitgenommen. Eine schier endlos erscheinende Nacht fuhren wir dem uns noch Unfassbaren entgegen. Was würde uns erwarten? Bangen Herzens legten wir die letzten Kilometer zurück, bogen schließlich in den uns vertrauten Weg ein und fuhren zu unserem Hof hinauf. Trügerisch schien alles wie immer und bangen Herzen fuhren wir den letzen Kilometer ins Ungewisse. Der Anblick, der sich uns bot übertraf alle unsere schlimmsten Befürchtungen. Vom Stall, der Werkstatt, dem riesigen Holzlagergebäude, zwei Gewächshäusern und dem nun schon bald zweihundert Jahre alten gerade erst liebevoll renovierten Wohnhaus war nichts mehr übrig geblieben. Ein paar noch glühende Holzreste zwischen Bergen von Schutt und anklagend in den Himmel ragenden Schornsteinen, erinnerten daran, dass wir hier einmal gelebt hatten. Dreißig Jahre des Aufbaus waren in Rauch aufgegangen. Wie versteinert standen wir vor den schwelenden Überresten. Plötzlich hastete Elke auf die Ruinen los, dorthin, wo

Pyntarna - unser Wohnhaus gerade noch liebevoll renoviert,…

Werkstatt, Webzimmer, Stall, Gewächshaus –
unsere wirtschaftliche Grundlage, alles von Grund auf gebaut
und unser ganzer Stolz,…

…, lag nun mein Lebenstraum
ausgelöscht vor mir in der Asche

vorher einmal unser Wohnhaus und Ihre ganze Lebenssicherheit gewesen war und schrie, wie es nur Autisten können, ihren ganzen Schmerz über die verlorenen Puppenkinder und die unbegreifliche Not heraus. Durch den Lärm herbeigelockt, brachen plötzlich unsere vier Pferde aus dem Unterholz und galoppierten auf uns zu. Langsam lösten wir uns aus unserer Erstarrung. Vier warme Pferdeleiber umringten uns glücklich schnaubend in der Eiseskälte, stupsten und stießen uns auffordernd, aber einen Stall konnten wir ihnen nicht mehr bieten. Irgendwo bellte unser Hund.

Vier Pferde, ein Hund und ein schwer vom Brand geschädigter Kater waren alles, was vom einstigen Pyntarna übrig geblieben war. Alle übrigen Tiere waren dem Feuer zum Opfer gefallen und von unserer persönlich Habe absolut nichts aus den Gebäuden gerettet worden. Ein komplettes Leben mit seinen Erinnerungen lag vor unseren Füßen ausgelöscht in der Asche.

Die Tage waren zum Bersten gefüllt mit Sorgen: Die Polizei befragte uns zu möglichen Brandursachen und hatte den Zählerkasten ins Kriminallabor geschickt, die Versicherung wollte für ihren Beschluss den Bericht erst abwarten – wir hatten keine Kleidung, kein Geld, keine zu erwartenden Einnahmen, hungernde Tiere, einen völlig verängstigten Kater und Elke, die sich weigerte die Situation anzunehmen und immer wieder weglief, um zu ihrem Zuhause zu kommen. Und so brachten wir es in diesem verhängnisvollen Jahr nur noch zum Aufräumen des Geländes: Schornsteine, Grundmauern und letzte Wandteile wurden rabiat zusammengeschoben und zu einem neuen Weg oberhalb des Weihers verbaut. Riesige Containerlaster fuhren den nicht mehr verwertbaren Schrott zu entfernten Müllhalden. Beim Wühlen in der Asche blickten uns immer wieder Erinnerungen an. Es wurde wenig gesprochen. Jeder versuchte auf seine Art mit dem Geschehenen fertig zu werden.

Im Laufe des Jahres bekamen wir das Ergebnis für die Brandursache mitgeteilt: Die Blitzschläge, die im Herbst zuvor unsere Telefonleitung zerstörten, hatten den gleichen Schaden auch an der Stromleitung verursacht. Im Vorjahr, kurz vor Weihnachten hatte uns das Schicksal, in Verkörperung des verschmorten Zählerkastens, eine erste Warnung gegeben. Als im nächsten März die Tage wieder feuchter und wärmer wurden, war es dann zum endgültigen Kurzschluss in der zuführenden Stromleitung gekommen und der Funkenflug hatte das Heu entzündet.

In unserem Herzen noch quälend spürbar, begann die Natur die äußeren Wunden vom Brand schon zu schließen

Wie immer in einer Notsituation trennten sich wahre Freunde schnell von den schon vorher scheel blickenden Neidern. Um die einen wurde es ganz still und die anderen besuchten uns in Scharen. um uns aufzumuntern und – wie auch immer – zu unterstützen. Sogar ein inzwischen über hundert Jahre alter, ehemaliger Bewohner Pyntarnas machte sich extra zu uns auf den Weg, um mir mitzuteilen, dass er mir das Geheimnis des sagenumwobenen Schatzes der nicht weniger sagenumwobenen Justina Berglund enthüllen würde, damit ich Pyntarna wieder aufbauen könne. Justina Berglund war um 1920 Besitzerin des Hofes gewesen. Vielerlei farbige Geschichten und Gerüchte umrankten sie, unter anderem die über ihren Schatz: unermesslich an Gold und Geschmeide, das Sie an einem geheimen Ort verborgen hielt. Irgendwie fand sich allerdings bis heute für mich noch keine Unumgänglichkeit nach diesem Schatz zu suchen, vielleicht werde ich darum dieses Geheimnis einmal an den nächsten in Not geratenen Bewohner Pyntarnas weitergeben können. Bei all der Hilfe von Nachbarn und Freunden wurde es trotz allem wieder ein schönes Jahr. Die zwischenmenschliche Wärme heilte viele Wunden und tat uns sehr gut.

Aber wie würde es nun für uns weitergehen? Sollten wir noch einmal komplett von vorne anfangen? Dort, wo einst Pyntarna gestanden hatte, waren nur noch platte, von der Planierraupe geschobene, uns öde anblickende Flächen, zu sehen. War dies wirklich das Pyntarna, das wir so geliebt hatten? Wohl nur zu einem ganz kleinen Teil! Der viel größere Teil Pyntarnas existierte immer noch. Unser See - er lag so schön und verheißend vor uns wie seit eh und je und der Wald - in seiner schweigenden Würde ließ er unsere Seele wieder zur Ruhe kommen. Materie war immer der unwichtigere, wenn auch notwendige Teil unseres Lebens gewesen.

Vorangetrieben von den Jungs beschlossen wir gemeinsam im Familienrat: Wir bauen wieder auf! Meine Brüder standen zu Ihren Plänen und so rollten im Jahr 2011 Sattelzüge mit drei halbfertigen Häusern einmal zu unserem Grundstück am Rottnansee und zum anderen hoch zu uns nach Pyntarna – Materialschlachten ungeahnten und für mich bisher nicht erfahrenen Ausmaßes. Zwei neue Ferienhäuser sollten unserem „Baby" Sjöängen am Rottnanee Gesellschaft leisten.

Kompromisse hinsichtlich eigener Vorstellungen zu schließen, waren noch nie die Stärke von Rainer und mir gewesen. Deshalb beschlossen wir, allen ökonomischen Gesetzen zum Trotz, unsere Ferienhäuser genauso zu bauen, als wenn wir selber in ihnen wohnen wollten. Unseren Gästen mit einem Urlaubsambiente, das sich nur auf das Notwendigste beschränkte, das Geld aus der Tasche ziehen, lag uns einfach nicht. Zumindest wollten wir versuchen, in unseren Häusern ein wenig von uns selbst empfundene Lebensfreude und Schwedengefühl herüberzubringen. Ob das auch so klappen würde? Oder befanden wir uns wieder einmal auf einer unserer vielen Traumwolken?

Einfacher wurden unsere, mit der Wirklichkeit noch in Übereinstimmung zu bringenden Überlegungen auch nicht durch eine neue spontane Entscheidung: Unverhofft war eines Morgens Kjell, unser Bauer vom Rottnan, zur Tür hinein geschneit. Ganz entgegen schwedischer Gewohnheit hielt er sich nicht erst lange damit auf, über Gott und die Welt zu palavern, sondern platzte stattdessen mit der Frage heraus, ob wir nicht seinen Hof, der um unsere kleine Lebensinsel herum lag, kaufen wollten. Wenn nicht, würde er noch heute zum Makler gehen, um ihn zum Verkauf zu stellen: Seine Frau hätte es mit dem Herzen und wollte gerne in die Stadt in der Nähe eines Krankenhauses wohnen. Sie hätten auch gerade das Passende gefunden. »Einen Moment, ich muss erst einmal

Rainer fragen«, entfuhr es mir. Fluchtartig verließ ich die Küche und sauste in den Wald, wo Rainer gerade unter dem ohrenbetäubenden Geknatter der Motorsäge Bäume zerlegte. Ein Weilchen betrachtete ich mir sein Holzfäller-Werk. Der Lärm der Säge wirke wie Balsam auf meine aufgewühlte Seele. Wir hatten knappe fünf Minuten Zeit, die unverhoffte Bescherung eines wohl nie wiederkehrenden Angebotes zu verdauen. Mir wurden die Knie weich. Wieder gab es eine finanzielle Entscheidung zu treffen, in einer Größenordnung, mit der ich noch nie zu tun gehabt hatte. In wenigen Worten schilderte ich Rainer die Lage. Gemeinsam stiefelten wir zum Haus hoch, jeder von uns das Problem auf Hochtouren und der ihm eigenen Art im Kopf wälzend. Mein Fazit lautete: Zu dem verlangten Preis können wir den Hof später auch wieder loswerden, das Risiko ließ sich also begrenzen. Wir wussten, Kjell würde heute Abend Ernst machen und die Chance wäre auf Nimmerwiedersehen vertan, wenn wir nicht zuschlagen würden. So beschlossen wir–Augen zu und durch und aller Vernunft und materieller Lage zum Trotz– sein Angebot anzunehmen. Völlig unverhofft waren wir von einer Minute zu anderen Großgrundbesitzer und Eigentümer einer Handvoll unrenovierter oder noch ungebauter Häuser geworden. Sjöängen war unser einziges fertige Objekt, der alte Nebenhof Rintetorp und Kjells Wohnhaus Hultängen mussten dringendst und leider komplett renoviert werden und die beiden geplanten Häuser am Rottnansee und unser neues Pyntarna-Wohnhaus standen abfahrtbereit auf Lastern zu uns nach Schweden. Jetzt durften wir nicht den Kopf verlieren. War ich dem überhaupt noch gewachsen?

Doch jeder Weg besteht aus den Schritten, die man geht – bleibt man stehen, ist der Weg zu Ende. Deshalb setzten wir, uns gegenseitig voranschiebend, einen Fuß vor den anderen, die Angst vor dem finanziellen Bankrott ständig im Nacken. Doch Kompromisse waren bekanntlich nicht unsere Stärke. Zu unserem Häuschen Sjöängen gesellten sich zwei neue Kameraden, die wir liebevoll: »Björklöven« (Birkenlaub), wegen seines wunderschönen Blickes in mitten durch uralter Birken auf das Seepanorama und »Rottnaholm« – (Rottnanhöhe) nannten, denn der Ausblick von der Fensterfront des Wohnzimmers auf den See hinunter war einfach phänomenal.

Wir bauten und bauten. Mein Sohn Fridtjof, der gerade sein Abitur gemacht hatte und schon seit Wochen dabei war, eröffnete mir nun: Er würde erst einmal anpacken, die Häuser fertig zu stellen, studieren könne er später immer noch, zurzeit hätte er mehr »Bock« aufs Praktische. Widerspruch war noch nie meine Stärke und so ließ ich ihn gewähren. Jeder sammelt schließlich auf seine Art Erfahrungen für das Leben.

Das Pyntarna-Wohnhaus dachten wir in seiner Gestaltung völlig neu an. Lange taperte ich auf dem freigeräumten Grundstück herum, auf der Suche nach dem schönsten Ausblick auf den See, der besten Ausrichtung des Hauses nach der Sonne – und wie das Haus am günstigsten mit dem Fahrweg zu verbinden sei. Unsere Wirtschaftsweise hatte sich nun geändert, aber meine Bedürfnisse nach Licht und Naturnähe waren die Gleichen geblieben. Deshalb entwickelten wir unser Wohnhaus so offen wie möglich, so dass ich heute immer das Gefühl habe – obwohl im Haus, doch in der Natur zu sitzen. Wunderbar lichtdurchflutet von der Sonne, gibt es nun keine dunklen Wintertage mehr für mich. Ein Wohntraum wurde Wirklichkeit und oft sitze ich in meinem Arbeitszimmer im ersten Stockwerk und schaue einfach nur aus dem Fenster. Vor mir breitet sich der See aus, eingerahmt in eine mystische dunkle Waldkulisse – so war es schon vor tausend Jahren und auch lange nach mir wird es so bleiben. Ein Gefühl der Ruhe und der Sicherheit durchströmt mich und die Seele schwingt im Einklang mit der Natur, um in der unendlichen Weite der verwunschenen Wälder und der verzauberten Seen Schwedens sich Tag für Tag neu zu finden.

Kapitel 27 - Gedanken zum Schluss

Mittlerweile sind wir im Jahre 2017 angekommen. Wir leben mit unseren Pferden, der inzwischen uralten Disan, dem kecken Ville, der einfallsreichen Nora und unserer vornehmen Jenny, dem hochbetagten Kater Rufus, der den Brand überlebte und dem beinahe ebenso alten Hund Niko, auf unserem neu entstandenen Pyntarna. An besonderen Tagen wie Weihnachten, darf Ville dann auch mal mit ins Haus, ein wenig »Mensch« spielen und mitfeiern. Stolz über dieses Vorrecht kramt er dann aus seiner Benimm-Kiste die charmantesten Seiten hervor.

Unseren eigenen Unkenrufen zum Trotz schafften wir es, unser Projekt am Rottnansee abzuschließen und seit etlichen Jahren vermieten wir unseren gelebt- und geliebten Schwedentraum an Gäste aus aller Welt.

Zu unseren drei Häusern am Rottnansee hat sich auch Rintetorp dazu gesellt: frisch und von Grund auf renoviert für Menschen, die einmal gleich mir, losgelöst von der Zivilisation, am Ende der Welt erproben möchten, wie es sich dort leben lässt. Im letzten Sommer brachten Rainer und ich unser zunächst letztes Objekt, Villa Solviken (auch von Grund auf renoviert), zum Abschluss. Häuser haben wir nun mehr als genug, die Mieteinnahmen verteilen sich zum Teil auf freundliche Helfer, die uns bei allen anfallenden Arbeiten zur Seite stehen. So wurde manchem Arbeitslosen geholfen, neues Selbstbewusstsein zu entwickeln und es erweckte eine vom Auswandern in die Stadt bedrohte ländliche Gegend, zu neuem Leben.

Jetzt warten wir gespannt auf neuen Wind, der in unsere Segel bläht und unser kleines Lebensschiff vor sich her treiben wird.

Mit meinem Buch wollte ich einen kleinen Einblick geben in ein Leben – mein Leben – am Rande der Zivilisation. Bald vierzig Jahre sind seit dem Tag vergangen, an dem ich mich zum ersten Mal vom Zauber dieses Hofes habe einfangen lassen. So manches hat sich geändert, nur eines nicht: Es ist bis heute ein Leben, das mich bis in jede Faser erfüllt – ein Traum, der wahr geworden ist?!

Es wäre noch vieles zu berichten, denn auch hier auf Pyntarna geht die Zeit weiter voran und die Erzählung könnte an jedem Punkt wieder aufgenommen werden. Vielleicht findet sich einmal die Gelegenheit.

Christiane E. Peters

Wer Lust verspürt ein wenig den neueren Entwicklungen zu folgen kann dies auf unseren Internetseiten:

www.schwedenurlaub-rottnansee.com
www.pyntarna.com
www.facebook.com/schwedenurlaub.rottnansee

Eine glückliche Disan – endlich ist die Welt wieder in Ordnung

Und noch immer ist Weihnachten der Höhepunkt unseres Jahres

Mit einem, in allen Lebenslagen fest zu mir stehenden Partner
lässt sich leichten Herzens in die Zukunft blicken